U0907383

**图书在版编目（CIP）数据**

图说哲学 / 龚耘，彭克慧，陆杰峰编著 . -- 北京：中华工商联合出版社，2016.11（2021.6 重印）

ISBN 978-7-5158-1834-4

Ⅰ. ①图… Ⅱ. ①龚… ②彭… ③陆… Ⅲ. ①哲学—图解 Ⅳ. ① B-64

中国版本图书馆 CIP 数据核字（2016）第 259046 号

**图说哲学**

编　　著：龚　耘　彭克慧　陆杰峰
责任编辑：李　瑛　袁一鸣
装帧设计：北京东方视点数据技术有限公司
责任审读：李　征
责任印制：迈致红
出版发行：中华工商联合出版社有限责任公司
印　　刷：唐山富达印务有限公司
版　　次：2017 年 7 月第 1 版
印　　次：2021 年 6 月第 2 次印刷
开　　本：710mm × 1020mm　1/16
字　　数：280 千字
印　　张：20
书　　号：ISBN 978-7-5158-1834-4
定　　价：78.00 元

**服务热线：**010-58301130
**销售热线：**010-58302813
**地址邮编：**北京市西城区西环广场 A 座
19-20 层，100044
http: //www.chgslcbs.cn
E-mail: cicap1202@sina.com（营销中心）
E-mail: gslzbs@sina.com（总编室）

世界人文经典译丛

# Philosophy
# 图说哲学

龚耘　彭克慧　陆杰峰　编著

中华工商联合出版社

# 前言

英国哲学家培根曾说过这样一句话："哲学使人深刻"。哲学是自然科学和社会科学的概括和总结，是研究世界本质及其存在、发展一般规律的科学，是一切具体科学特别是社会科学的根基。哲学是教人如何思维的学问，它是智慧之学，能开拓人的眼界，使人能有创造性思维，对人们的工作、学习和生活有着重要的指导作用，是每个人都应该了解的一门学科。然而一个人学习知识的能力（包括精力、理解力、时间）是有限的，那么，对于一个普通读者，如何在精力有限、时间有限的情况下，掌握必需的哲学知识呢？

鉴此，我们采取了更为直观的图文呈现手法，引入"图说"理念。上篇"哲学的故事"，选择了哲学发展历程中最具代表性的人物和事件作为端口，从苏格拉底时期的朴素哲学直到现今的流俗文化哲学，从柏拉图、奥古斯丁、洛克、尼采到萨特，近40个精彩故事独立成篇，连缀起来又共同组成一幅精彩的世界哲学画卷，清晰地呈现出哲学发展的脉络。

下篇"生活中的哲学"，将哲学与社会生活的诸多方面灵活地联系起来，让读者在轻松的氛围中明白深奥的哲学理论。既有对自然规律的探索、历史人物的剖析、社会之谜的解答，也有对思想面纱的揭示；既有真的弘扬、善的启迪，也有美的追求；既放射着西方哲学大师的理性之光，也迸发着中国哲人的智慧火花。

本书不仅注重实用性，而且也没有忽视自身的审美要求，书中配入近 100 幅与文字相契合的图片，包括经久流传的哲学名著书影、记录哲学家音容笑貌的画像与旧照、体现哲学思想的传世名画等，通过多种文化元素的融合，立体、直观地展示哲学知识。无论是对哲学感兴趣的普通读者，还是专业学者，都可以从中汲取到哲学的智慧与灵感，进而以哲学的眼光审视自己、指引生活，拥有幸福、美好的人生。

# 目 录

## 上篇 哲学的故事

## 下篇 生活中的哲学

# 上篇 哲学的故事

The Story Of Philosophy

# 萌芽的时代

## ——早期希腊及中国哲学

公元前6世纪，人类的理性思维第一次在地中海东部沿岸的西方世界出现，最早的哲学家们提出了关于世界的众多理论，他们不再诉诸宗教、天启、权威或传统，而是凭借理性来认识世界。虽然其中不乏荒诞不经之论，但一些意义深远的理论却一直影响至今。

### “赚钱”的哲学家

——泰勒斯（约公元前624～约前547年）

泰勒斯，出生于爱奥尼亚最繁盛的城市米利都。那是地中海东岸小亚细亚地区的一个古希腊城邦，位居门德雷斯河口，地处东西方往来的交通要冲。

泰勒斯的家庭属于奴隶主贵族阶级，所以他从小就受到了良好的教育。但早年的泰

◀泰勒斯头像

在没有任何天文设备的情况下，泰勒斯通过对日月星辰的观察和研究，竟确定出了365天为一年；他又在计算后发现并告诉了人们，按照小熊星座航行比按照大熊星座航行要准确得多；他还宣布了太阳的直径约为日道的1/720，这与现在所测的数字相差甚小。

勒斯是个商人，他按照传统习俗四处游学，到过不少东方国家。在两河流域的古巴比伦，他学习了观测日食、月食和测算海上船只距离的知识，理解了腓尼基人英赫·希敦斯基探讨万物组成的原始思想；在金字塔之国埃及，他知道了土地丈量的方法和规则；在美索不达米亚平原，他涉足了数学和天文……

回到家乡后，泰勒斯创办了哲学学园，形成了爱奥尼亚—米利都学派。他立足从自然现象中寻找真理，摆脱宗教的束缚，否认神是世界的主宰。泰勒斯成为当时自发唯物主义的代表，同时也是最早的科学启蒙者。他由此获得了崇高的声誉，被尊为“希腊七贤之首”，实际上，他是一位渊博的学者。

距离泰勒斯的故乡不远，美地亚国与两河流域下游的迦勒底人联合攻占了亚述的首都尼尼微，亚述的领土被两国瓜分。美地亚强占了大部分，准备继续向西扩张，但受到吕底亚王国的顽强抵抗。两国在哈吕斯河一带展开激烈争战，接连五年也未决出胜负。

战争带来了巨大灾难，平民百姓流离失所，横尸遍野，怨声载道。泰勒斯反对战争，扬言上天必将震怒，太阳神要降罪于人类，以消逝作为警告。他应用迦勒底人发现的沙罗周期，预先推测出公元前 585 年 5 月 28 日会有一次日全食。起初，没有人相信他。

到了那天下午，两军将士正在短兵相接，酣战不已。霎时间，太阳失去了光辉，百鸟归巢，群星闪烁，大地顿时一片漆黑。交战双方见此景象，惊恐万分，于是立即罢兵休战，从此铸剑为犁，和睦相处，后来两国还互通婚姻。

泰勒斯将埃及的地面几何演变成平面几何学，由此成为希腊几何学的先驱。他引入了命题证明的基本精神，标志着数学史上一次非比寻常的飞跃。那些具有划时代贡献意义的重要定理，也被广泛地应用到工程

▲古希腊人是以海洋为生的，所以他们起初认为整个地球就是漂浮在水上的，泰勒斯也提出“万物由水生成”的理论。

实践中去。

据说，埃及的胡夫金字塔在修成一千多年之后，还没有人能够准确地测出它的高度。有不少人曾做过很多努力，但都没有成功。

一年春天，泰勒斯来到埃及，人们想试探一下他的智慧，就问他能否解决这个难题。泰勒斯很有把握地说可以，但提出了一个条件——法老必须在场。

第二天，法老如约而至，金字塔周围也聚集了不少围观的群众。泰勒斯站到胡夫金字塔前，阳光把他的影子投射在地面上。每过一会儿，他就让人测量他影子的长度。当测量值与他的身高完全吻合时，他立刻跑到胡夫金字塔在地面上的投影处做了一个记号，然后就去丈量金字塔底离投影尖顶最近一点的距离。他心里默念了一下，便迅速地报出了胡夫金字塔高度的正确数值。埃及法老和祭司们对此都大为惊讶。在法老的请求下，他向大家讲解了如何从“影长等于身长”推到“塔影等于塔高”的原理，也就是连今天初中生都熟悉的相似三角形定理。

泰勒斯构筑的逻辑推演体系严密，说服力相当充分。

“古希腊七贤”每人都有一句特别的格言，泰勒斯也有：“水是最好的。”用一句话总结就是“水生万物，万物复归于水”。

泰勒斯向埃及人学习观察洪水，颇具心得。他曾仔细阅读尼罗河每年潮汐涨落的记录，还亲自前往实地进行勘查。他发现，每次洪水退尽以后，不但留下了肥沃的淤泥，还在淤泥里留下了无数纤细的胚芽和幼虫。他把这一现象与埃及人原有的关于神造宇宙的神话结合起来，便得出了“万物由水生成”的结论。

对泰勒斯来说，水才是世界初始的基本元素。当埃及的祭司宣称大地是从海底升上来时，泰勒斯即刻予以纠正：地球就漂在水上。

还有一个很重要的观点。泰勒斯总向他哲学上的对立面毕达哥拉斯反复强调，整个宇宙都是有生命的，正是灵魂才使一切生机盎然，连石头也同样如是。

为了证实自己，泰勒斯拿磁石和琥珀做实验，结果发现这两种物体对其他物体能够产生吸引力，他便认为它们内部有生命，只不过这生命是肉眼无法看见的。于是，泰勒斯得出结论：任何一块石头，看上去冰冷坚硬、毫无生气，却也有灵魂蕴涵其中。“万物有灵”的说法随即在当时流行起来。

直到公元前300年，斯多葛派的哲学家们还用泰勒斯的这个实验来证明世间万物因有生命而相互吸引的理论。

非常不幸的是，泰勒斯的著作全部失传，关于他的种种传说，都是根据相隔多年的转述、转述又转述而获知的。

如果前面的传说属实，那么镌刻在泰勒斯墓碑上的颂辞也是真的：“他是一位圣贤，又是一位天文学家，在日月星辰的王国里，他顶天立地、万古流芳。”

自然科学在发展的早期，还没有从哲学中分离出来。所以每一位数学家都是哲学家，就像每一位数学家也都是历法家一样。要了解人与自然的关系，以及人在宇宙中所处的位置，首先要研究数学，因为只有数学才可帮助人们在混沌中找出秩序，并按照逻辑推理求得规律。

因此，泰勒斯无愧于“科学之祖”的称号，他也是公认的希腊哲学家的鼻祖。

## 数目与和谐

——毕达哥拉斯（约公元前 580 ~ 约前 500 年）

公元前 580 年，毕达哥拉斯出生在今天希腊东部的一座小岛，岛名萨摩斯。那是爱奥尼亚群岛的主要岛屿城市之一，当时的群岛正处于极盛期，经济、文化等各方面都远远领先于希腊本土的各个城邦。

有人说毕达哥拉斯的父亲是个富商，也有人说就是太阳神阿波罗。不管怎样，毕达哥拉斯 9 岁时被父亲送到提尔，在闪族叙利亚学者那里接触了东方的宗教和文化，在诗人克莱菲洛斯那里学习了诗歌和音乐。此后，他又多次随父亲到小亚细亚作商务旅行，在米利都、得洛斯等地，他拜访了泰勒斯、阿那克西曼德和菲尔库德斯，并成为他们的学生。

30 岁的毕达哥拉斯开始宣传理性神学，他喜欢蓄上头发穿东方人的服装，因此引起当地人的反感。他们一直对毕达哥拉斯抱有成见，认为他标新立异、鼓吹邪说，毕达哥拉斯被迫离开家乡。他在腓尼基各沿海城市稍作停留，了解当地的宗教和神话，还在提尔一个神庙中静修了一段日子。

抵达埃及后，国王阿马西斯让毕达哥拉斯进入神庙。他花 10 年时间学习了象形文字和埃及

▶ 毕达哥拉斯像

在天文学上，毕达哥拉斯提出：地球围着太阳转动，星星围着太阳转，地球是圆的，月亮是靠反射发光等理论。这是哥白尼之前最先进的理论。毕达哥拉斯关于地球不是宇宙的中心，而只是处在运动中的一个普通天体的观点是关于地球运动的第一个猜测。

神话历史及宗教，这才开始宣传希腊哲学，受到了许多希腊人的尊敬，不少人投到他的门下。

49岁时，毕达哥拉斯返回家乡，开办学校并讲学，但没能达到预期成效。接着，为了摆脱独裁者波吕克拉底的暴政，他带着母亲和唯一的门徒离开了萨摩斯，移居西西里岛，定居克罗顿。克罗顿是个富庶之地，刚被邻邦劳克瑞斯打败。但毕达哥拉斯似乎带来了好运，克罗顿人把以阔绰闻名的西巴瑞斯打得落花流水。于是，人们把他当成了福星。

毕达哥拉斯的演讲更是吸引了各阶层的人士，他对议事厅的权贵们说：“一定要公正。不公正，就破坏了秩序，破坏了和谐，这是最大的恶。起誓是很严重的行为，不到关键时刻不要随便起誓，每个官员应能立下保证，保证自己不说谎话。”毕达哥拉斯还打破了妇女被禁止出席公开会议的风俗成规，当时的热心听众中就有他后来的妻子西雅娜。她年轻漂亮，颇具才华，曾给他写过传记，可惜已经失传了。

数学思想是毕达哥拉斯所有思想中最伟大的，他认为，万物都是数，是数经由各种各样的形式构成的。自然界的一切现象和规律也是由数决定的，都必须服从“数的和谐”，即数的关系。毕达哥拉斯找了各种各样的数，长方形的数目、三角形的数目、金字塔形的数目等，它们由一些数目

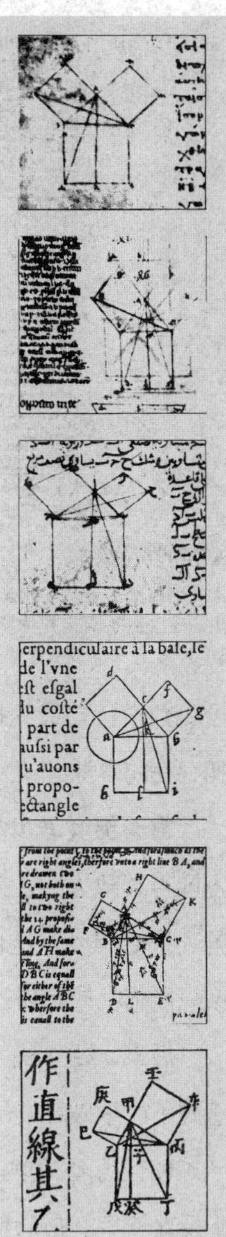


▲毕达哥拉斯定理在17世纪便已传到世界各国。上图是从欧几里得著作的各种译本中摘出的。

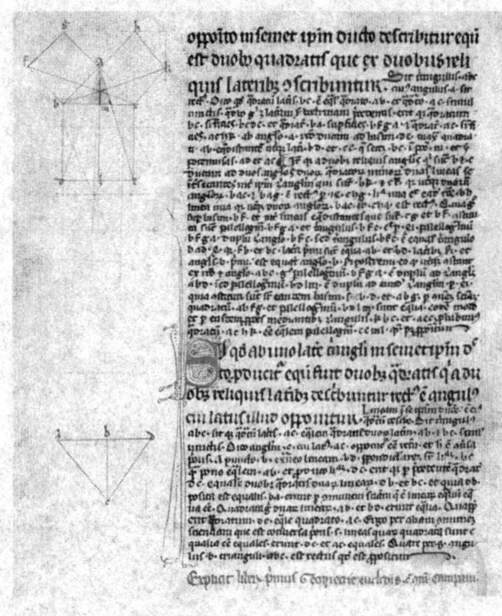

▲14 世纪的手稿

这份手稿除了表现欧几里得几何的基本概念之外，还叙述了毕达哥拉斯定理，即边长分别是 3、4、5 的三角形是直角三角形。

小块构成，都具有美好的形状。而最完美的数是十，当时人们能看到的天体只有九个，他硬给加了一个，取名“对地”。

勾股定理早已为中国人和巴比伦人所知，不过最早用演绎法对其进行证明的大概可归功于毕达哥拉斯。据说毕达哥拉斯和弟子们当时足足杀了一百头牛来庆祝这个有名的发现。

对此，亚里士多德评价道：“有些被称为毕达哥拉斯学派的人投身数学，并最先推进了这门科学。经过一番研究，他们认为，数是一切存在的本原。”

靠着男女老少均有的大量信徒，毕达哥拉斯和他的弟子们在许多地方取得军政大权，几乎成为名副其实的统治者，他们甚至建立起了一套圣人统治制度。这也是人类历史上唯一一个哲学王的朝代，今天的哲学家只能感叹毕达哥拉斯之神气，而独自怆然涕下了。

后来，由于民主运动的冲击，毕达哥拉斯学派在克罗顿的活动场所遭到了严重破坏，毕达哥拉斯被迫移居梅达彭提翁。

朝气蓬勃的毕达哥拉斯，到了晚年不仅学术上趋向保守，而且政治上反对新生。最后他死于非命，享年 80 岁。

莎士比亚的《第十二夜》里有这样一段对话：

小丑：毕达哥拉斯对于野鸟有什么意见？

傻瓜马伏里奥：他说我们祖母的灵魂也许会在鸟儿的身体里寄住过。

小丑：你觉得他的意见怎么样？

傻瓜马伏里奥：我认为灵魂是高贵的，但不赞成他的说法。

小丑：再见，你在黑暗里住下去吧，等到你赞成了毕达哥拉斯的说法之后，我才能承认你的头脑健全。

这就是毕达哥拉斯的“灵魂转世说”。不知道毕达哥拉斯的灵魂是否转世过，但他的影响力早已经渗透进了我们的灵魂。

## 原子和虚空

——德谟克利特（约公元前 460 ~ 前 370 年）

有这样一个人：无论你对他多么不感兴趣，你都不得不仔细地考察他的思想；倘若忽略了他，你对古希腊哲学的理解与判断就会出现失误，你更不能以所谓篇幅有限为借口来请求原谅，这个人就是德谟克利特。

德谟克利特出生于希腊北部色雷斯的海滨城市阿布德拉。色雷斯位于今天的马其顿共和国境内，是块人才辈出的宝地。而当时的阿布德拉就是个大商埠，海外贸易发达，各地商人来往频繁。

德谟克利特的父亲在当地很有资产和地位，德谟克利特也见多识广。小时候，他做过波斯术士和星象家的学生，接受了神学和天文学方面的知识，并对东方文化有着极其浓厚的兴趣。德谟克利特特别喜欢旅行，年轻时就开始到处游历，从南面的克里特一直到东面的波斯。成人后，他即到雅典学习哲学；他在埃及居住五年，便向数学家学了三年几何；他曾在尼罗河上游逗留，研究那里的灌溉系统；他还在巴比伦向僧侣学习如何观察星辰，推算日食发生的时间……德谟克利特肯定也拜访过埃

▲德谟克利特像

德谟克利特曾说过："与其做波斯国王，还不如找到一种因果关系。"他与留基波促成了人类思想的跨越。

塞俄比亚和印度等地，前后长达十几年。回到故乡后，他开始担任该城的执政官。在繁忙的政务之余，他始终没有放弃对哲学和自然科学知识的追求，其在艺术方面也有相当的造诣。

在整个希腊文化史上，除了亚里士多德，德谟克利特博学多才的程度无人能望其项背。但是，他喜欢沉思的生活胜过活跃的生活，因此婉言谢绝了公众所赐予的极高荣誉而孤独地度过余生。

其实，德谟克利特从小就这样。他在学习和研究的时候十分专心，经常把自己关在花园的一间小屋里。有一次，父亲牵着一头牛走进又走出小屋，他竟丝毫没有察觉。德谟克利特的想象力本来就很丰富，可他还要刻意地去培养。他愿意到荒凉的地方去，或者一个人待在墓地里，以充分激发自己的想象潜能。

德谟克利特的外出旅游，花费了父亲留给他的绝大部分财产。他又整大写一些"荒诞"的文章，还在花园里解剖动物的尸体，以至于族中有人认为他发疯了。而另有些人企图霸占他剩下的财产，便控告他浪费祖产，对族内的事务不加理会，把好好的一个花园变成了杂草丛生的荒地。根据法律，犯有此罪之人，要被剥夺一切权利并被驱逐出城外。但是，聪明超常并且能言善辩的德谟克利特在法庭上据理力争，最后被判无罪释放。

大家知道，赫拉克利特开创了一个永无休止的运动概念。可到底怎样才能令人信服地解释这变动不居的世界呢？"原子论之父"留基波给出了较为圆满的答案。

留基波是德谟克利特的老师，他认为非存在和存在一样存在，就是原子和虚空，它们都是事物生成的原因。后来，德谟克利特将老师的思想加以发展和系统化，使原子论成为一个理论体系。

然而，德谟克利特到达雅典之后，兴奋不已地与路上行人交流谈心，竟然发现没有一个人听说过自己的鼎鼎大名，不由得怅然若失，甚至很久以后他一回想起此事还愤愤不平地说："我到了雅典，可是没有一个人知道我。"

或许，以德谟克利特为代表的"原子论"在古希腊并没有太高地位，但今天他已经获得了空前的认可，两千多年前的理论被20世纪的物理学证明了其有着惊人的准确度。

"原子论"的名字很熟悉，可它并不像听起来那么简单，要确实说清楚还真得费点口舌。依据德谟克利特的描述，原子的大致形态具体想象如下：

形状：一些各式各样的小粒粒，方的、圆的、扁的、长的都有；

硬度：它们是不可分的，内部没有一点空隙，无论多锋利的刀也休想砍开；

数目：比撒哈拉沙漠的沙子还要多，数都数不清；

种类：与数目一样，也无限的多；

大小：不定，有的大过磐石，有的小如蚂蚁；

温度：也不定，有的热如火，有的冷似冰；

重量：还是不定，有的重于泰山，有的轻若鸿毛；

寿命：与天同寿，与地齐庚，不可毁灭。

除了上述特点，原子还有一项最为根本的个性：永远不停地运动，从产生到现在到将来。

最初，无数原子都处于旋涡运动中，重的在中央旋转，聚成大地；轻的被抛到外层，任其游走。它们相互碰撞，或因勾连、纠缠而结合，或因错开、脱落而分离。世间万物因不同形状的原子结合而产生，又因它们的分离而消逝。

德谟克利特称之为“必然性”，他说万物都根据必然性生成，没有什么事物是任意产生的。另外，原子的这种旋涡运动是无序的，所以，原子在虚空中乱作一团。那么，作为运动源泉的灵魂或心灵，实际上应该是精细的球形原子，因为球形是最易于运动的形状。

德谟克利特用“流射说”进一步解释了感觉的成因，影像是一种空气，眼睛处于潮湿状态；当眼睛接近可视对象时，两者之间的空气被压缩，影像朝向眼睛运动，并进入眼睛的潮湿状态之中，呈现出形状和颜色的印象来。

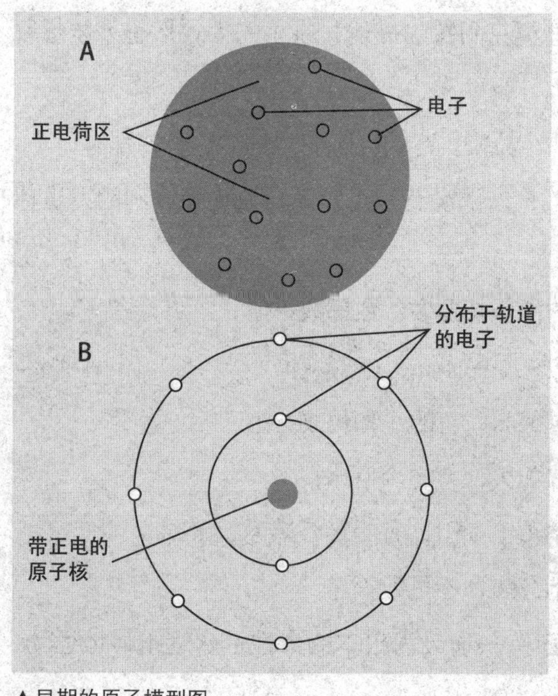

▲早期的原子模型图

不过，有两类知识，一类真实，另一类模糊。模糊的一类包括视觉、听觉、嗅觉、味觉、触觉。真实的知识明显地与此相区别……当模糊的知识在细微的领域中不能再看、再嗅、再尝、再通过触摸而被感知时，那种真实的知识就参加进来了。所以，感觉不是按照真理，而是按照意见显现的。事物的真理是：只有原子和虚空。甜是约定的，苦是约定的，热是约定的，冷是约定的，各种颜色也都是约定的。实际上就只有原子和虚空。

总而言之，世界就像一个人，有生也有死。因此，没有永恒的世界，只有永恒的原子和虚空。

## 道生万物

——老子（生卒年不详）

开创了我国古代哲学思想先河的老子，民间流传着的他的故事就像他自己的思想一样丰富。老子姓李，名耳，字伯阳，谥曰聃，“老子”是后人对他的尊称。他生于楚国苦县，即今天的山东鹿邑县。老子曾做过周朝“守藏室之史”，就是管理“藏室”的史官。老子一向只注意研究学问，不在意个人荣辱得失，虽然学识渊博，却一直过着默默无闻的生活。公元前516年，在周王室内部的权力争斗中，贵族王子朝失败，带着所有典籍逃走。老子再无“藏室”可管，于是骑着青牛，离开东周来到函谷关，在镇守函谷关的周大夫尹喜的盛情邀请下，写成了共有五千字的《老子》上、下两篇。老子写完书后，重新骑上青牛，出函谷关，从此不知去向。

《老子》以“道可道，非常道”开篇，提出了一个最高的哲学概念“道”，老子哲学就是由“道”推演出来的，他也因此成为道家的始祖。

老子把天、地、人等宇宙万物连贯成为一

◀ 老子出关图　明

个整体，突破了古代哲学以政治和伦理为轴心的局限。老子认为“道”是先于天地生成的，是天地万物之源，宇宙间的一切，包括人在内都是天地万物的一部分，“人法地，地法天，天法道，道法自然”。老子这种思想实际上就是中国古代最早的一种“天人合一”思想，这一思想为后来的庄子所继承和发展。这种“天人合一”的整体观念，对中国古代的各个领域都产生了深远的影响。

老子思想中最大的闪光点是他的朴素的辩证法思想。老子观察到宇宙间的万事万物都存在着互相矛盾的两个对立面，“有无相生，难易相成，长短相形”，世间万物有阴阳、刚柔、强弱、兴废等分别。他还发现对立的事物能够向其相反的方向转化，如“物壮则老”，“兵强则灭”，“木强则折”，“祸兮福之所倚，福兮祸之所伏”。为了防止物极必反，导致衰落，老子主张“去甚去奢去泰”，就是要去掉那些极端的、过分的举动，始终保持着像“道”那样冲虚而不盈满的状态。

▲三教图　明

在汉末三国时期，佛教传入中国内地。以老子为代表的道教、以孔子为代表的儒教和以释迦牟尼为代表的佛教在中国开始了漫长的相互促进与融合。这种促进和融合对中国政治、文学、宗教、思想等都产生了巨大的影响。三教合一成为众多政治家、艺术家研究与表现的题材，图中老子欲从孔子怀中接过活泼而年幼的佛祖。

老子朴素辩证法思想表现在军事战略方面就是“善为士者不武，善战者不怒，善胜敌者不与”，同时还要注意“将欲弱之，必固强之”，“将欲夺之，必固与之”。他还提出了以柔弱胜刚强的指导思想，比如，天下没有比水更柔弱的东西，但以水攻坚，没有攻不下的，以此来说明柔弱能胜刚强。

老子的道的本性是自然的，他提出了天道自然的观念。他认为天地的运行是自然而然、不假外力的。人也应该和万物一样，是自然的，人生必须消除主观和外在的干涉，使其自然发展。

在自然人性论的基础上，老子提出了“无为而治”的政治论。老子把人民的饥荒、贫困看作是多欲的统治者横征暴敛的结果。人民起来为“盗”，轻生冒死，其责任完全在于统治者。老子主张用“天之道”来取代“人之道”，“损有余以补不足”，这样就能够解决社会所存在的一切弊端。

老子提倡的“无为”而治，是对统治阶级的“有为”进行揭露和抨击。老子提倡这种“无为”之治的目标是建立一个“小国寡民”的社会，也就是“使民复结绳而用之，甘其食，美其服，安其居，乐其俗。邻国相望，鸡犬之声相闻，民至老死不相往来”。

千百年来，老子的思想深刻地影响着中国的哲学、伦理道德、政治、文化甚至是中国人的思维，他的思想为战国时代的庄子等人所继承，形成了道家学派。《老子》也被奉为道教的三大经典之一，尊称《道德经》。老子还受到西方的推崇，《老子》的英译本多达 40 多种。老子的影响是极为深远的，可以说没有老子，中国乃至世界文化史将是不完整的。

## 乐天知命

——孔子（公元前 551 ~ 前 479 年）

孔子祖上曾是宋国人，而且还是贵族，后因宫廷内乱才逃到鲁国定居。孔子的父亲是当时鲁国有名的武士，立过两次战功，任陬邑大夫。他先娶发妻施氏，生有九女；于是娶得一妾，生下一子，取名伯尼，又称孟皮，却因其脚有毛病，不甚满意；后又娶一妾，又生一子，即孔子。

孔子自幼受到良好的教育，曾在鲁国任委吏、乘田等小吏。30 岁左右，孔子成为知名的学者，奉诏开始办私学，广收门徒。公元前 515 年，答齐宣王问政时提出“君君、臣臣、父父、子子”的主张，未得重用。公元前 500 年左右，孔子开始为推行其政治思想奔走各国，备受冷遇。公元前 484 年，孔子返回鲁国，晚年一直致力于文化教育事业，整理古代文化典籍。公元前 479 年病故。

孔子是我国春秋时期最伟大的思想家、政治家、教育家，他以仁爱、礼义为本，建立了影响中国社会两千多年的儒家学派。孔子提出“克己复礼为仁，一曰克己复礼，天下归仁焉”。“仁”是孔子学说的核心和主导精神，体现在孔子思想的各个方面。孔子又提出“仁者爱人”，仁者要对世人有同情心，能设身处地地为他人着想。孔子非常重视个人的道德修养，他认为一个人能否成为有德之人，主要在自己的主观努力，为人应该严于律己，宽以待人，自己有德行，就不必担心别人是否赏识和理解自己。君子要安贫乐道，舍生取义。孔子还提倡自我反省式的修身养性之法。

在政治上，他提出“君君、臣臣、父父、子子”，他的理想是要恢复周礼，建立一个严格有序的社会。孔了反对暴政，反对滥用民力，希望君主能够“惠民”、“爱民”。孔子主张在政治生活中也要贯彻道德的原则，使政治行为道德化。在他看来，刑罚可以使人畏惧而不敢犯法，但并不能从根本上消除犯罪动机。只有用德和礼对

◀ 孔子像

公元前 551 年，孔子生于鲁国陬邑昌平乡（今山东曲阜城东南）。因父母曾为生子而祷于尼丘山，故名丘，字仲尼。

人民进行感化和引导，提高人民的道德意识，才能使社会长期稳定。而以德治国的根本保证是统治者必须成为道德的楷模，以自己的道德风范来影响和教育人民。

在教育上，孔子以道德教育为中心，把自己的政治思想与教育思想有机地联系在一起。他认为教育的根本目的就是教人做人，而做人的关键是要具备爱心，要做到己所不欲，勿施于人。孔子提出“有教无类”的办学宗旨，在教学中，他自拟教学内容，自创教学方法，因材施教，并且强调学习与思考结合，启发式的教学和弟子积极领悟结合。他还很注重教学与实践相结合，教学与社会现象相结合。在教学过程中，他以诗、书、礼、乐、射、御、数为具体的教学内容，这些又与文、行、忠、信相辅而行。

孔子在典籍整理方面也取得了很大的成就，他首次提出“文献”一词，并结合史实和旧有文献资料编订了《易》、《书》、《礼》、《乐》、《诗》、《春秋》等著作。他死后，他的弟子遵照他的遗嘱，将他的言行、语录编辑成书，定名为《论语》。

▲孔子讲学图

大约30岁时，孔子在曲阜城北设学舍，开始私人讲学，受业门人先后达到3000多，其中杰出者72人。上图表现了孔子在杏坛讲学的情景，图中孔子端坐讲授，弟子们在周围恭敬地聆听。

孔子的一生是奋力治学、执着追求、不计荣辱得失、为国为民的一生，他是中国古代最伟大的文化圣人，他对中国两千多年的社会和思想都产生了巨大而深刻的影响。虽然他的政治主张无法实现，但是他那种明知“不可为而为之”的坚毅和博大让后人感动。汉平帝追封他为哀成宣尼公，唐玄宗追谥他为文宣王，元成宗加封他为大成至圣文宣王。他的学说在西汉武帝时代就被定为享有独尊地位的正统思想，清圣祖为他亲笔题书："万世师表。"

## 鱼乐不乐

——庄子（约公元前 369 ~ 前 286 年）

庄子姓庄，名周，字子休，世称庄子。他是战国时期宋国蒙（今河南商丘东北部）人。《史记》中记载，庄子曾在家乡做过管理漆园的小官，但不久后就归隐了。

一天，庄子在山中行走，看见有大树枝繁叶茂，可伐木工人都止步于前不砍它。庄子问他们原因，他们说："它不能被制成木材。"庄子窃喜："这棵大树不材而得养天年。"

庄子走出山外，留宿在老朋友家中。朋友非常高兴，让仆人杀只大雁来款待庄子。仆人请示："一只能叫，一只不能叫，杀哪一只？"主人说："当然是杀不能叫的那只。"

第二天，弟子向庄子请教："昨日山中的那棵大树，因不材而能得养天年；但今天主人的大雁，却因无用而被杀死。先生作何解释？"

▲《庄子》书影

庄子笑着说："我将取处于材与不材之间。材与不材，似是而非，所以难免会互相牵连。如果秉信道德而行事则不是这样，无誉无訾，一龙一蛇，都随着时间发生变化，不会固定一种状态。一上一下，以和为最高法则，存乎于万物之始。使万物物化而不拘泥于其中，就可以自由转化啦！这是大自然本身的规律。如果是人伦情感的传承也是这样：合久则分，成极后败，清廉遭挫，至尊受议，能人吃亏，贤者被害，不肖则欺。这是万物发展的必然趋势！可悲呀，你们要切记，唯有将道德条例长记于心！”

楚威王闻知庄子很有才能，想召来予以重用。这天，听说庄子正在濮水边钓鱼，楚威王便派人去请。

两名使者走到庄子跟前致意道:“希望能以国内的事务来麻烦您！”

庄子手持渔竿没有理会，自顾自话:“我听说楚国有一只神龟，死的时候已经三千岁了，大王将它用布巾包着放进竹箱供在庙堂之上。你们说，这只龟是愿意死后留着尸骨接受尊贵，还是宁愿活生生地游弋在河泥之中呢？”

两名使者回答:“当然是愿意自由自在地生活在河泥之中呀。”

庄子笑了:“所以呀，我也宁愿自活于河泥之中。”

使者们无奈，回去如实禀报。楚王不甘心，又派人专程到庄子府上以重金礼聘，请他做相。

庄子对来使说:“千金、相位的确利重位尊，但你见过祭祀用的牛吗？喂养多年以后，给它披上绣花衣裳送到太庙去做祭品。我可不想这样，我宁愿像条鱼，在污泥浊水中自得其乐。”

在当时的学者名人中，庄子与惠施经常往来。他们是朋友，也是政敌；他们一同出游，也相互论辩。

惠子在梁国为相，庄子去看望他。有人对惠子说:“庄子是想来取代你的。”于是，惠子感到十分惶恐，在都城中搜捕了三天三夜，可还是没有找到庄子。

过后，庄子自动出现在惠子面前，并对他说:“南方有一种鸟，名叫鹓鸰，你知道吗？鹓鸰在从南海出发飞向北海的遥远路途上，除非有梧桐树，否则它不停歇；除非有竹笋，否则它不进食；除非有甘泉，否则它不饮水。这时，一只鹞鹰抓着一只腐臭的老鼠飞过，鹓鸰抬头怒目而视：‘吓！’现在，你也想拿你的那个破梁国来‘吓’我吗？”

惠子自知理亏，便邀庄子到濠水桥上游玩以谢罪。他们欣赏着大自然的美妙风景，前嫌尽释。

庄子盯着桥下出神：“鱼在水中自由来去，真是快乐呀。”

惠子很疑惑：“你又不是鱼，你怎么知道鱼的快乐？”

庄子反问：“你也不是我，你怎么知道我不知道鱼的快乐？”

惠子回答：“我不是你，肯定不知道你的想法；你也不是鱼，也肯定不知道鱼的快乐，完全如此。”

庄子笑了：“我们一起来追本寻源。你问‘你如何知道鱼的快乐’，是这样吧，既然自己知道我知道又来问我，我也是在濠水的桥上知道的。”

▲ 庄周梦蝶图　元　刘贯道

《庄子·齐物论》曰：“昔者庄周梦为蝴蝶，栩栩然蝴蝶也，自喻适志与！不知周也。俄然觉，则蘧蘧然周也。不知周之梦为蝴蝶与，蝴蝶之梦为周与？周与蝴蝶，则必有分矣。此之谓‘物外’。”“庄周梦蝶”在后世成为文人士大夫热衷表现的题材。上图人物线条高古，构图严谨，刻画了庄周闲适的性情。

最终，两人还是没有将这个问题完全弄清楚。

后来，庄子之妻过世，惠子前去吊丧。庄子以帚做棒、以盆当鼓，敲击而歌。

惠子愤愤不平:“你与她一起生活了这么久，她为你抚养孩子、侍候老人，现在死了，你不哭也就罢了，还击鼓唱歌，不觉得太过分了吗？”

庄子解释:“不是这样的，她刚刚才离去，我怎么会这么快就忘记了情义呢！我只是突然觉得世界上本来没有生命；不光没有生命，本来也没有形体；不光没有形体，本来就没有气息。宇宙空间混沌交杂，才演变出气息，气息又演变出形体，形体又演变出生命。现在一切又全都归复消失，就像春夏秋冬四季的轮回。既然她已安详地躺在墓穴之中，而我还哭闹着要追去打扰她，我以为这实在是不通情达理，所以就止声了。”

再后来，惠子过世，庄子去送葬，一直送到墓地。他回头对随从们说:“有个郢国人刷墙时，鼻头上沾了一团如苍蝇翅膀般大小的石灰，他让工匠帮忙抹掉，工匠抡起斧子一挥而下，只听得风过粉落，郢国人的鼻子丝毫无伤，面色不改。宋元君听说了这件事，便将那工匠召来:‘你的技艺超凡，能演示给我看看吗？’工匠无可奈何:‘我也想为您尝试奇迹，但是，我已经很久没有那种感觉了。’如今，惠子死了，那种感觉随之而去，再也没人和我说笑吵闹了。”

又后来，庄子快要死了，他的弟子商量着要将庄子厚葬，被他知道了，庄子说:“我要以天地为冢，以日月印辉，以星辰做宝，以万物相陪。那么安葬我的工具不都齐全了吗？还需要添加些什么呢！”

弟子们说:“我们怕您让乌鸢给吃了。”

庄子心平气和:“放在地上让乌鸢吃，埋在地下让蝼蚁食，厚此薄彼，岂不是有失偏颇吗。”

# 繁荣的时代

## ——古典时期的希腊哲学

古希腊哲学又称古希腊罗马哲学，是指公元前 6 世纪 ~ 公元 5 世纪出现在希腊本土以及地中海沿岸，特别是小亚细亚西部、意大利南部的哲学学说。在西方哲学的发展史中，古希腊哲学是它的萌芽时期，此后西方各种唯物主义和唯心主义、辩证法和形而上学的思想，都是从古希腊哲学思想中发展起来的。

## 精神助产士

——苏格拉底（公元前 469 ~ 前 399 年）

苏格拉底，西方古典哲学史上最伟大的哲学家之一，因为他的出现，哲学变得和过去有很大的不同。

苏格拉底的出身并不高贵，父亲是位石匠，母亲是位助产婆。苏格拉底小的时候，长得很不起眼，凸眼球、狮子鼻、身材笨拙。小市民夫妇根本没有指望家里能出个哲学家。

◀ 苏格拉底像

苏格拉底述而不作，性格倔强，尤其喜好运用“辩证法”，将那些自以为学富五车的人驳得哑口无言。

对于小苏格拉底，他们唯一的希望是他长大了能做个好手艺的石匠，凭着雅典人对雕塑的偏爱，今后不愁没有饭吃。苏格拉底没有辜负家人的期望，他的确成了个好石匠，据说在希腊阿克洛城的入口，有一群象征三美神的雕像便是他的杰作。可是，同雕塑的技艺相比，他更醉心于哲学。

苏格拉底使用的辩证法与咱们现在知道的不同，它是一种很伤人的辩论技术，分为“讥讽”和“助产术”两部分。具体来说，辩论者首先向对方请教学问，好像自己什么都不懂似的，然后通过一问一答的方式，逐渐使对方出现前后矛盾的回答，以达到“讥讽”的目的。最后，提问者便直截了当地告诉对方：“其实你并不懂，还是让我来解释所请教的学问是什么。当然，学问在你心里，只是你无法想起来，现在我帮助你回忆，就像帮你生小孩一样。”这样，便开始“助产”。

一天，一个青年问苏格拉底：“怎样才能获得知识？”苏格拉底将这个青年带到海里，海水淹没了年轻人，他奋力挣扎才将头探出水面。苏格拉底问他：“你在水里最大的愿望是什么？”

“空气，当然是呼吸新鲜空气！”

“对！学习就得使上这股子劲儿。”

苏格拉底的三个弟子曾求教老师，怎样才能找到理想的伴侣。苏格拉底没有直接回答，却让他们走麦田埂，只许前进，且仅给一次机会选摘一支最大的麦穗。

第一个弟子走几步看见一支又大又漂亮的麦穗，高兴地摘下了。但是他继续前进时，发现前面有许多比他摘的那支大，只得遗憾地走完了全程。

第二个弟子吸取了教训，每当他要摘时，总是提醒自己，后面还有更好的。当他快到终点时才发现，机会全错过了。

第三个弟子吸取了前两位的教训，当他走到1/3时，即分出大、中、小三类，再走1/3时验证是否正确，等到最后1/3时，他选择了属于三类中的一支美丽的麦穗。虽说，这不一定是最大最美的那一支，但他满意地走完了全程。

不过，“苏格拉底的妻子”可是悍妇、坏老婆的代名词。她是个心胸狭窄，喜欢唠叨不休，动辄破口大骂的女人，常使苏格拉底困窘不堪。

一次，别人问苏格拉底“为什么要娶这么个夫人”时，他回答说：“擅长马术的人总要挑烈马骑，骑惯了烈马，驾驭其他的马就不在话下。我如果能忍受这样的女人，恐怕天下就再也没有难于相处的人了。”据说苏格拉底就是为了在他妻子烦死人的唠叨申诉声中净化自己的精神才与她结婚的。

有一次，苏格拉底正在和学生们讨论学术问题，互相争论的时候，他的妻子气冲冲地跑进来，把苏格拉底大骂了一顿之后，又出来提来一桶水，猛地泼到苏格拉底身上。

在场的学生们都以为苏格拉底会怒斥妻子一顿，哪知苏格拉底摸了摸浑身湿透的衣服，风趣地说：“我知道，打雷以后，必定会下大雨的。”

因为经常运用“精神助产术”这种方式向他人“请教”，苏格拉底得罪了一些自以为是的“智者”（又称“诡辩学者”）。于是，这些“智者”便利用雅典荒诞不经的法律，控告苏格拉底传授对诸神不敬的学问，腐化及误导青年，并且还把他送进了监狱。

苏格拉底在法庭上面对不公正的指控做出了强有力的申辩，以他的口才，区区几个造谣者根本不在话下。但苏格拉底的口出狂言激怒了陪审法庭，最终导致他被判处了极刑。苏格拉底早已预料到这样的结果，他甚至说对判处他死刑的人毫不怀恨。

苏格拉底在等待执行死刑的这一段时间里，他还是有机会逃生的。

他的好朋友克力同有一天到监狱里去看望他，劝告他看在朋友和家庭的份儿上给自己留一条活路——逃监。克力同已经和其他的朋友把一切都准备好了，甚至贿赂看守的钱财也有了着落，就等着苏格拉底一句话，如果他同意就随时可以逃生。

但是苏格拉底并不为之所动，他反过来教导克力同说未经雅典人释放，企图逃离此地是不正当的行为。他借雅典的国家和法律之口说道：逃监是毁坏国家和法律的行为，如果法庭的判决不生效力，可以被私人随意废弃，那么国家还能存在吗？国家生我、养我、教我，凡是能赋予其他公民的权利都有我的一份儿，甚至在公民成年以后允许公民带上财产自由地离开雅典。我在70年之间都没有离开雅典，就等于说我以自身的行为和国家签订了契约，表示服从国家的法律，做一个守法公民。难道就因为祖国和法律判处我死刑，我就可以竭力毁坏和颠覆国家和法律吗？逃监是蔑视法律的行为，是践踏自己曾经立下的契约，是最下贱的奴才干的勾当。如果我含冤而死，这不是法律的原因，而是由于恶人的蓄意。如果我以错还错、以恶报恶，毁伤的不仅是法律，而且是我自己、我的朋友和我的国家。这样，我甚至到了地狱也不受欢迎。

最终，苏格拉底饮鸩而亡。

## 不懂几何者不得入内

——柏拉图（公元前427～前347年）

柏拉图出生于雅典一个显赫、富有的名门贵族。父亲阿里斯通是雅典最后一位君王的后裔，母亲是雅典奴隶主民主制创始人梭伦的后代。

柏拉图原名阿里斯多克勒，见他前额宽阔、体魄强健，体育老师便给他起了个绰号“柏拉图”，在希腊文中的意思就是宽广。渐渐地，柏拉图的真实姓名倒被淡忘了。后来，人们就说前额宽者思想开阔、知识广博。

以柏拉图名义流传下来的有30多篇对话和13封信。经多年研究，大体上分辨了真伪，现在公认有25篇对话和1篇替苏格拉底所做的《申辩》出自柏拉图之手；而且，一般认为最长的第7封信比较可靠，它同时也被看成是柏拉图的自传。柏拉图是古希腊哲学家中第一个留有大量著作的人。

柏拉图在家中排行老四，自幼受到良好的教育。他少年时代就勤奋好学，多才多艺。他最初对诗艺感兴趣，后来与克拉底鲁熟识，因而了解到赫拉克利特“一切流动”的学说；同时他接触了爱利亚学派和阿那克萨戈拉的学说，并受到智者的影响，于是开始从事哲学研究，还想在政治上有所建树。

20岁时，柏拉图从学于苏格拉底，并成为其忠实的信徒。随着岁月的增长和老师的熏陶，柏拉图对当时的政客、法典和习俗愈来愈厌恶。很快，三十僭主的暴政惊吓了柏拉图，复起的民主政体以不敬神和蛊惑青年的罪名判处苏格拉底死刑时，柏拉图受到了极大的刺激，无论如何他在雅典政治中扮演重要角色的机会注定没有指望了。

柏拉图在雅典待不下去了，便遵从老师的教导去海外漫游。他先躲避到麦加拉，后来可能游历过埃及和居勒尼。他考察各地的政治、法律、宗教等制度，研究数学、天文、力学、音乐

▶柏拉图像

柏拉图的对话录是有史以来最优美的希腊散文，既是艺术作品，也是哲学著作。然而，当他试图对实际的政治施加影响时，却有些力不从心。

等理论和各种哲学学派的学说。

40 岁时，柏拉图第一次访问南意大利的西西里岛，认识了毕达哥拉斯学派的学者，并在叙拉古结交了王族第翁。他企图将《理想国》中“哲人王”的理念付诸实现，但因第翁和叙拉古王狄奥尼修一世有矛盾，柏拉图遭到强行放逐。在回返途中，他不幸被卖为奴隶，朋友们花了好多钱才把他赎回来。

此后，柏拉图又两次前往西西里。一次应邀去担任新登基的狄奥尼修二世的教师。但那里的人热衷于研究几何学，柏拉图想训练年轻统治者的目的未能达到，不久便扫兴而归。当狄奥尼修二世再次邀请他去叙拉古，柏拉图俨然以“帝王师”自居，由此造成相处不睦，结果仍是失败。最终，柏拉图放弃了参与政治实践，将全部精力用于办学园。

柏拉图曾在非洲海岸锡兰尼跟随狄奥多鲁斯学习数学，并成为著名数学家阿尔希塔斯的知心朋友。依靠资助，他在雅典城外西北角的阿卡德摩创办了著名的学园。此地原为阿提卡英雄阿卡德摩的墓地，经柏拉图改建成为一所系统研究哲学和科学的高等院校，是早期毕达哥拉斯学派和后来长期活跃的亚历山大里亚数学学派之间联系的纽带。学园设有花园和运动场，建校后园址长期未变，直至罗马统帅苏拉围攻雅典时才被迫迁入城内，到被东罗马皇帝查士丁尼下令关闭为止，前后持续存长达 900 年之久。它是欧洲历史上最早传授综合性知识、进行学术研究、提供政治咨询、培养学者和政治人才的教学机构，是西方中世纪才发展起来的大学的前身。

柏拉图免费收徒，吸引了各地大批有才华的青年学者，开创了学术自由的传统。虽然，柏拉图认为办学宗旨是培养具有哲学头脑的优秀政治人才，造就能胜任治国重任的哲学王；但同时，他深信从事数学能够锻炼思维，这是哲学家和将治理“理想国”者必须具备的基本素养。所以，学园具体开设四门主课：数学、天文、音乐、哲学。而柏拉图还在学园大门上写着：“不懂几何者，不得入内。”

柏拉图甚至想使天文学成为数学的一个部门：“天文学和几何学一样，可以靠提出问题和解决问题来研究，不必去管天上的星界。”

柏拉图的宇宙观基本上就是一种数学观。宇宙开头是一片没有区别的混沌，有两种直角三角形，一种是正方形的一半，另一种是等边三角形的一半。造物主制定了理性方案付诸实施，一系列机械过程后，三角形合理地产生出四种正立体，组成四种元素的微粒：火微粒是四面体，气微粒是八面体，水微粒是二十四面体，土微粒是立方体。还有第五种正立体，由正五面体形成的十二面体，组成天上物质的第五种元素“以太”。整个宇宙成为一个圆球，由混沌变得秩序井然。圆球对称、完善，球面上任意一点都一样，有一个灵魂充溢全部空间。宇宙也是活的，做一种环行的圆周运动，无须手脚推动。四大元素在宇宙内的数量是这样的：火对气的比例等于气对水的比例等于水对土的比例。万物都可用数目来定名，即表现它们所含元素的比例。

柏拉图认为，数学是灵魂从暂存过渡到永恒的捷径，是进入理念世界的“跳板”。在数学的刺激下，知识可以远离虚幻的感性世界，走向真理的理性世界。

有一天，柏拉图做了一个伟大的梦。

留芳万世的几何学家迪米古斯，要看妖怪们到底从他那里学了多少东西，便给每个妖怪一些物质去促使他们发挥想象。

魔王造出了地球，一阵忙碌后，他高兴极了，他觉得自己已成功地让妒忌女神闭上了嘴，就开始盘算该如何欣赏即刻将至的其他妖怪的颂词。可是，魔王大惑不解：别人只送给他一阵不屑的嘘声。

那个最好挖苦人的家伙凑上前来：“可不是吗，你倒真干了件了不起的事呢！你把世界分成了两部分，为阻断两边来往，又小心地弄了些水在两个半球之间。要是有谁胆敢靠近极地，谁就得给冻僵；谁胆敢靠近赤道，谁就会被烤焦。你深谋远虑，造了大片沙漠，任何试图穿越它的不是饿毙就是渴死。你造的牛、羊、公鸡、母鸡身上倒找不出什么毛病，却无法理解你为什么要弄来毒蛇和蜘蛛。洋葱、洋蓟是好东西，可你干吗又弄些毒草种得到处都是？莫非你想去毒一毒你造的人。如果没数错，你大约造了三十几种猴子和更多种类的狗，却只造了四五种人。你给后者一种本能，就是你唤作推理的。实际上，推理不过是一种可笑的玩意儿，离你唤作愚蠢的那个不会远一寸。除了上边提到的，你一点也不尊重两条腿的朋友，你只给他们少得可怜的自卫；你把他们丢在一片混沌中，只给他们星点补偿；你又给他们那么多情感和那么少用来抵御感情的智慧与谨慎。你准不想要这球面上有太多人生存，便弄了天花去日复一日地折磨他们，整得他们的数目每隔几年就要减少 1/10，你又给剩余的 9/10 以疾病；你还嫌不够，又让幸存者不是对簿公堂就是自相残杀。而为了你所谓的杰作，他们竟要对你终生顶礼膜拜。”

听到这儿，魔王脸红了。他已觉察出这里面涉及了实在和精神上的邪恶，可他还是坚称，基本上讲，善是多于恶的。“听着，好心肠的伙计，没有比到处挑毛病更容易的了。你不想想，造一种动物，给他们推理的本能不算，还搭上

▲从柏拉图的那个时代到现在，一直有各种各样表现他的画像。这幅壁画绘于16世纪的罗马尼亚修道院，他（中）与数学家毕达哥拉斯、雅典伟大的改革家和执政官梭伦在一起。

自由意志，又要想法儿不使其滥用自由，容易吗？也不想想，养一万种植物，出点毒算什么？那么多水、沙子、土，你就能造出个没海没沙漠的球来？看看你自己吧，我专出冷言冷语的朋友，你不是刚造完木星吗，也让咱们来看看你做的那条大带子、那长夜、那四颗月亮。你造的世界，是不是居民既不生病也不愚蠢？”

做事最认真的妖怪造的是土星，可也未能避免遭受嘲讽。其他造火星、水星、金星的也都被找出了好些特丢面子的错误。

柏拉图出面了：“你们做的球各有好的一面和不好的另一面，经过热烈讨论，大家都有了不同程度更进一步的理解。但你们离完美还有好些距离。这样吧，你们的作品就都留在这儿一亿年好了。过一亿年，你们会知道得更多，做起事来也会好许多。别对自己要求过高，宇宙里只有我才能制造完美与永恒。”

柏拉图刚完成高谈阔论，有位门徒便高声喊道：“您醒了吗？”

法国逻辑学家戈博这样说过，柏拉图的思想不是一般的形而上学，而是独一无二的形而上学。

公元前 347 年，柏拉图在参加一次婚礼宴会时无疾而逝，享年 80 岁，葬于他耗费了半生才华的雅典学园。

## 吾爱吾师，吾更爱真理

——亚里士多德（公元前 384 ~ 前 322 年）

有人曾问过亚里士多德：“你和平庸人有什么不同？”

亚里士多德回答很精辟：“他们活着是为了吃饭，而我吃饭是为了活着。”

公元前 3 世纪下半叶的雅典城郊外，常常可以看到一位 60 多岁的老人，身边总跟随着十多位青年，他们或是自由地漫步在花园中亲切地交谈，或是闲散地围坐在一起热烈地讨论。

“老师，您再给讲讲‘三段论’的大前提、小前提和结论吧。”

老人捋了捋飘逸的胡须，缓缓说道：“我们希腊人不是有个很有趣的谚语：如果你的钱包在你的口袋里，而你的钱又在你的钱包里，那么，你的钱肯定在你的口袋里。这正是一个非常完整的‘三段论’呀。”

▲亚里士多德像

作为古希腊的伟大哲学家，亚里士多德开创了以观察和经验为依据，而不是以抽象思维为依据的哲学方法。

你可能已经猜出来了，亚里士多德正在给他吕克昂学园高级班的学生们上课呢。

亚里士多德出生在富拉基亚的斯塔吉拉移民区，这座城市是当时希腊的一个殖民地，与正在兴起的马其顿相邻。亚里士多德的父亲是马其顿国王阿穆塔的宫廷御医，不过他在亚里士多德还年幼时就与世长辞了。

18 岁那年，亚里士多德被监护人送到了著名的柏拉图学园，一待就是 20 年。亚里士多德勤奋刻苦，表现出色，柏拉图很看重他，称他为“学园之灵”。亚里士多德涉猎广泛，努力收集各种资料进行钻研，甚至给自己建了一个图书室，柏拉图又曾因此讽刺他是书呆子。并且，亚里士多德聪明异常，思维敏捷，所以，柏拉图还说要给他“戴上缰绳”。

也许是受父亲的影响，亚里士多德对生物学和实证科学饶有兴致；又在柏拉图的影响下，对哲学推理产生了兴趣。亚里士多德在学术上一点也不唯唯诺诺，他很有自己的想法，更不会崇拜权威。柏拉图大谈玄理，亚里士多德便在思想上与老师有了分歧。尽管亚里士多德很尊敬柏拉图，但在很多问题上，他有着独立的思考和见解。在学园里，他们经常对话辩论，有时候，亚里士多德甚至会把老师问得答不上话来。他反对柏拉图把每个同龄人都称作兄弟姐妹，把每一位年长者都称为父亲母亲的观点：“做某个人真正的表兄，而不是按柏拉图的方式给人家当儿子，岂不更好！”他也不同意柏拉图把真实存在看成是“人的理念”：树就是树，由种子长成，结出果实。离开实实在在的树，仅仅是头脑中树的概念又有什么意义呢？

柏拉图到了晚年，亚里士多德甚至曾隐喻地说过，智慧不会随柏拉图一起死亡。后来，他终于抛弃了老师的许多观点，认为客观存在的物质世界是永恒的，不靠观念；现实生活中先有了各种三角形的东西，人们头脑中然后才有了三角形的概念；代数和几何的定律是从自然规则中抽象出来的；生命和世界都在运动，没有运动就没有时间、空间和物质……但是，碰到一些解释不了的现象，亚里士多德还是得把柏拉图的一些思想观点搬出来帮忙；由此，他也常常被弄得自相矛盾、左右摇摆，他的自我评价是“黄金中庸”。

柏拉图逝世两年后，受当时密细亚的统治者、学友赫尔米亚之邀，亚里士多德走访小亚细亚。然而，波斯帝国的入侵打断了他安宁教书和潜心研究的3年时光。赫尔米亚也在一次暴乱中被杀害，亚里士多德不得不带着家人逃到累斯博岛的米提利尼城，开始了漂泊流浪的游历生涯。

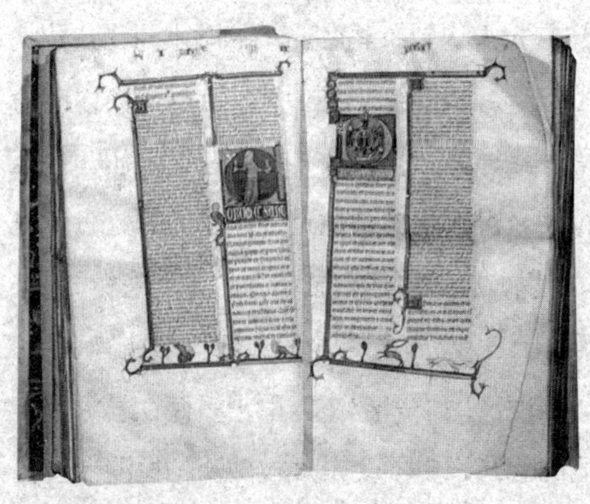

▲《物理学》书影

物理学学科的名称正是来自亚里士多德这部《物理学》著作的书名。

又一个3年后，亚里

士多德被马其顿国王菲力浦二世召回故乡，担任年仅 13 岁的太子亚历山大的教师。

亚里士多德本身就极度推崇政治学，认为它是一切学术中最重要的，主要研究人群的善，而伦理学则研究个人的善。他从人性出发探讨国家的起源和目的，其基本命题即“人是天生的政治动物”。他认为，自然不造无用之物，自然赋予每个事物一定目的。自然让人类过有道德的优良生活，而只有当人们各按其本分参加一个政治团体时，才能实现这一目标。

亚里士多德首先提出了对青年学生必须进行德、智、体、美多方面的发展教育。可以想见，他将自己的政治理想寄托到亚历山大身上，通过潜移默化的强大影响力，对亚历山大思想的形成进行了全方位的渗透。

期间，菲力浦二世打败了反马其顿联军，称霸希腊。他召开全希腊会议，约定各邦停止战争，结成永久同盟。他还宣布，将统帅希腊联军，远征波斯。至此，希腊各邦已名存实亡，成为实际掌握军政大权的马其顿附庸。

不久，菲力浦被刺身亡，亚历山大继承王位，亚里士多德返回雅典办学，学园以阿波罗神殿附近的杀狼者吕刻俄斯的名字命名为“吕克昂”。亚历山大始终不忘支持老师亚里士多德，据说他先后共提供了 800 金塔兰，约合黄金 4.8 万磅。这算得上开创了科学家依靠国家财力进行科学研究的先河。亚里士多德甚至在学园里建起了欧洲第一家图书馆，里面珍藏有大量自然科学和法律方面的书籍。

亚历山大还通令全国，凡是猎手或渔夫抓到稀奇古怪的动物，都要送往亚里士多德那里。而他自己在征讨途中，只要一发现未曾见过的动物，便制成标本给老师带回来。亚里士多德在吕克昂学园展开了生物学研究，他调查描述了 500 多种动物，并对其中 50 种进行解剖。经过无数次验证，师生们终于发现了一条规律：动物进化越高级，它的生理节构也就越复杂。

在亚里士多德之前，人类都用超自然力量来解释自然界的各种神秘变化，到处都是神的作用。亚里士多德孕育了科学的胚胎并使它降生，他的光辉成就之一就是能以莫大的勇气将科学组织成一个有条不紊的庞大机体：第一部分是理论的科学，包括数学、自然科学和后来被称为形而上学的第一哲学；第二部分是实践的科学，包括伦理学、政治学、经济学、战略学和修辞学；第三部分是创造的科学，即诗学。

亚里士多德反对亚历山大的独裁统治："独裁统治者尤其应当装作虔诚信奉上帝的样子，因为一旦人民觉得王者信仰、尊奉上帝，就不那么担心在他那里遭受不公正待遇了；也不那么处心积虑地策划反对他了，因为他们认为上帝会站在他那一边。"可是，亚历山大并不再想从老师那里得到什么劝导了，他坚持自己的军事扩张。当亚历山大以背叛罪毫不留情地处决了亚里士多德的侄子时，简直就像处死了亚里士多德自己一样。尽管如此，人们还是能够看到亚里士多德和亚历山大亲密无间的良好师生关系。

在不到 10 年的时间里，亚历山大率领的希腊联军打垮了号称百万的波斯大军。与此同时，雅典人爆发出了长期郁积于胸的义愤，再次激烈地兴起了反马其顿统治的运动。起义军占领了雅典，有人告发了亚里士多德的身份。人民准备将他逮捕，亚里士多德的学生们及时得到了消息。亚里士多德自感无能为力，遂想起 76 年前苏格拉底的命运，借口说不给雅典人反对哲学罪的机会，在学生们的帮助和护送之下逃离了该城。

亚里士多德将学园交给狄奥弗拉斯多掌管，自己来到雅典以北优卑斯亚岛的卡尔喀斯城避难。隐居了几个月后的第二年夏天，亚里士多德积劳成疾，在凄凉的境遇中与世长辞，享年 63 岁。

亚里士多德对世界的贡献，令人惊叹。他至少撰写了 170 种著作，其中流传下来的有 47 种。他生前公开发表供一般人阅读的辞藻绮丽、行文悠闲的对话体，大部分已经失散，只有些片段流传至今；而大概是他的讲授提纲、研究札记或学生们的听课笔记之类，因朴素无华、推论严谨也才得以保存下来了一部分。

亚里士多德的科学著作，简直就是那个年代的百科全书，内容涉及天文学、动物学、胚胎学、地理学、地质学、物理学、解剖学、生理学，总之是古希腊人已知的各门学科。那或者是前人的知识积累，或者是助手们为他所做的调查与发现，又或者是他自己的独立见解。亚里士多德的研究领域更涉及到了伦理学、形而上学、心理学、经济学、神学、政治学、修辞学、教育学、诗歌、风俗，以及雅典宪法。据传，他还和学生们一起写过 158 篇关于希腊各城邦政治制度的论著，但到目前为止，仅发现了《雅典政制》一篇。

亚里士多德总结了泰勒斯以来古希腊哲学发展的结果，首次将哲学和其他科学区别开来，开创了逻辑学、伦理学、政治学和生物学等学科的独立研究。他是提出完整世界体系的最后一人，又是从事广泛经验考察的第一人，由此，他标志了古希腊科学史的一个转折点。亚里士多德集古代知识于一身，以至于在他死后数百年间，都没

**◀亚里士多德《政治学》中的一页**

在书中，人类被描绘成一种有待教育的“政治动物”，这里的教育指的是学校、军事、艺术和宗教教育。

人能像他那样对知识有过系统考察和全面掌握。于是，亚里士多德被马克思誉为“古代最伟大的思想家”，被恩格斯称作“最博学的人”。

## 犬儒

——第欧根尼（公元前 404 ~前 323 年）

他，躺在光溜溜的地上，半裸着身子，赤着脚，胡子拉碴的，活像个乞丐或疯子。不，简直就是条狗。可他就是他。

一大清早，他随着初升的太阳睁开双眼，搔了搔痒，便像狗儿一样在路边忙开了——在公共喷泉边抹了把脸，向路人讨了一块面包和几颗橄榄，然后蹲在地上大嚼起来，又掬起几捧泉水吸入肚中。他没有工作，也无家可归，是个逍遥自在的人。他会在熙熙攘攘的街市上转悠，人们都认识他，或者都听说过他。他们会问他一些尖刻的问题，而他也尖刻地回答。有时他们丢给他一些食物，他很有节制地道一声谢；有时他们恶作剧地扔给他卵石子，他便破口大骂，毫不客气地回敬。他们拿不准他是不是疯了，他却认定他们疯了，他们的疯各有不同，令他感到好笑。

▲第欧根尼与亚历山大

一天，亚历山大问第欧根尼：“人家为什么把你叫作狗？你都干了些什么？”“我朝给我东西的人摇尾乞怜，朝什么也不给我的人汪汪乱叫，还咬异教徒。”亚历山大和蔼地对他说：“我能帮你什么忙吗？”“当然能啊！”第欧根尼顿了一顿，“请站到一边去，你挡住了我的阳光。”

他的住所是一只桶，

泥土做的贮物桶，破的。他不是第一个住这种地方的人，却是第一个自愿这么做的人。他还拥有一条毯子——白天披在身上，夜晚盖在身上。他四海为家，骄傲地声称自己是一个自由的世界公民。他一生中大部分时光都在希腊的克林斯城邦度过，那是一个富裕、懒散、腐败的城市，他挖苦嘲讽那里的人们，偶尔也把矛头指向他们当中的某一个。他的名字叫第欧根尼，人们称他的哲学为犬儒哲学。

第欧根尼通过戏剧、诗歌和散文的创作来阐述他的学说；他拥有一大批崇拜他的门徒，他言传身教地进行简单明了的教学；他只向那些愿意倾听的人传教；他有明确的生活目标——“重铸货币”：人们为了攫取虚假浮华而出卖自己的独立性，这唯一真实长久的东西；而他，就是要拭去人工生活的金银蒙尘，揭开陈规陋习的假面具，重新印上自然生活的真正价值。

第欧根尼真的是比动物还动物。他拒绝文明带来的技巧，说：“人类幸福所需要的一切文明成果，并非人类一概都需要。而这些结果正是人类不幸的根源。”他对把他形容为狗的朋友反唇相讥：“我当然是狗了，不然我干吗总要和那些把我卖了的人重归于好呢！”

还记得将一只褪了毛的公鸡带到柏拉图的课堂上，说“那就是人”的那个学生吗？他也是第欧根尼。

有个田径运动员曾对第欧根尼说：“我是人，我是人里面跑得最快的。”

“好吧，那又怎么样！这跟蚂蚁里的有些比较灵活的不是差不多吗？难道别的蚂蚁会因此而欣赏它们？因为一只蚂蚁跑得快就欣赏它，你不觉得好笑吗？还有什么？如果所有参加赛跑的运动员都是瘸子，作为也是瘸子的你，跑在了前头，于是就大事夸耀，你觉得有意思吗？”

第欧根尼又以云雀飞得快为由头，讥讽地问他：“你说说，那些带羽冠的云雀要是和你跑一样长的路，能把你落下多远？”

“嗨，落下，那是因为它们长着翅膀！”

“那好！”第欧根尼接着问道，“根据传说，鸡冠鸟和燕子都是人变的，它们也有翅膀，为什么就不如云雀飞得快呢？”

本来得了冠军、想夸耀一番的家伙羞愧得低下了头。

曾有人想跟第欧根尼学哲学。他给了这个人一条鲱鱼，让他跟着自己。那人感到很难堪，扔下鱼就走了。过了不久，第欧根尼又碰到那个人，竟笑哈哈地对他说：“一条鲱鱼就把我们俩的交情给毁了！”

人不能脑袋一热就想成为一个学哲学的人。第欧根尼比任何人都更清楚这一点。当年他想追随安提西尼的时候，这位老师也曾多次威胁他，要用棍子打他脑袋。而那时，他的回答却是：“你想打就打吧。我已经准备好，伸过脑袋去就是了。不过，你找不到能把我从你的讨论会打跑的硬棍子。”

安提西尼终于高兴地把他收下了。

鱼在游，在呼吸，一路上吞食着挨到嘴边的所有东西。第欧根尼以讥讽为主要武器，拿鱼当哲学手段。

广场上有人正在发表演说。第欧根尼来了，晃着一条鲱鱼，把听众的注意力都吸引了过去。他朝动了气的演说家高声喊道：“只值一个铜子儿的鲱鱼，就把你的演讲会给搅了！”谁都知道，第欧根尼不喜欢演说家和一切发表演讲的人，他把这些人形容为“三次方的人”，就是说，这种人三倍地可耻。

据说，还有一次，有个年轻人正在演讲，站在他对面的第欧根尼喂起兔子来，兔子就藏在他的袖筒里。等到把众人的注意力都吸引过来以后，他说话了，“看到这么容易就让众人把眼光从你身上移开，集中到我这儿，真令我感到惊奇”。

所以，第欧根尼不招人喜欢；所以，他离群索居，为大家所弃。

因为贫穷，他不接待任何人，也没有人接待他。况且，第欧根尼好挑剔，大部分时间都对人家做的和说的表示不满，故而人人都躲着他。可是，一个微不足道的东西却知道如何使他开心，如何使他感到幸福。

关于他的死，有好几种说法，但都和鱼有关。

有的说，他可能是和一条狗争食生章鱼而被对方咬死；也有的说，是他打跑了那条狗，但吃了抢到的生章鱼以后撑死了；还有的说，是因为他喜欢吃生食而闹肚子，腹泻过度死掉的。

不管怎样，却是真有下面这样的事实的。

第欧根尼大胆地生吃了一条章鱼，目的在于摈弃用火来煮肉。当时，有好多人都围着他看。他披着他的那条毯子，把肉放到嘴边的时候，说："我是为了你们，才赌命，才冒这种危险的。"

第欧根尼建立了一套自我应用逻辑，在这个逻辑体系中，嘴是真话和意见的出口，尽管吃饭的时候讲究食不言。但食物有了象征地位，与犬儒主义和虚无主义的举动融为一体。根据这种看法，饮食的功能就在于彰显自然的要求，就在于提供一些内在的依据。

最后，第欧根尼和他的章鱼表明，不可能有无可指摘的营养学。

## 快乐清单

——伊壁鸠鲁（公元前 341 ~ 前 270 年）

公元前 341 年，伊壁鸠鲁生于靠近小亚细亚西岸、四季常青的萨摩斯岛。他自幼就为哲学所吸引，14 岁便长途跋涉去听柏拉图学派的帕非勒和原子论哲学家瑙西芬的讲课。18 岁时，伊壁鸠鲁到雅典服兵役，由于父母原本都是雅典人，此后他便定居雅典。其间，他也曾去过小亚细

▲伊壁鸠鲁像

伊壁鸠鲁说："凡智慧所能提供给人终身幸福的事物之中，友谊远超过一切。"

亚学习和教学，并在那里继续受德谟克利特哲学的影响。然而，伊壁鸠鲁对所听所学大多不同意，公元前306年，他返回雅典，设校讲学，广收门徒，并自成一派。

伊壁鸠鲁和朋友、学生们一起过着简单朴素的生活，节衣缩食，鄙弃奢侈，不求名禄，不问世事，打破社会传统，追求心灵愉快的精神享受，俨然身处修道院中，直到老死。伊壁鸠鲁的花园里总是高朋满座，他们共同著书立说，就像那庭院入口处的告示牌上写着的一样："宾至如归，乐为至善。"伊壁鸠鲁也因此被称为"花园哲学家"，他生前享有崇高威望，死后亦被追随者奉若神明，他的教导必须严格执行，形成了花园派独尊师长的传统。据说，伊壁鸠鲁曾著述300余卷，题材无所不包，但在几个世纪的灾难中几乎全部散失，只有3封信件和2章残篇流传了下来。

伊壁鸠鲁在那些厌恶享乐、以艰苦自律的同行中算个异类。他强调感官的快乐，也承认自己酷爱美食，就是智慧和文化也必须与此相关，而行使得当的哲学更相当于快乐的指南。与众不同的是，他并不逃避责任或远离社会，因为最大的善根源于快乐，没有快乐，就不可能有善，"如果我把口腹之乐、性爱之欢、悦耳之娱、见窈窕倩影而柔情荡漾，一概摈弃，那我将无法设想善为何物"。

很少有人这样坦陈自己爱好享乐的生活方式，这使许多人感到震惊。特别是当听说，起初在达达尼尔海峡的兰萨库，后来在雅典，伊壁鸠鲁用富人支持的钱建立学校来推进快乐。而这所学校男女皆收，并且鼓励他们在一起学习、生活和享乐。外人便开始想象学校里面的所作所为，虽然让好奇心撩得直痒痒，却不敢亲身体验，还无中生有地予以谴责和抨击。

伊壁鸠鲁的学说确实吸引了众多的信徒，但不是每个人都能真正理解快乐主义的内涵。如同前面所讲到的，快乐既包括肉体上的满足，也包括精神上的愉悦。积极的快乐和消极的快乐之间显然存在着很大的区别，即使消极的快乐拥有优先的地位，可这种“厌足状态中的麻醉般的狂喜”只能让人感受短暂的快乐。当一些庸俗的世人无法体会那种恒久的快乐，便会回转头来，倒打一耙，怪罪起先行者来了。良莠不齐的群体中总会有害群之马，心怀不满之徒便经常颠倒黑白、添油加醋地透露出那些在讲课间隙中的活动，给无聊的人充分的想象空间作为茶余饭后的话柄。

有一回，伊壁鸠鲁的助手梅特罗多洛的兄弟提莫克拉特散布谣言，说伊壁鸠鲁一天要呕吐两次，因为他吃得太多了，那是尽享“口腹之乐”的下场。

还有一回，斯多葛学派的狄奥提马做了一件极端刻薄的事，他故意发表了 50 封淫荡的信件，却栽赃陷害，硬说是伊壁鸠鲁酒醉之后性欲狂乱时所写。

伊壁鸠鲁的快乐学说被一知半解地在地中海地区广为传播，其影响足足持续了 500 年，在西罗马帝国衰落过程中才逐渐为残暴的野蛮人和基督教徒的敌视所消灭。此后，伊壁鸠鲁的名字更是以形容词的形式进入了多种语言，在《牛津英语词典》中，“伊壁鸠鲁的”被解释为致力于追求享乐，而引申意义为奢侈、肉欲、饕餮，倒具有了贬义。

不过，在伊壁鸠鲁去世 2000 多年之后，《伊壁鸠鲁式生活》杂志竟然在中产以上阶层风行，那印刷的纸张像洗净的苹果一样光鲜。

英国伦敦的伍斯特郡还有一家以伊壁鸠鲁命名的小餐馆，通过提供幽静的环境、高背的坐椅、扇形海贝烤意大利米饭配白蘑菇，来向顾客进一步解读伊壁鸠鲁的爱好。

伊壁鸠鲁从来都不凭直觉回答“怎样才能快乐”，因为，灵魂并不见得比身体对自我病痛的诊断更清楚、更准确。哲学的任务就是帮助解读我们自己弄不清楚的脉搏，用理性审视欲望的来由，以引导达到真正的快乐。他说：不能解除灵魂痛苦的哲学是无用的空话，正如不能治疗身体疾病的医药是无用的技艺。

一旦发现伊壁鸠鲁的实际爱好，谁都会感到意外。他没有华屋美舍，饮食也非常简单；他只喝水而从不喝酒，一顿饭有面包、蔬菜和一把橄榄足矣。他曾对一位朋友说，“送我一罐奶酪，好让我想解馋时饱餐一顿盛宴”，这就是一位倡导享乐主义者的真实写照。

伊壁鸠鲁说：凡智慧所能提供给人终身幸福的事物之中，友谊远超过一切。

在伊壁鸠鲁看来，我们寻找的是朋友，追求的是自由，能得到安宁的唯有思想。

# 信仰的时代

## ——中世纪与文艺复兴哲学

中世纪的哲学家们尝试把哲学和神学结合起来，并且改造古希腊思想以便反映基督教信仰，他们为哲学探索的进步起了关键的作用。到文艺复兴时期，一些有远见的哲学家及时地汲取了新科学的成果，提出了具有自然哲学倾向的新哲学体系，成为近代哲学的先驱，马基雅维利、哥白尼、布鲁诺成为这一时代的代表。

## 圣者的忏悔录

### ——奥古斯丁（354 ~ 430 年）

386 年夏日将尽的一天，意大利米兰的一条街道上，一个青年发疯似的冲进自已居所的花园，在那里顿足、捶胸、敲额。然后，走到一棵无花果树下，静静地躺了下来。他的脸上带着难掩的忧伤和痛苦，一边哭泣流涕，一边喃喃自语：“主啊！你的发怒到何时为止？请你不要记着我过去的罪恶。”过了一会儿，他又呼喊起来：“还要多少时候？到底还要多少时

**▶威尼斯圣马克教堂镶嵌画**

对基督徒们来说，圣奥古斯丁是最伟大的教父，他的神学著作强化了许多基督教义。

候？明天吗？又是明天！为何不是现在？为何不是此时此刻就结束我的罪恶？”

“那儿发生了什么事情吗？”

路上的行人纷纷围拢过来，但都被随即赶到的那青年的朋友劝阻开了。大家只能远远地站在一旁，默默地看着他，包括他的朋友。空旷的花园里，只留下他的哭声在回荡。

忽然，从邻近一间屋子里传来清脆的童声，在反复唱着：拿起来，读吧！拿起来，读吧！顿时，青年的脸上呈现出一种异常兴奋的表情，他在回想少年时是否也曾经唱过这样的儿歌，可脑子里却空空如也。他抑制住即将奔涌而出的眼泪，“霍”地站起来，冲到刚才坐过的椅子边，抓起放在那儿的《圣经》，猛地翻开，看到了这样一章：“不可荒宴醉酒，不可好色淫荡，不可竞争嫉妒；总要披戴主基督耶稣，不要为肉体安排，去放纵私欲。”

刹那间，似乎有一束恬静的光射进了青年的心房，驱散了一切阴霾笼罩的疑云，他脸上的愁苦和泪水一下子全都消失了，剩下的满是喜乐。

几天后，青年放弃了待遇优厚的米兰国立学院修辞学教授席

◀在奥古斯丁的《上帝之城》中，上帝将堕落之后的人类分为选民和罪人两类。耶稣复活后，选民得到上帝的拯救，但罪人只能经受地狱永恒之火的煎熬。在神学领域，奥古斯丁成功地将古代思想与基督教思想综合起来。

位，离开了年轻的未婚妻。因为他已经决心走上十字架，全心全意地献身给主。第二年的复活节，他接受了米兰大主教的洗礼，正式成为一名基督徒。

这位青年，就是被称为教会博士的奥古斯丁，人们尊称他为“圣奥古斯丁”。

花园里那一天发生的奇迹，影响了他整个的一生；而他的一生，也影响了之后1000多年的基督教史。在那一天之前，他是一个放荡的青年，一个狂傲机智的雄辩学家，一个误入歧途的摩尼教徒；在那一天之后，他是一个虔敬的主教，一个谦卑睿智的神学家，一个寻求上帝真理的基督徒。而我们的目光，也就从那一天开始，追溯着他的传奇。

354年11月13日，奥古斯丁出生在北非的一座小城塔迦斯特。父亲是异教徒，而母亲莫尼卡则是虔诚的基督徒，并被后世表为基督徒妇女的典范，自奥古斯丁出生之日起，就有为他流不尽的眼泪，祈祷他长大后也能信仰基督。父亲则希望儿子能完成自己未曾实现的理想，在仕途上一帆风顺，光宗耀祖。因此，即使家境一般，他们也还是打定主意要让奥古斯丁接受最好的罗马式教育。

奥古斯丁天资聪颖，自小就表现出很好的学习天分。他一直以来成绩都非常优异，可却调皮捣蛋，不爱读书，喜欢逃学，四处游荡。他对拉丁文和文学情有独钟，会为作品中人物的悲惨命运而感慨，而落泪。

16岁时，由于家里经济拮据，奥古斯丁不得不暂时休学，赋闲在家中。也就是从那一年起，伴随着青春期的萌动，肉欲主宰了他的心灵，在这股强大力量的驱使下，他开始了放荡的青年时代，并且在这罪恶的泥潭中越陷越深，无法自拔。父亲只关心儿子的学业，对此从未加以管教；而即使母亲频频在私下里对他进行劝告，他依然我行我素。

省吃俭用的父亲终于能够资助儿子出外求学了，可他却未能等到儿子学成归来。奥古斯丁带着父亲的期望，在迦太基学习修辞学和哲学。一方面，这个纸醉金迷的城市让他把肉欲的垢秽玷污了友谊的清泉，令情色的阴霾掩盖了友谊的光辉，他成为爱的俘虏。一名非洲女子走进了他的生活，他们很快就同居了，并生下了一个孩子，她与奥古斯丁前后一同生活长达 15 年之久。而另一方面，他迷恋上了雄辩术，还被哲学所深深吸引，他突然明白过去虚空的希望全都是微不足道的，便怀着一种不可思议的热情，向往不朽的智慧。

他不停地问自己：自己的罪恶从哪里来的？基督教的上帝是善的，可为什么世界上还有恶的存在？《圣经》不能给他解释，摩尼教却似乎给了他答案。

听说奥古斯丁成了摩尼教的初级会员，母亲非常痛心，本来执意要将刚回家的他赶出门去。后来，一个梦，改变了她的想法。在梦中，她看见自己站在一条木尺上，又看见一位容光焕发的青年含笑走到她跟前。此刻的她正痛不自禁，那位青年便询问她为何如此悲伤以至于天天哭泣，她回答说是因为痛心于儿子的丧亡。那位青年请她放心，叫她留心看，她在哪里，儿子也会在哪里。她仔细一看，发现儿子就在她身边，站在同一条木尺上。母亲相信这是上帝的启示，让她耐心等候，儿子必然会与她一同得到救赎。而与此同时，一位主教也劝告她说：“付出这么多眼泪的儿子是不可能失去的。”于是，母亲重新拾起希望，继续为儿子祈祷。

奥古斯丁虽然不知道母亲所做的梦，但摩尼教的学说并未使他的内心真正平静过，他不断地在反省。他渐渐发现，摩尼教学说并非原先想象得那么理想和真实，但还是觉得找不到更好的。

奥古斯丁对那些大肆捣乱的迦太基学生实在是忍无可忍了，便听从朋友的意见，前赴罗马接受教席。这次旅程，母亲被蒙在鼓中，毫无所知。直到奥古斯丁打起包袱往海边去时，母亲才获悉，于是哭喊着追赶到码头，并在奥古斯丁身边寸步不离，央求他不要离开，即使一定要去，也要她跟着一同前往。没办法，奥古斯丁只好撒了个谎，推说暂时还不打算出发，因为要等到顺风时和朋友一道上船。母亲信以为真，但仍不肯回家，就暂时留在离泊船不远的一所教堂中。而就在这一夜，奥古斯丁还是偷偷地溜走了，留下母亲在教堂中祈祷哭泣，悲痛欲绝。

奥古斯丁对罗马充满了殷切的期待，但罗马迎接他的却是疾病。他寄宿在一位教友家中，发烧的热度越来越高，还不停地说着胡话，几乎快要死了。迷迷糊糊中，他竟然想起了童年时的那次重病，也是几乎快要死了，可母亲跪在他的小床边，紧握着他的小手，不停地为他祷告，他自己也轻轻地向上帝祷告，病居然奇迹般地好了。当他想到这里，就想起了母亲。母亲现在虽然不知道他得了重病，但必定仍像以往的 20 多年一样，从不间断地每天早晚两次，到教堂为儿子祈祷，希望上帝能听允她的祷告，眷顾并且拯救她的儿子。几天过后，奥古斯丁居然也像儿时一样，奇迹般地恢复了健康。

▲ 14 世纪镶嵌画

奥古斯丁在莫逆之交亚吕皮乌的陪伴下，听到了上帝的召唤，当时他正在阅读《福音书》中的一句："不可荒宴醉酒；不可好色淫荡。"

大病初愈后的奥古斯丁经历了一场对摩尼教的失望，对一切知识也都开始产生了怀疑。与此同时，这位异乡老师仍然备受当地学生的愚弄，愤怒的他只好通过关系获取了公派米兰的机会。

渐渐地，奥古斯丁心中的天平发生了倾斜。正在此时，母亲听说奥古斯丁到了米兰，便不辞劳苦，一路打听寻到他的住处，离别数年后的两人相拥而泣。奥古斯丁想给母亲一点安慰，便告诉她自己已经不是摩尼教徒了，但还不是基督徒。母亲听后，并没有特别欣喜，只是略感心安，但她确信上帝已经垂听了她的祷告。于是，她平静而满怀信心地对奥古斯丁说:“我相信，在我去世之前，一定能看到你成为热心的基督徒。”奥古斯丁无言以对，母亲则开始更为热切地为他祷告。

受到影响的奥古斯丁正慢慢地走向上帝，他意识到，知识也许能带来荣耀和掌声，但并不能带来幸福和安宁，更不能带来生命的意义。奥古斯丁思想上虽然有了很大变化，但在生活上依然如故，声色犬马，这种矛盾在他心中的斗争越来越尖锐、愈演愈激烈。经过一段时间的读经听道，奥古斯丁逐渐感觉到自己的可耻，从 19 岁那年读了西塞罗的《荷尔顿西乌斯》一书后引起对智慧的爱好，大约 12 年过去了，却始终流连忘返于世俗的幸福，不肯致力于觅求真正的幸福。心底深处的狂风暴浪袭来，便发生了开头的那一幕。

## 一切为了上帝

——托马斯 · 阿奎那（约 1226 ~ 1274 年）

说不清是 1226 年年底还是 1227 年年初，托马斯 · 阿奎那出生在意大利的洛卡塞卡堡。他们家是王族的分支，是伦巴底望族，与神圣罗马帝国皇帝是近亲，与教廷也保持着密切关系。

托马斯 · 阿奎那 5 岁时，便被父母送到著名的卡西诺修道院当修童，他在那里一待就差不多 10 年。直到 1239 年，被开除教籍的腓特烈二世派兵占领并关闭了这座他自己建立起来的卡西诺修道院，已是翩翩少年郎的阿奎那才得以离开。

没在家里待多久，他又被送到了那不勒斯，只有14岁的他成了一名大学生。他在那不勒斯又等了4年，学习了自然科学、修辞学和神学等方面的课程，接触到大量的科学与哲学著作，特别是亚里士多德的形而上学、自然哲学与逻辑学著作，等他再回家时已经是18岁的大小伙子了。

▲这是14世纪比萨画家弗朗西斯科·特雷尼的《圣托马斯·阿奎那的杰出成就》一图，阿奎那处于亚里士多德（左）和柏拉图（右）之间，他是最早把亚里士多德著作引入基督教思想的哲学家。

可板凳还没坐热，他便与家里人吵起来了，尤其是同父亲闹得天翻地覆。原来，托马斯·阿奎那不愿参军！身为伯爵的父亲一直希望能把他培养成为修道院院长，而父亲更是一位出色的军人。托马斯·阿奎那的六个哥哥个个身强体壮、武艺高超，也都成了军人。从爷爷的爷爷开始，男孩子们长大后参军作战简直就像吃饭穿衣一样理所当然。他们的一生必须要做三件大事：东征西讨、生儿育女、统治人民。但托马斯·阿奎那就是不一样，就是不愿意，父亲看着儿子壮实的身躯惊呆了。

这时的托马斯·阿奎那已经是高达2米的巨汉，魁伟得像大象，强壮得像犀牛。只要他肯，他将会是一名相当好的士兵，将会给他的家族带来数不清的荣誉！可他竟然不愿做将军，而要做苦行僧。这令父亲既愤怒又伤心，他决定不惜采取一切措施来阻止儿子的疯狂举动。他甚至叫夫人直接给教皇写了一封信，请教皇把她的儿子从疯狂中拯救出来，而教皇也答应尽量帮忙。

然而，像所有翅膀硬了、还带逆反心理的子女一样，父母的这些行动只有一个结果——更加坚定了他的决心。在家里待了两年后，19 岁的托马斯·阿奎那加入了多明我修会。这是一个托钵僧会，参加它的人都过着像乞丐一样的苦行生活，希望从肉体的痛苦中寻找灵魂的幸福。

托马斯·阿奎那加入多明我修会的举动遭到母亲的强烈反对，后来在妹妹的帮助下，他终于冲破家庭的束缚，像一阵风般逃出了家乡。他赤着脚跨过了滔滔河流，穿过了一望无际的伦巴底平原，翻越了白雪皑皑的阿尔卑斯山，奔波了 3000 里漫漫长路后，终于到达了他梦想的地方——巴黎。

当他飞一般冲进久负盛名的巴黎大学时，却没能见到他渴望已久的

▲佛罗伦萨圣母玛丽亚教堂内壁画　14 世纪

这幅壁画显示了托马斯·阿奎那的胜利，他的《神学大全》一书最终导致了教会的分裂，他的思想体系也成为天主教会的官方学说。

阿尔贝特教授。原来教授到科隆讲学去了。托马斯·阿奎那毫不犹豫、一刻不停地直奔科隆，又是一段千里长路。

几日后，他到达了科隆，他挤进阿尔贝特正在讲学的课堂，坐在了大师脚边的地板上。

每天，托马斯·阿奎那都只是默默地坐在讲堂里听课，由于那引人注目的庞大身躯和怯懦的性情，他被同学们送了个绰号“西西里哑牛”。

有一次，一位同学帮助他理解阿尔贝特的演讲。在仔细阅读了托马斯·阿奎那的注解后，那位同学反而清楚地意识到，阿奎那的理解比自己的更好。因为偶然间听说了这件事，尊敬的导师开始注意他。阿尔贝特安排阿奎那参与讨论各种有争议的问题，而阿奎那都表现得非常出色。于是，有一天在课堂上，阿尔贝特指着阿奎那对其他学生说：你们说这位托马斯·阿奎那同学是“哑牛”，但有一天他的声音将让全世界侧耳倾听。

打那以后，托马斯·阿奎那与阿尔贝特成了忘年之交，他们经常在一起讨论各种问题。当阿尔贝特回巴黎大学时，托马斯·阿奎那也跟了去。

1250年，托马斯·阿奎那正式成为神父。两年后的秋天，在阿尔贝特的力荐下，他进入巴黎大学神学院学习，1256年春完成学业。由于教皇亲自出面干预，学校才开了先例，授予托钵僧侣托马斯·阿奎那神学硕士学位，阿尔贝特的这个得意门生紧接着开始了给导师当助教的教学生涯。

但好景不长，由于他讲课的方式与传统不一样，这令大学的权威们颇为不快，他们对托马斯·阿奎那横加责难，硬是把他赶走了。

可托马斯·阿奎那不久便时来运转，重新回到了巴黎大学。那些老头子们也拿他没辙，因为这次派他来的是教皇。

1256 年，31 岁的托马斯 · 阿奎那终于像导师一样戴上了博士帽，成了远近闻名的辩论大师。一般老师面对辩论无不头痛三分，如果一场弄不好就足以断送一世英名。可托马斯 · 阿奎那迎难而上，他不仅增加辩论次数，还扩大辩论规模，甚至设立了一种辩论会的形式。在这里，任何人都可以向他提问，对问题也没有任何限制，随问随答。

这样的讲课方式大大提高了他的知名度，使他很快在整个欧洲哲学界拥有了大批的追随者，33 岁的他被任命为巴黎大学的神学教授。

这时的巴黎大学号称“哲学家之城”，不过，荟萃于此的名家们大部分都沿用柏拉图哲学作为思想工具，但托马斯 · 阿奎那早就发现了它的缺憾，转而采用亚里士多德哲学，并以这个更管用的新工具更有力地证明了上帝之存在。

1259 年，教皇亚历山大四世把他召到罗马当自己的神学顾问，托马斯 · 阿奎那立即成了整个基督教世界的理论权威。他分割了亚里士多德哲学中的唯物主义和辩证法成分，而将唯心主义和形而上学体系加以全面发挥，并纳入基督教的神学系统，由此，他的哲学观点成为教廷的官方言论。

必然地，反对者也愈加集中起来，争论不断扩大，托马斯 · 阿奎那只好亲自出马摆平。1269 年，他回到索尔本，一面极力宣扬亚里士多德哲学才是为上帝服务的最佳工具，一面运用他对亚里士多德哲学完整而深刻的领会与那些自称“真正亚里士多德”的人展开激烈的辩论。那些人哪是他的对手呀，谁也没有读过比他更多的亚里士多德著作，他们只有自愧不如，或者转到了托马斯 · 阿奎那一边，或者灰溜溜地落荒而逃了。第二年，反对派被宣布为异端，托马斯 · 阿奎那取得了彻底的胜利。

三年后，他又应教皇之召回到罗马，到那不勒斯为多明我修会筹建一座巨大无比的修道院。这时的托马斯 · 阿奎那已声名赫赫，如日中

▲阿奎那对奥古斯丁所代表的传统天主教神学体系构成了广泛的冲击，使得天主教神学进入了思想革命的时代。这幅木版画表现了天主教（右）与新教（左）分别在向教徒传教。

天了。

然而，高峰的生涯必定维持不了太久。两年后，他被派往法国，参加一次规模宏大的国际宗教集会，即第二届里昂大会，在途中，他得了一场病，并且一病不起。

1274 年 3 月 7 日，是一个寒冷的日子，在罗马以北的一座荒凉的修道院中，托马斯·阿奎那，这位“天使博士”看了人世最后一眼，双目一闭，真的去他为之奋斗了一生的上帝那儿报到了。

他的一生如此短暂，却也永恒，他的名字和他的思想都将永存人间。

1323 年，教皇约翰二十二世谥托马斯·阿奎那为圣徒；1567 年，他又被命名为“教义师”；1879 年，教皇还正式宣布他的学说是“天主教会至今唯一真实的哲学”。

## 君主们的老师

——马基雅维利（1469 ~ 1527 年）

马基雅维利 1469 年出生于意大利半岛佛罗伦萨一个没落的贵族家

庭。父亲是律师，母亲也有一定的文字功底。在严格的家庭教育熏陶下，马基雅维利从少年时代起就阅读了大量的书籍，养成了独立思考和崇尚自由的精神品质。

在 16 世纪的大部分时间里，意大利文艺复兴在科学和艺术方面所取得的精神成就开始在政治领域扩张。这个扩张过程艰难而残酷，人们不得不面临这样的处境：文艺复兴的耀眼光芒似乎要在各城市共和国或王国之间的混乱“大市场”内消散。暗杀、阴谋和暴力在上层人士中也是家常便饭，一日没听见或看到类似的传闻，就感觉生活就像缺少了一点什么，令人寝食难安。

成年后的马基雅维利恰好见证了这个时代，他也热情地投身其中。他参加了推翻美第奇家族统治的起义，并自 1498 年起出任佛罗伦萨共和国“十人委员会”的秘书长，负责处理外交与军政事务，还一度担任了国民军军令局局长，初显了他的政治才华。1512 年，共和国遭到颠覆，君主制复辟，他即被免职监禁。获释后，他在佛罗伦萨近郊的乡间过着

▲马基雅维利将自己的著作《君主论》献给罗棱佐·美第奇。

退隐生活，致力于著书立说。

面对意大利长期的分崩离析、内忧外患，马基雅维利历时 15 载，最终完成了他一生中最伟大的著作《君主论》。他对意大利数百年来的政治实践与激烈革命，以及自己从政十多年的经验教训进行了理论总结。他用充满人性主义色彩的语言，揭露了贵族阶级因权力崇拜而生的巨大利益，他们横征暴敛、荒淫无耻。虽然人心本恶，可任何人做任何事都有目的，这是至关重要的。所以，只要有利于目标实现，那些强暴狡诈、背信弃义的卑劣手段都是可取的。在他看来，手段是独立于道德规范之外、可作为独立研究的技术性问题。

虽然马基雅维利由衷地向往共和制，但只要君王能够运用手中权力，抵御外侮消除内乱，发动一切公开或隐蔽的手段拯救意大利于水深火热之中，实行统一集权的君主制也不失为期望的寄托之一。这正好从反面证明了他“为达目的，不择手段”理论的正确。

《君主论》作为第一部政治禁书而让世人瞩目。在人类思想史上，还从来没有哪部著作能像它一样，一面遭受着无情的诋毁和猛烈的攻击，另一面却获得了空前的声誉。它问世 400 多年来，一直是政治家、谋略家、野心家关注的焦点。在西方，《君主论》被誉为影响世界的十大名著之一，是人类有史以来对政治斗争技巧最独到、最精辟、最诚实的“验尸报告”，马基雅维利也被称为第一位将政治和伦理分家的政治思想家。

马基雅维利认为，人类的斗争方式有两种，一种是法律，讲究人性；另一种是武力，讲究兽性。既然两者都现实地存在着，那么就毫无人道可言。因为，前者常常使人力不从心，迫使人们必须诉诸后者。所以，君王们虽满口说道德，却实际上时刻准备武力。马基雅维利也尊崇法制，却更看重为战争而生的军事，那才是君王们唯一的专业，不是吗？他犀利的笔锋言前人不敢言的功夫可谓深入骨髓，他也对运用权谋术数作了

NICOLAI
MACHIAVELLI
PRINCEPS
EX
SYLVESTRI TELII
FVLGINATIS TRADVCTIONE
diligenter emendata.

BASILEAE
Ex officina Petri Pernæ.
M D XXC.

▲《君主论》书影

《君主论》是马基雅维利的代表作，书中提出了统治者如果要在政治上取得成功该如何做等问题。

非常详细的探讨。

君王如果真想统治好国家，“就应该像野兽一样行动，要努力使自己既是狐狸又是狮子。若他只是狮子，就看不出陷阱；若他仅是狐狸，就无法抵御恶狼。所以，他需要成为狐狸以识别陷阱，也需要成为狮子以震慑恶狼”。

马基雅维利在任何一个时代都肯定不会是最有道德的人，当他还是佛罗伦萨共和国常驻博尔吉亚宫廷的公使时，发生了一件事：博尔吉亚邀请邻国的四位君主来塞内加各利亚，他们都掌控着各自的小小王国，并统帅了各自的小小军队。表面上美其名曰开一个友好的会议，可当他们一到达，博尔吉亚就把他们全都杀害了。这种不光彩的行为，即使在罪恶的年代也不一定会得到赞成，可博尔吉亚的荣誉似乎只受到了轻微的动摇，而没使他失势。

马基雅维利竟对这项罪行作了一个非常奇特的说明，他采用不同于其他一切作品洗练、优雅和质朴的语言风格，非常冷淡地谈论此事；他为博尔吉亚果断的处理本领感到高兴，对谋害者的残酷和虚伪不表示愤慨，却对受害者的软弱不屑一顾，对他们的不幸和过早死亡不抱丝毫同情。

看来，伟大征服者的不义之举，人们常常荒唐可笑地惊叹和赞美；而小偷、强盗和杀人犯的类似行为，却在一切场合遭到轻视。即使前者的危害和破坏性比后者大得多，可他成功了，就被认为是英勇的；而后者，作为最低层和无地位人的愚蠢之举，却总是遭到愤恨。马基雅维利甚至不无羡慕地说，在日耳曼人的法律中，偷窃一定要受到惩罚，但是依靠强力的抢劫却不会。

很快，马基雅维利又提到，佛罗伦萨之所以失落自由是因为没有像罗马那样集体审判反人民的叛逆罪，它只是设立法官来审理，“因为人少，所以，腐化他们也用不了多少人”。在这片充满怀念英雄美德的土地上，马基雅维利希望人民发挥主动的作用，为个体的自由，也为佛罗伦萨的自由。风雨变迁中，马基雅维利对君王们的争斗一直保持着令人难以接受的漠然，法国革命激发起来的强烈道德义愤对他是完全陌生、轻蔑的东西，人道精神在他身上消失得无踪无影，而他却不可理解地成为这场文艺复兴最值得意大利人骄傲的果实。

想必，马基雅维利很清楚，道德义愤不但与正义、自由无关，而且更是它们最可怕的敌人。克服这个敌人的最终力量来自每个公民。“如果一个人是受民众的拥戴而成为君王的，他应该时刻也不能忘掉他们，并和他们保持联系……否则，轰他下台的也是民众。”

马基雅维利写下了《君主论》，以表达对君王的忠诚与崇拜，旨在赢得君王的宠幸。可它还没来得及发表，佛罗伦萨便暴发起义，共和国再次推翻君主统治。他向新政府谋求职位，却遭到拒绝，便在极度失望与痛苦中忧病而逝。

## 自然科学的“独立宣言”

——哥白尼（1473～1543年）

1473年2月19日，哥白尼出生在波兰西部维斯杜拉河畔托伦城的一个商人家庭，兄妹四人，属他最小。10 岁时，父亲去世，当教士的舅父承担起了抚育他的重任。舅父曾留学意大利，博学多才，思想开阔，提倡研究实际，这对少年时期的哥白尼有着较为深刻的影响。

18 岁那年，哥白尼进入克拉科夫大学学习。克拉科夫是当时波兰的首都，也是东欧最大的贸易和文化中心，有许多国家的留学生。它地处东西欧交通要冲，较早地受到了意大利文艺复兴的影响，因此，在这座古老的大学里，新兴的资产阶级人文主义思想和腐朽的封建教会经院哲学之间展开了激烈争斗。在这种熏陶之下，哥白尼的心灵深处埋下了挑战腐朽的火种。他还在这里遇到了对他一生影响重大的布鲁楚斯基教授，正是这位数学家和天文学家的启蒙教育，才使哥白尼抱定了献身天文研究的志愿。

三年后，哥白尼回到家乡。舅父已经升任埃尔梅兰城的大主教，为了让哥白尼继承自己的衣钵，便送他到意大利专门学习教会法规。

▲哥白尼像

哥白尼在经过多年的观察和论证后，提出了爆炸性的革命观点——“日心说”，推翻了长期以来居于统治地位的“地心说”。

哥白尼先后进入波洛尼亚大学、帕多瓦大学和费拉腊大学学习和研究法律、天文学、数学、神学和医学，同时，他还学会了希腊文。当他还在意大利的时候，就因舅父的推荐，于 1497 年被选为弗洛恩堡大教堂的僧正。1501 年，他中途回国，正式宣誓加入神父团体，随即又请假返回意大利。1506 年，获得教会法规博士学位的哥白尼回到舅父身边，在弗洛恩堡大教堂担任神甫。

轻松的职务使他有了一定的物质保障和充裕时间，来从事他所热爱的科学研究工作。到 1510 年以后，他还兼职处理过管理、外交等事务。

1512 年，舅父去世后，哥白尼便定居在了弗洛恩堡。此后的 30 余年，他虽一直在教会任职，却把大部分精力都放在了天文学的研究上。他特意从护卫大教堂的城墙上挑了一座箭楼做宿舍，并选择顶上一层有门通往城墙的平台做了一个小小的天文台，用自制的简陋仪器进行天象观测，这后来被称为“哥白尼塔”。他在此完成的研究记录就有 25 个事例被选入了他一生中最伟大的著作——《天体运行论》这一“自然科学的独立宣言”之中。

尽管哥白尼总是事务繁忙，可他始终保持头脑冷静。大约在 1506 年至 1512 年期间，哥白尼就有关天体运动学说的基本思想撰写过一篇题为《浅说》的论文，他认为天体运动必须满足以下 7 点：

1. 一个所有天体轨道或天体的共同的中心。

2. 地球只是引力中心和月球轨道的中心，并不是宇宙的中心。

3. 所有天体都绕太阳运转，宇宙的中心在太阳附近。

4. 日地距离同天穹高度之比，就如同地球半径同日地距离之比一样渺小，是微不足道的。

5. 在天空中看到的任何运动，都是由地球运动引起的。

6. 在空中看到的太阳运动的一切现象，都不是它本身运动所产生的。地球带着大气层，像其他行星一样围绕太阳旋转。

7. 人们看到行星向前和向后运动，也是由于地球运动引起的。地球的运动足以解释人们在空中见到的各种现象了。

哥白尼搜集了大量的资料，于 1515 年正式开始写作《天体运行论》。1525 年，哥白尼原来的女管家安娜痴痴地爱上了这位伟大的科学家，她不顾别人的流言蜚语，毅然来到已被教会剥夺了结婚权利的哥白尼身边。

◀**表现哥白尼《天体运行论》理论的图绘**

尽管今天的天文学家认为它并不精确，但在400多年之前它却是非常接近于真理的。哥白尼提出，行星绕着太阳运行，地球并不是宇宙的中心，这一观点被称为“日心说”。哥白尼还认为行星的运行轨道实际上是椭圆形的。

在她的精心照顾和帮助之下，《天体运行论》的写作得以顺利进行。经过反复地测算、校核、修改与重写，哥白尼花了将近四个九年的时间终于完成《天体运行论》的初稿。

《天体运行论》共分6卷，哥白尼在书中大胆地提出：“太阳是宇宙的中心，所有行星都围绕太阳运转；地球不是宇宙的中心，而是绕太阳运转的一颗普通行星。”

“人们每天看到的太阳由东向西运行，是因为地球每昼夜自转一周的缘故，而不是太阳在移动。”

“岁差，即地球自转轴的运行使春分点沿黄道向西缓慢运行，其速度每年为50.2角秒。”

“月亮是地球的卫星，一个月绕地球转一周。”

“天上的星体不断移动，是因为地球本身在转动，而不是星体围绕着静止的地球转动。”

“火星、木星等行星在天空中有时顺行，有时逆行，是因为它们各依自己的轨道绕太阳转动，而不是因为他们行踪诡秘。”

哥白尼批判了托勒密的“地心说”，提出了完整的“日心说”：地球在运动时，人们之所以觉得整个宇宙在转动，犹如人在行船上，不觉船动而觉得陆地和城市后退一样。地球不动是假象，包括地球在内的行星都绕太阳转动才是真实，只有月球绕地球转动。离太阳最近的是水星，其次是金星、地球、火星、木星和土星。

事实上，16 世纪 30 年代初，哥白尼的新理论已开始在欧洲流传，朋友们更竭力地在意大利高级教会人士中传播他的新理论和新观点。他们试图通过这种办法为哥白尼公布自己的学说铺平道路，从而实现当时的科学革命。在众多人士的努力下，红衣主教对此产生了巨大的兴趣，他还在 1536 年 11 月 1 日给哥白尼写了一封信，想进一步了解他的学说，信中用肯定的态度谈到了日心学说中日、土、月 3 个天体的位置。没想到这位开明的红衣主教第二年便去世了，没能够成为哥白尼学说的庇护人。

▲古罗马人相信宇宙是由天神艾特拉斯扛在肩上运转的。1000 多年来，人们始终相信地球位于宇宙的中心，而星辰则围绕在地球的周围。直到哥白尼提出了日心说，推翻了上述观点。

不知是出于害怕还是出于谨慎，哥白尼对《天体运行论》的出版犹豫不决。因为他知道，“日心说”必将给封建教会以沉重打击，必将暴露上帝创造世界说法的荒谬，他非常担心这部书会遭到“地心说”信徒们的攻击和教廷的压制。在朋友和学生的支持与鼓励下，哥白尼踌躇了很久，直到 69 岁时，才勉强同意出版。

1542年6月,《天体运行论》的排印工作开始进行，委托负责人为了书的安全发行，按自己的意愿写了一篇没有署名的序言，说明书中的理论不过是为了编算星表、预推行星位置而想出来的一种人为设计，不一定与实际情况相符。序言中说了许多称赞哥白尼的话，这个“迷眼的沙子”也起了很大的作用，在半个多世纪的时间里，骗过了许多人。后来，哥白尼的学生对此十分愤慨，曾多次要求出版人发行改正版，但都未能如愿。

1543年5月24日，弥留之际的哥白尼终于见到了刚刚出版的《天体运行论》，可惜他已经因脑溢血中风而双目失明、半身不遂、瘫痪在床一年多了，他只摸了摸书的封面，便欣慰地闭上了眼睛，与世长辞。

明智的哥白尼虽然没有受到教会的迫害，他的著作还是被列为禁书。但真理是封锁不住的，1882年，罗马教皇不得不承认哥白尼学说是正确的。经过三个世纪的艰苦斗争，这一学说终于取得完全胜利并为社会所承认。

## 神亲自挑选的宗教改革者

——马丁·路德（1483 ~ 1546年）

在德意志东部一个小山村萨克森的爱斯里本住着一对夫妇。男的正直、勤俭、忠实，甚至有些固执，他喜欢读书，在劳作之余常以此为消遣；女的谦卑得具有虔敬妇人的一切美德，她尤其敬畏神灵，邻人多视她为模范，争相效法。

1483年11月10日晚11时，夫妇俩喜得一子，他们的第一个想法就是要将这孩子奉献给神，于是给他取名马丁·路德。

14岁时，路德即被送往外地独自求学。贫穷孩子的生活需要自我改善，每当饥饿难忍之时，他便逐门唱歌乞食。有一天，三户人家都拒给食物，他只好预备禁食一天。回行走到乔治广场，他呆立在一家富户门前沉思起来，暗中落泪，悲切非凡。忽然，大门开了，一位贵妇走出来，请他进去，给他饭吃。原来，这位夫人曾多次见过少年路德参加宗教聚会，他的歌声与虔诚引起了她的注意和关怀。刚才，她听见了邻居的粗话，看他忧愁地站在门口，便出来帮他。她的丈夫也十分喜欢这个少年，没过几天就邀他同住。

这样，在路德茫然无知的时候，神开启了一家基督徒的心和门。

吃穿不愁了，路德的心境渐渐平和，性格也愉快开朗起来。

后来，他顺利地走进了大学课堂。20 岁的一天，他在图书馆信手翻阅，一本拉丁文的《圣经》引起了他的特别注意。他默默地念着书名，惊奇地发现这许多页、许多章、许多卷的神的话语，都是他从未想到过的，他的心顿时狂跳起来。他不断地到图书馆借阅这本宝贝，感到真理的光芒开始照亮他的心田。

不久，获得学士学位的路德因劳累过度生了一场大病，几临死地。许多朋友前来探望，其中有一个可敬的神甫，很早就注意到路德的才学。

▲宗教改革时期，路德派与天主教正在讨论一些分歧的观点。

路德向他吐露心声："我将不久于人世了。"神甫温柔地答道："我可爱的学士！壮胆吧！你病不致死，我们的神要用你来安慰许多人。因为神把十字架搁在他所爱的人身上，凡忍耐背负的必得大智慧。"这些话深深地印在了路德的心里。

康复后的路德从《圣经》、疾病和神甫的话中品味出了一种新的昭示。

1505 年夏，已在爱尔福特大学攻读完文学硕士和哲学博士学位的路德回乡探亲。本来，他觉得应当致力于研究法律，以完成父亲的愿望。可在返校途中突遭暴风雨，电光闪烁，一个火球落在了他的脚前，他受到惊吓双膝猛地跪倒在地。他以为那是死神在传唤，便暗自立誓："神若拯救我脱离危险，我就撇下整个世界专心侍奉神。"他踉跄地从地上爬起来，蹒跚地继续朝前走去。虽然恐惧还在心间回荡，可他最终获得了安全。于是，他真的决意投入修道院，让修士的生活来拯救灵魂，让他这个罪人变成圣人，从而达到永生。

要割断人间的一切关系岂是易事？路德也多次心如刀绞，可他心意已决，便邀来朋友欢叙"最后的晚餐"。这是路德向俗世辞别之夜，神在召唤他，他必须弃绝一切。从此不再交友，而将结伴修士；不再谈笑风生，而将打坐沉思；不再高歌时曲，而将静聆钟声。席间有音乐助兴，朋友们举杯畅饮，满意之极。这时，路德将内情和盘托出，朋友们惊讶无比，竭力劝阻，

▲画中将教皇制度比喻为魔鬼向地狱运送灵魂的运输车，表达了新教在教皇制度问题上的观点。

可一切徒然。

当晚，路德离开寓所，只携两本书，独自在深夜叩开了奥古斯丁派修院的大门。这是 1505 年 8 月 17 日，路德年方二十有一。

终于与神同在了！

翌日，路德把剩下的东西都送给了朋友，留作纪念。朋友们包围修院两天，希望路德能自己走出来，却都败兴而归。

一个月后，路德修书禀告父母，父亲复函表示愤怒，并申明脱离父子关系。路德不为所动。

然而，修士们处处鄙视他，刁难他，叫他干最重的活儿，当最苦的差，还不给饭吃，让他自己去沿街乞讨。路德一切顺从，却仍然千方百计寻找机会去领悟《圣经》中神的旨意。

为觅求圣洁，他曾七周未合眼睡觉，过着严肃的苦行生活。他企图用禁食、抑欲、守夜来克制肉体，如囚犯一般关在房里，不断与邪情恶欲斗争。

神引他来此认识自己，可他仍然充满了恐惧，在心灵上和生活中都看不到圣洁的影子，路德几乎完全失望了。

修院的围墙掩蔽了滔天大罪，也埋没了高贵美德。偶有一个真正与神交往的人被召出院，他的生活立刻发出光辉，警照世人。

1507 年 5 月 2 日，已经入院两年的路德受封为神甫。翌年底又被调往威腾堡大学任物理学和辩证学教授。

1510 年，他被派赴罗马做七个修院的代表，觐见教皇。

他满以为罗马是圣洁的中心，可刚走到意大利的富原，就发现了惊人的丑事。波河边，彭尼狄克派的修院招待了他。修院富丽堂皇，修士衣着华贵、饮食精致。路德十分不解，起初他闭口不言，等到进餐时看见满桌肉食，不禁问道：“教会和教皇，怎么不禁止这些东西？”

他竟准备公布这些不轨行为，主人们大为不满，觉得灭口为妙。幸亏有人暗中通风报信，路德才迅速离去，免去一死。

经过炎热中的长途旅行，路德终于到达了七山之城。他是何等的兴奋，双膝跪下："圣罗马，我要向你致敬！"他遍访各礼拜堂，对一切见闻均感兴趣，虔敬地奉行各种圣规。但他看到的却是神甫不虔不敬，修士不分高低，教堂的门扉破损、围墙火焚。

路德满怀忧愁和愤怒离开了罗马，回到威腾堡，一头栽进《圣经》中。

要脱离数世纪的黑暗，哪有那么容易！

1512 年 10 月 19 日，路德获领神学博士头衔。他的使命是专心研读《圣经》，并受大学之托，奉教皇之命，慎重立誓于神前："我誓必全力保卫福音真理。"

这成了路德改教的前兆。

1517 年 10 月 31 日，路德勇敢地走近礼拜堂，在大门上张贴了反对赎罪券的 95 条论纲。对于"一旦听到钱币在功德库中落下的声音，灵魂就会从炼狱里跳起"的公开丑闻，他明确表示，要将真理置于光天化日之下。他原本并不要激起什么革命，可没想到口口相传，全城都震动起来。

不久，路德收到教皇谕旨，传他到罗马受审。朋友们纷纷劝阻无效，路德毅然前行。他与罗马教廷短兵相接，仍义正词严："这就是我的立场，我别无选择！"

1518 年 11 月 28 日，路德发表言论，要求公断此事。罗马教会的神学家约翰·艾克同路德展开了大论战，在路德唇枪舌剑、咄咄逼人的攻势之下，艾克狼狈不堪地败下阵去。

1520 年 6 月 15 日，怀恨在心的艾克等人极力怂恿，教廷终于批准了著名的训谕，限定路德必须在 60 天内悔过，否则判决他及其跟随者为异端分子，并指令逮捕他们。路德将训谕当众投入火中，消息也迅速传开了。

▲ 1534 年出版的由马丁・路德所译《旧约》的卷首插图。

一些有权势的朋友、支持者和同情者在路德被定罪以后纷纷伸出援手，他们假装绑架了路德，却把他隐藏在了瓦特堡。

敌人们以为路德若没死去，也已经与世隔绝，不料新的印刷术使他的大量著作广泛地传播开来。他还把《圣经》翻译成德文，让神的书成为百姓的书。

1564 年初，重病的路德讲了四次道，到 2 月 17 日的晚餐桌上，他提及了许多关于快要离世的事情。饭后，他退入寝室休息，站在窗边默默祷告了好久。然后，他倒在床上，睡了一个半小时，醒来便开始祷告：

“我将我的灵魂交到你手里。哦！主啊！真理的神啊！你已经救赎了我。”

接着，他又睡了大约一小时，醒来后再三申述这句话，又闭眼倒在枕上。

朋友们设法唤醒他，问：“你是否至死坚信你所传的？”

路德睁开双眼，坚决而清楚地答道：“是的！”

他重新倒下睡去，呼吸越来越弱，最后一声长叹，离世归西。

2 月 22 日，他的遗体被葬在威腾堡礼拜堂的讲台下面。

第四章

# 理性的时代

——17 世纪哲学

到了 17 世纪，培根在自然科学方面，笛卡儿在狭义的哲学方面，放弃了一直被人们公认的公式，打破了传统在学术界的统治，推翻了巨擘们的权威。这一时期的哲学追求“体系精神”，采取证明和演绎方法，即从一般的原理、概念和公理出发，推导出关于具体的知识。笛卡儿之后的形而上学大家们，斯宾诺莎、莱布尼茨等通过反思他的哲学也建立起自己的思想体系。

## 扫除幻象

——培根（1561 ~ 1626 年）

“读史使人明智，读诗使人灵秀，演算使人精密，哲理使人深刻，伦理学使人庄重，逻辑修辞使人善辩：凡有所学，皆成性格。”

培根的这段话，人们耳熟能详。不过，他最伟大的名言“知识就是力量”则成了他思想的起点和终点。其实，只有真正了解了培根，才会发现歌德的那句话特别适合他：“一个人的缺点来自于他的时代，他的优点和伟大却属于他自己。”

培根具有典型的双重人格，他的一生充满了矛盾。就像被劈成两半的子爵一样，他是善与恶、真与伪、美与丑的混合体。可以说，这至少在整个西方哲学史上是独一无二的。

1561 年 1 月 22 日，一个小生命在伦敦一座叫约克宫的豪华府第里降临到人间，他就是培根。父亲是个勋爵，为伟大的伊丽莎白女王做了 20 年的掌玺大臣；母亲更出身于官宦世家、书香门第，基于性别的原因，才学渊深、博闻多识的她不能像丈夫一样大展拳脚，只好将满腹经纶一股脑儿地教给了子女，尤其是最小的儿子培根。而培根也不负母望，12 岁便进入了剑桥大学三一学院。

当经院哲学家们正在为“一个针尖上能站几个天使”之类的问题争得面红耳赤时，小培根简直恨透了与这烦琐无聊的一切沉沦，他对亚里士多德论述问题的方式进行了猛烈抨击和批驳：“他就像一位土耳其君主，认为不处死所有的同胞弟兄就无法稳坐王位。”

三年后，培根成为英国驻法大使的一名随员，在旅居巴黎的时间里，他几乎走遍了整个法国。可好景不长，还没来得及给培根准备任何遗产的父亲突患暴疾，撒手人寰。18 岁的培根来了个 180 度的大转弯，一夜之间从锦衣玉食的富家子变成了一文不名的穷光蛋。

独立后的培根住进了葛莱法学院，一面攻读法律，一面谋求职位。可是，势利的姨父虽位居英国首相，却对培根异常冷落，他只得靠自己的力量。凭着非凡的巧舌，“有条不紊、干脆利索、言之成理、不闲扯、不空谈。他的每一句话都有魅力……每一位听众担心的事，就是他会结束他的演讲”。培根取得了律师资格，并当选为下院议员，此后还连选连任，一直保住了议席。

这时，培根遇上了生命中的贵人，那就是年轻英俊的南安普顿伯爵、伊丽莎白女王的宠臣埃塞克斯。他十分看重才华横溢、文笔优美的培根，相识不久便将其视为知己。他常常资助囊中羞涩的培根，还屡次向女王力荐他。

有一天，伊丽莎白女王正因传记小说《亨利四世》在发怒，她认为作者是借古讽今、含沙射影地抨击她的现行政策，要以谋反之名兴师问罪。

伯爵恰好带培根入宫觐见女王，培根也读过此书并了解作者的良苦用心，他急中生智，巧妙地为作者开脱："我不敢说此书有谋反的罪证，但毫无疑问，该书确有不少重罪的证据。"

"何以见得？请你指出来吧！"女王急切地问。

"在他从泰西塔斯那儿剽窃来的许多段落中，都可找到这类罪证。"培根认真地回答说。

女王哑口无言，却因此一直不大喜欢培根。伯爵很是过意不去，便以一座漂亮的大庄园作为补偿，培根只用普通的材料做了简单的装饰。

有一天，伊丽莎白女王心血来潮，巡幸到了培根的府邸。长期生活于高墙深宫的女王看惯了奢侈华贵，没想到大哲学家的住宅会如此简朴，忍不住惊叹道："你的住宅太小了啊！"

培根站在女王身边，仔细端详了自己的房舍后，耸耸肩膀，平静地说："陛下，我的住宅其实不错，只是因为陛下光临寒舍，才使它显得小了。"

不久，失宠了的伯爵既伤心又愤恨，竟阴谋策划囚禁女王，另择一人取而代之。培根连夜写信，竭力反对；伯爵却一再坚持，培根只得警告，他会把对女王的忠心置于对朋友的感激之上。伯爵还是做出了艰难的尝试，结果失败被捕。培根三番五次地到女王面前为伯爵说情，女王只好吩咐将伯爵释放。可是，伯爵又召集周围的武装力量进军伦敦，还企图唤起人民革命。培根非常生气，掉转头来反对他。伯爵再次被捕，以谋叛罪受审，培根也积极参与了起诉。

关键时刻，培根的慷慨证词改变了一切，也决定了一切。如簧之舌的控诉使法庭最后不得不将伯爵处以极刑，而培根为此只从政府那儿得到了 1200 英镑。

培根的不得志终于等到了詹姆士一世即位之日，这才到了他官运亨通、夙愿以偿之时。培根一路飙升，从受封爵士、担任新王顾问到被任命为副检察长、检察长，从掌玺大臣、大法官的任命到被封男爵、子爵，他走到了官场人生的顶点。

1621 年，震荡朝野的培根受贿案东窗事发，下议院正式决定进行调查起诉。培根供认不讳后，法院随之做出判决。他被罚款，监禁，免去贵族称号，免除一切职务并且终生不得再担任任何官职。

从天堂到地狱，培根备尝仕途的酸甜苦辣，发出了内心的独白：“居高位者是三重仆役：君主或国家的仆役，名誉的仆役，事业的仆役。因此，他们既没有人身自由，也没有行动自由和时间自由……人们千辛万苦地爬上高位，得来的却是更大的痛苦。攫取高位有时要靠卑鄙的手段，人们不惜低三下四也要出人头地的尊严。高位朝不保夕，容易滑跤，一旦退倒，不是身败名裂，至少也是声望尽失。”

▲培根一生著作颇丰，取得了很大的成就。在这幅寓意画中，大文豪莎士比亚正将象征着文学成就的桂冠戴在了培根的头上。

归田园居后，培根像一个国王走进了自己的领土，他巡视一下知识界，看看哪块地被荒废了，没有开垦，为人工所遗弃；还有一个目的，就是忠实地绘出荒地的图样，然后聘请公私两方面的力量来改良它们。

他还曾有过一个著名的比喻："历来研究科学的人要么是经验主义者，要么是独断主义者。经验主义者像蚂蚁，他们只是收集材料来使用。独断主义者像蜘蛛，他们从自身把网子造出来。而蜜蜂则采取一种中间的道路：它从花园和田野的花朵采集材料，却用自己的力量来改变和消化这些材料。真正的哲学家也应该这样。"

培根也想做这样的哲学家！他也最终做到了！

这样的日子总共只过了 5 年，历史的时钟走到了 1626 年 3 月，英格兰正是春寒料峭的时节，大地布满了洁白的雪花。

一天，从伦敦到海格特的大路上出现了一个瘦高的身影，脸色苍白，骑在马上。他的脸上写满了沉思：肉类用雪盖着可以保存多久不腐败。他一路上信马由缰，当途中出现了一家农舍，他停了下来，决定立刻就此做个试验。他匆匆地下了马，朝门口走去。一位农夫在寒风中瑟缩着肩膀迎了出来，他对农夫说了几句话，农夫进去一会儿又出来了，一只手里抓了只刚学会打鸣的小公鸡，另一只手里捏着把刀。他给了农夫几个钱，便在路边忙碌开了。他杀死小鸡，从地上抓了把雪，塞进鸡肚子。突然，他浑身一颤，摇摇欲坠，鸡也掉在了地上。农夫连忙扶住他，他感到了寒冷和虚弱，不能独自骑马回镇上了。农夫夫妇便将他抬回了家。

那人就是培根，他躺在床上，仍未放弃生命，并愉快地写下了最后一句著述："这次实验……相当成功。"

诚然，伟大的作品不等于伟大的人格，正如冠冕堂皇的言词不等于高贵正直的行动。可培根的一生，做的都是"大自然的人"所应该做的，他做的就是他自己，就像《新工具》的第一条格言——"人，既然是自然的奴仆和解释者，他所能做的和懂的，就是他在事实上或在思想上于自然过程中所见到的那么多，也只有那么多。除此，他既不能懂什么，也不能做什么。”

安葬之后，应培根自己的遗嘱要求，他的墓碑刻上了如下的铭文：

“我把灵魂留给上帝，

……

把躯体留给黄土，

把名字留给未来的时代和异国他乡的人们。”

真的，虽然褒贬不一，可大家都永远地记住了培根的名字。

## 订立契约

——霍布斯（1588 ~ 1679 年）

1588 年 4 月 5 日，霍布斯出生在英国南部威尔特郡马尔曼斯堡附近的一位乡村牧师家庭。因父亲离家出走，霍布斯从小由叔父抚养。据说他 4 岁时即进入教会学校学习，14 岁时便考入牛津大学，攻读古希腊罗马哲学和经院哲学。大学毕业后，霍布斯留校任教，讲授了一年的逻辑学就受聘给卡文迪什男爵的儿子当家庭教师，从此他和这个贵族家庭建立起了终身联系。

霍布斯一共陪同学生出游欧洲大陆三次。第一次，他们先后到过法国、德国和意大利，霍布斯了解到开普勒和伽利略的新科学成果；第二次，霍布斯受聘于克林顿家族当家庭教师，他开始对几何学发生浓厚兴趣；第三次，他回到了卡文迪什家族，在法国结识了当时的一些著名学者。霍布斯曾经给培根当过秘书，交往甚密，他受到了这位唯物主义开创者思想的直接熏陶；霍布斯曾经专程奔赴意大利拜访伽利略，同这位伟大科学家讨论了有关普遍机械力学运动观点的问题；1640年英国内战爆发前夕，霍布斯跟随卡文迪什家族逃到法国巴黎避难，他还公开批评笛卡儿的二元论和天赋观念论，并在反驳论战中与伽森狄结为同盟好友……这些都对霍布斯哲学思想的形成产生了巨大影响。

从1646年开始，霍布斯受聘给当时也流亡在巴黎的英国威尔士亲王，即后来的查理二世当数学老师。1651年底，经过了11年的流亡生活，霍布斯回到克伦威尔统治下的英国。同年，他在伦敦发表名著《利维坦》，系统阐述了关于专制主义的国家学说，以适应克伦威尔的统治需要。紧接着，霍布斯相继发表《论物体》和《论人》，从而实现了他运用机械力学观点和几何学方法构筑一个包括论物体、论人和论国家三部分的哲学体系的愿望。

▲霍布斯的社会契约说提出统治权，如立法、司法、行政等权力都应该由统治者掌握。这幅16世纪法国画原稿，描绘的是当时公证处的一个场面，起草文件的欧洲官员必须受过良好的法律和文化教育。

“物体”是霍布斯哲学体系的基本范畴。他指出：“物体是不依赖于我们思想的东西，它与空间的某部分相合或具有同样的广延。”宇宙是物体的总和，每部分都是具有长、宽、高的有形物体；经院哲学所谓的“无形实体”，如同说“圆的方形”一样荒谬。另外，从事思想的东西必定有形体，决不能把思想和进行思想的物体分开。如果说“上帝”无形，那它就不可知，所以，哲学应当排除神学。霍布斯从机械唯物主义一元论出发批评了二元论、唯心论和神学，在17 ~ 18世纪的欧洲，“霍布斯主义”几乎和无神论成了同义词。

霍布斯力图运用这种自然观来解释人，人与自然并无本质区别。人似钟表，心脏即发条，神经乃游丝，关节如齿轮，生命不过是肢体各部分的和谐运动。

霍布斯又以机械运动原理来解释情感和欲望。人的本性就是无休止地追求个人利益和权力，采取一切手段去占有一切，乃是每个人都具有的天赋自然权利。在尚无公共权力压服一切、人们完全按照自己本性生活的“自然状态”时，每个人都力图实现占有一切的自然权利，于是彼此争夺不已，从而陷入“一切人反对一切人的战争”之中。然而，要求自我保存和对死亡恐惧的本能必然使人产生摆脱战争、追求和平的意念。于是，理性出来教导人们，不能单凭情欲生活；应当接受那些大家都必须遵守的共同生活规则或公约，即所谓“自然法”。这是理性颁布的道德律令，头一条便是：寻求和平，信守和平。为了和平，人们必须放弃力图占有一切的自然权利，承认他人具有和自己同样多的自由。

“我们为什么不能和平共处呢？”

这是一个耐人寻味的问题。为什么到处都有争斗、厮杀和死亡？为什么千百年来人类不断地在发动战争、彼此残害呢？和平的好处似乎显而易见，人们也期望得到它，而且任何人都能看到，协作对每个人都有益。但是，洲与洲、国与国以及邻里之间乃至许许多多的家庭中，争斗仍在继续着。

争斗无休无止！然而，生活并不是一场无休止的战争。至少在一段时期内，众人还是生活在和平环境中，为谋求共同利益而合作。这是个争斗与合作的怪圈——二者都不稳定。为什么？

霍布斯用了极大的精力和思想来研究这些烦人的问题，他给自己提出了任务：一劳永逸地确定，为什么只有人类活得这么麻烦；又为什么战争不是可怕地持续着，和平也会常常出现。

国家学说成了对此作答的中心课题。霍布斯认为，国家是一种人工物体，是一部人造的机器；主权为灵魂，官吏为骨骼，财富为体力，赏罚为神经，民和为健康，民怨为疾病，内乱为死亡。“自然法”只具备道德上的约束力，若无强有力的公共权力，它也就不能贯彻执行。为了使“自然法”得到切实的遵守，人们便订立契约，把除了“自我保存”之外的自然权利转让、交付给一个人或一些人组成的议会，此乃“国家”。国家凭借被赋予的最高权力，按照“自然法”制定法律，强迫人们遵守，以保证国内和平，抵御外敌。

显然，霍布斯的社会契约说呈现出论证专制主义合理性的特色。统治者并非缔约一方，因此不受契约限制，也无所谓违约问题，其一切行为均属正义；统治权绝对不可分割，立法、司法、行政、军事、财政等权力均应集中于统治者手中，权分则国分，国分则内乱必起；政权和教权必须统一，教会只有得到统治者的批准才能成立，信徒必须服从本国元首、信仰本国法律所允许的教义……更为重要的是，人民一旦交出了权力，便永远不得收回；统治权一经契约建立，便永远不可转让；图谋废除君主，转让统治权，就是破坏契约，必受惩罚。

霍布斯的伦理思想也与此理念观点一致，他运用形而上学的机械论方法分析社会，把人看作是自然的产物，把外物作用于感官产生的苦乐作为道德来源，认为凡有利于生命运动、产生快乐的即善，不利于生命运动、产生痛苦的即恶。

在没有国家和法律的自然状态下，人人有追逐私利的平等自然权利，这必然导致彼此树敌、互相残杀。为了安全和共同生存，每个人都必须放弃部分权利，交予国家，订立契约，用自然法约束自己。一旦人们进入社会状态后，就会产生法律和道德。道德由自然法规定，自然法是理性的普遍准则，它要求人们自爱自保，“己所不欲，勿施于人”。霍布斯把判断道德的根本标准归之于国家法律，强调君主的绝对人格和法律的绝对权威。这在一定程度上是对封建制度的批判和否定，反映了英国资本原始积累时期的残酷竞争状况，表达了新兴资产阶级要求自由剥削的强烈愿望，也体现了对封建贵族的妥协。

霍布斯回国后，便同布朗霍尔主教展开了关于自由和必然问题的论战，批评了意志自由论；尔后，又与牛津大学的教授们进行了关于数学问题长达 20 年之久的争论。斯图亚特王朝复辟后，尽管霍布斯宣布效忠国王，但他的思想倾向于资产阶级；故而，一方面他受到学生查理二世的礼遇，另一方面又遭遇教会和贵族王党的攻击、迫害。

不言而喻，霍布斯是近代第一个在自然法基础上系统发展了国家契约学说的资产阶级启蒙思想家。他的《利维坦》是一部体系完备、内容翔实、论证严密的学术著作，对西方自由主义思想产生过广泛而深远的影响，该书被誉为可与亚里士多德的《政治学》相媲美。

值得注意的是，霍布斯对“自然状态”的描述，与其说是他对人类进入文明社会的设想，不如说是他自身心灵的投射。

霍布斯生性胆怯，他的大半生都在不安中度过。大家知道，16 世纪的英国同当时的意大利和法国一样，经历了深切的动荡，整个社会常常处于无序状态，个人生命安全毫无保障。霍布斯生逢风雷激荡的革命年代，无时无刻感受到来自暴力和动乱的威胁，人类似乎回到了人人自危的自然状态。心理上的不安全感，使霍布斯矛盾交织，行为乖离。

或许，正是这种无法摆脱的恐惧阴影成全了他。事实上，没有这种与生俱来的恐惧感，霍布斯对人性的理解不可能如此深刻，也不可能为他所处的时代孕育出冲破神学牢笼的新思想。从某种意义上说，霍布斯的恐惧心理还带有明显的时代特征，使他的国家契约说建立在现实的根基之上，而非飘浮于半空的“假说”！

到了晚年，霍布斯重新把兴趣转向文学和历史，以 87 岁高龄将《荷马史诗》译成英文，于 1679 年 12 月 4 日去世。

## 我思故我在

——笛卡儿（1596 ~ 1650 年）

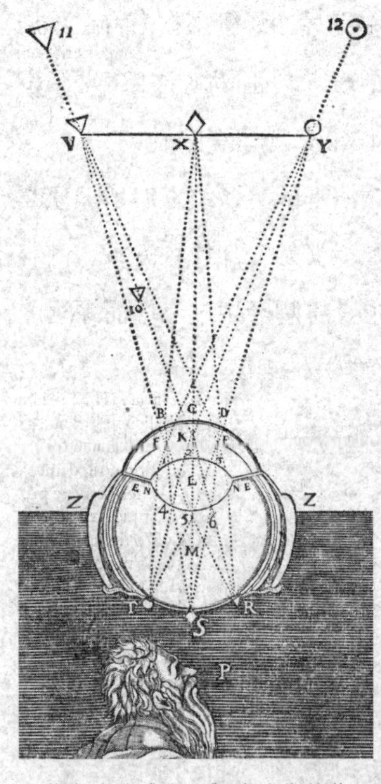

▲笛卡儿的《论人》被看作是第一部生理学著作，该图显示了对图像的感官认知过程与肌肉反应之间的假想关系。

1596 年 3 月 31 日，笛卡儿出生在法国图兰省莱耳市的一个地位较低的贵族之家。这个新生儿咳嗽得厉害，原来是母亲把肺结核遗传给了他。医生说他已经没有存活的希望了，可他竟然一路跌跌撞撞、病歪歪地活了下来。笛卡儿的父亲是布列塔尼地方议会的议员，同时也是地方法院的法官。笛卡儿 14 个月大时，母亲便在生第五胎时不幸死去，给他留下了一笔遗产，为他日后从事自己喜爱的工作提供了可靠的生活保障。父亲再婚后，长期住在布列塔尼省的雷恩。体弱多病的笛卡儿一直由外祖母抚养长大，外祖母去世后，除了与姐姐让娜有联系外，他就很少与其他家人有联系了。自幼失去父母的关爱，也许是造成他性格孤僻的原因之一吧，这给他的一生都带来了深重的影响。

从小，笛卡儿就对周围的事物充满了好奇，父亲见他颇具哲学家气质，便亲昵地称他为“小哲学家”。父亲希望很有天分的笛卡儿将来能够成为一名神学家，于是将 8 岁的笛卡儿送入法国国王亨利四世创立的当时欧洲著名的贵族学校——耶稣会的拉夫勒希公学接受传统教育。

在校 8 年，他学习了古典文学、历史、拉丁文、希腊文、诗学、物理学、数学、逻辑学、道德学、形而上学、神学、哲学、法学、医学等课程。神父们的教育可以说是全面的、高级的，这给笛卡儿的学术生涯打下了稳固的基础。而他一生也没有放松过自己的宗教信仰，始终不渝地以一个忠实的天主教徒自居，即使后来长期居住在新教国家荷兰，他也非常骄傲地自称“我是天主教徒，身上流着法国人的血”。当然，校方也为照顾他孱弱的身体，特许他可以不必受校规的约束——早晨不必到学校上课，可以躺在床上自学。因此，他养成了早晨卧床思考问题的习惯，一直到老。他废寝忘食地阅读大量的课外杂书，接触到了一些新思想，于是对中世纪学说越来越失望。在他看来，教科书中那些微妙的论证，其实不过是模棱两可甚至前后矛盾的理论，使他顿生怀疑而无从得到确凿的知识，唯一能给他安慰的就是数学。

1612 年，笛卡儿以优异的成绩毕业，随后进入法国波瓦蒂埃大学，并于 1616 年被授予法学硕士学位。学了很多知识的他仍不满足，也深感闭门读书的无用，于是他在结束学业时就暗下决心：不再死钻书本学问，而要走出校门，向“世界这本大书”讨教，用自己的理性来解决问题。

由于经济富足，不需要他开业做律师，笛卡儿便背离家庭的职业传统，走出书斋，走上社会，去接受时代的影响，去探索人生的道路。

机缘凑巧，正值尼德兰北部的几个省联合反对西班牙殖民统治的战争爆发。法国是荷兰的同盟国，同盟军由莫里思·德纳索亲王率领。和当时许多贵族青年一样，22 岁的笛卡儿带着一个仆人，自费到荷兰参军，充当一名文职志愿人员。

驻扎布雷达期间，1618 年 11 月 10 日，笛卡儿在街上散步，偶然间看到了一张数学题悬赏的启事。在观看公告栏时，他请身边的人翻译佛莱芒语，没想到，这人是著名的物理学家毕克曼。靠着毕克曼的帮忙，笛卡儿把那个问题解答了出来。两人很快发现在数学上的共同兴趣，他们都从未碰到过能以如此精确的方式将物理和数学结合在一起的人。毕克曼成为笛卡儿的师友，二人进行过一段时间的合作。毕克曼向笛卡儿介绍数学的最新发展，提出问题和思路，再由笛卡儿来解答。毕克曼在日记中这样写道:“物理–数学家是非常少见的。”而笛卡儿给毕克曼的信中说:“事实上你是将我从冷漠中唤醒的人……当我的心正在偏离重大问题时，正是你将我引入正途。”在毕克曼的鼓励下，笛卡儿开始从事理论数学的研究，认真探寻是否存在一种类似于数学的、具有普遍适用性的方法，以期获取真正的知识。

1619 年，笛卡儿脱离了新教徒德纳索的军队，到巴伐利亚加入了日耳曼人的军队，并参加了巴伐利亚公爵的天主教军团攻打波希米亚国王的战斗。

那年冬天，笛卡儿在乌尔姆度过。11 月 10 日的夜晚，为了躲避寒冷，笛卡儿把自己关进一间用小火炉取暖的房间，陷入了深深的思索。他产生了一系列的幻觉，几乎开始怀疑自己的信念，几小时的紧张努力终于驱散所有的困惑。

笛卡儿做了三个奇特的梦。在第一个梦中，他看见自己在旋风里蹒跚，而其他人似乎没受什么影响。他被惊醒后便祈求保护，折腾了大约两个小时重新入睡。在第二个梦中，他找到了打开自然宝库的钥匙。一阵刺耳的喧闹再次把他惊醒，他看到房间里充满光亮。眨了几次眼之后，他又睡着了。第三个梦更为复杂：有几本书，其中一本是《百科全书》，笛卡儿认为它代表了众多科学的统一；还有一个陌生人给了他一首以“是与否”开头的诗，即毕达哥拉斯的“Yes and No”，那代表了真理和谬误。笛卡儿将这些梦结合起来，理解为一种启示：上帝叫他开辟通向真正知识的道路。

这一天可以说是笛卡儿思想上的一个转折点。他投笔从戎，不过是想借机游历，开阔眼界。笛卡儿好像并没有实地作战过，却一直注意收集各种知识，随处对遇见的种种事物注意思考。退伍后，笛卡儿定居巴黎，专门从事科学研究，企图把自然科学各学科相互协调起来，以建立起新的科学体系。但他总感觉到，在法国进行研究和著述容易担受风险，于是决定避开战争，远离社交活动频繁的都市，另外寻找一处比较适宜研究的环境。

他又到处旅行，几乎走遍了整个欧洲。他到过德国、匈牙利、奥地利、波希米亚、丹麦、英国，后来又到过瑞士、意大利。1629 年，他迁居到资产阶级已经取得政权的荷兰，在那里隐居了 20 年。

笛卡儿尽管保持了对耶稣会一生的忠诚，但他却是最彻底破坏封闭思想的先锋。无论如何，天主教神学究竟与科学水火不容。即使在与世隔绝的荷兰，笛卡儿也频繁地更换寓所。1633 年，伽利略受到宗教裁判所的严厉处分无异又给了笛卡儿一个严重警告，他在给好友的信中说：这个事件使我大为震惊，以致我几乎决定把我的全部手稿都烧掉，或者不拿给任何人看。我承认，如果地球是转动的是错误的话，那么我的哲学的全部基础也都是错误的，因为这些基础显然都是由它证明的，而且它和我的论文是紧密相连的，去掉它则其余部分都将不成体统了。笛卡儿还是希望他的哲学能够在不违背宗教信仰的前提下得到人们的普遍接受，但顽固势力始终也没有停止对他的敌视。

▲此图描绘的是笛卡儿给瑞典女王克里斯蒂娜上哲学课的情形。克里斯蒂娜要求笛卡儿清晨5点开始上课，每周上5个小时。

不管怎样，波希米亚的伊丽莎白公主曾改变了他的生活。伊丽莎白两岁时，她们一家被流放到荷兰。找不到政治上门当户对的婚姻，公主终生未嫁。她求知欲极强，一直与笛卡儿保持书信往来。笛卡儿在写给她的信中有时流露出令人吃惊的亲密，也许，他早已爱上了这个将他视为精神和知识导师的年轻公主。1646 年 8 月，伊丽莎白的哥哥杀死了一名法国官员，她们一家就离开了荷兰。公主的搬迁使笛卡儿心绪不宁，他越来越清楚地意识到，伊丽莎白不会再回来了。

这时，瑞典女王克里斯蒂娜读了笛卡儿的《心灵的激情》后，三番五次地邀请笛卡儿去瑞典。而法国驻瑞典的联络官、后来成为大使的沙尼，是笛卡儿的朋友兼崇拜者，在他的斡旋和劝说下，犹豫不决的笛卡儿最终还是接受了邀请。女王派遣一艘战舰和一位海军上将去接他，1649 年 10 月 1 日，笛卡儿来到斯德哥尔摩，女王打算册封他为瑞典贵族。

开始，笛卡儿几乎没有什么工作可做，他不得不对尚未完成的一些资料进行整理，并着手准备组建瑞典皇家学者研究院。然而，从 1650 年

1 月起，他给女王讲授哲学，每周三次，共五个小时。他必须早晨 4 点半乘马车到达王宫，这显然打乱了他从小养成的习惯。瑞典的冬季又特别寒冷，沙尼得了肺炎，笛卡儿帮忙照料也不幸染上。1650 年 2 月 11 日，笛卡儿在这片“熊、冰雪与岩石的土地”上去世。即使在死后，他仍然受到非议，因为克里斯蒂娜女王于 1652 年改奉了天主教。笛卡儿和沙尼均遭到瑞典路德会教友的指控，罪名是企图改变女王的信仰。

笛卡儿出殡时，仅有寥寥几位友人前来送葬。1667 年，他的遗骸被运回巴黎，隆重地葬在圣格内弗埃–蒙特的圣堂中。1799 年法国大革命后，政府将他的骨灰送到了法国历史博物馆。1819 年以后，他的遗骸又被安置在柏雷斯的圣日耳曼教堂中供人瞻仰。墓碑上写着：“笛卡儿，欧洲文艺复兴以来第一个为人类争取并保证理性权利的人。”

## 心灵的白板

——洛克（1632 ~ 1704 年）

洛克的哲学，无疑是一种容易了解的平凡哲学，也是一种通俗的哲学。洛克不愿接受过高的公职，他更愿潜心于哲学研究。直到那一年的冬季，他病得相当厉害，才写信给朋友，希望歇一歇：“我不仅囚禁在房子里，而且也囚禁在椅子上，以致没有人像我一样真正过着这样一种很少活动的生活。”

洛克出生的那一年，伽利略发表了关于地心说的评论；洛克 5 岁的时候，笛卡儿发表了《方法论》。由此，欧洲的知识界开始发生变化，中世纪的经院哲学逐渐被新科学取代，这也是洛克后来的朋友牛顿和波义耳所发展起来的一次激动人心的理智革命。

洛克进的是教会学院，读的是亚里士多德和托马斯·阿奎那的著作，这些再神圣不过的经典却令他感到乏味极了。他曾写信给一个同学，说他上大学是浪费时间，简直一无所获。不过，他凭着聪明的头脑取得了优异成绩，并得以毕业留校，教授学生们必修的希腊语课程。

洛克一直非常赞赏父亲对他的培养方式：小时候，父亲对他严加管教；成人后，父亲成为他的亲密朋友。就在这时，极为慈爱的父亲得肺病去世，洛克唯一的哥哥很快也被上天掳走，而母亲早在洛克咿呀学语的时候就离开了他。他默默地承受着这一系列的打击，在父亲小笔遗产的帮助下，全心全意地做他自己热爱的事——科学研究。

洛克仅凭一把手术刀打开了阿什利的胸腔，成功地清除干净了大肿瘤，医好了阿什利久治不愈的怪病。阿什利是“辉格党”的领袖人物，为感激救命之恩，他请求洛克离开牛津到伦敦去做他的秘书兼家庭医生。阿什利十分信任洛克的为人与才能，据他的孙子回忆：“我的祖父对洛克先生极为尊敬。他认为洛克是一位伟大的人，正如他在医学上的经历一样。他认为洛克的医学才能只是他所有才能中最微小的一部分。他鼓励

▲洛克认为，人出生时，大脑就像一张白纸，未来的发展全系于受教育的程度，即每个人都可以通过教育获得解放。而让·斯藤的这幅画作《学校里的男生女生》描绘了具有讽刺意义的教室情景。

洛克把思想转到其他方面，不要在其家庭和某些特殊朋友之外去行使医术。他敦促洛克去研究宗教和国家的世俗事务，以及与国家大事有关的一切事情。洛克在这些方面都极为成功。因此，我的祖父很快就把他作为一位朋友来对待，这些方面的所有事情都与他商量。”

洛克的命运从此改变，他以牛津为基地，随着阿什利潮涨潮落。没人知道他们究竟有多深的关系，据洛克的一位同事说：“他过着一种机巧的和让人难以捉摸的生活……没有人知道他去了哪里，什么时候走的，或者什么时候回来。”

当阿什利受控被捕、后逃往荷兰隐居去世时，在国王的威逼下，牛津不得不呈请洛克主动辞职，洛克只好也逃往荷兰，以范·登·林登医生的假名藏匿了起来。英国王室曾一度要求荷兰政府引渡洛克回国，国王甚至建议洛克应该进行道歉，但都遭到了拒绝：“由于没有因犯罪而感到内疚，所以不能表示道歉。”

洛克安静地在荷兰进行着他的沉思与探索。有一次，某个俱乐部在讨论人类的理解力，结果越讨论越糊涂，越让人感觉其深奥，洛克毅然决定写一部关于此问题的专著，于是便有了后来“思想编年史上伟大的独立宣言”——《人类理解论》。

当那场被罗素称为“一切革命中最温和而又最成功的”“光荣革命”爆发后，洛克终于结束了流放生涯，可他却给荷兰的朋友写信说：

“我几乎觉得我好像是离开了我自己的国家和亲属，因为那些把我们连在一起的纽带比血脉之亲还要强大，而这些纽带在你们中间随处可见。”

返回英格兰后，洛克的主要著作接连出版，《论宗教宽容》、《政府论》、《基督教的合理性》以及《人类理解论》。一石激起千层浪，《人类理解论》虽然遭到了保守派、旧理论的猛烈攻击，却在群众雪亮的眼睛中被译成欧洲各国文字，像一阵春风吹遍了欧罗巴。

洛克喜欢用反比，例如有些眼睛需要配戴眼镜才能看清物体，但是戴眼镜的人们不能够因此就断言，如果不戴眼镜就没人能看得清楚。

有人声称世界是由一只大象支撑的。那么，是什么支撑着大象呢？此人说是乌龟。于是，洛克讽刺说，如果那人思考了“实体”这个词，他将无须这些动物。

运用同样的笔法，洛克又说：“上帝既然供给人以认知的本领，他便不必再把那些天赋的观念印在他们心中了；正如他给了人以理性、手臂、材料以后，便不必再为人建筑桥梁和房屋一样。”

洛克曾说，人的心灵本是一张白纸，没有任何记号，不带任何观念，又岂会生来就有上帝的观念呢？既然空无所有，那就可以随意填绘任何东西了，后天得来的经验便让这块洁白无瑕的汉白玉沾染上许许多多的意识了。

洛克的作品充满理智，冷静无情，理性几乎把一个人提高到与天使相等的地位，而当一个人抛开了理性时，他杂乱的心灵可以使他堕落得比野兽远为残暴。洛克也拥有深厚长久的友谊，并因对孩子富有爱心而常给自己带来麻烦。

大多数人在获得学识的时候，却丢掉了常识——即人类共同复兴的常识。他们变得高傲、贵族式的孤独，认为他们的知识是珍贵的和容易挥发掉的香水，必须小心地珍藏，以免它漏掉或蒸发。但是洛克接纳所有的人进入他开放的思想天地。他邀请一切具有一对健康的鼻孔，能自由地呼吸新鲜空气的人，让大家分享他知识的芬芳，都从中受益。

动乱不居的时代令洛克反感，也令洛克无奈。

英国经过 7 年内战成为共和国时，洛克才 17 岁，他的父亲也曾参加国会军队与保皇军作战。11 年后，英国恢复成为一个君主制国家。不久，信奉新教的英格兰对天主教国王不满，于是发动了一场标志着绝对专制政权在英国结束的“和平革命”，洛克在其中扮演了不容忽视的角色。

与此同时，全欧洲陷入了一种宗教的紧张状态之中。“三十年战争”结束后留下了一个惨遭破坏的德国，信奉天主教的法国成为欧洲大陆的主要力量，由“太阳王”路易十四统治，而他似乎还准备入侵新教国家荷兰。面对这一切，洛克却是一个主张宗教宽容的思想家，为理性的基督教模式辩护。

洛克就是这样积极地参与社会变革，也严肃地反思着这些变革的意义。时代的暴力深刻地影响了他的世界观：一方面需要避免极端狂热的激情，另一方面又要避免悲观的怀疑主义。他反对独裁、教条和对个人自由思想的压制，表现出一种理智平和的生活态度，最重要的是，他揭示了以道德作为自由的推动力。他还提出，知识应该植根于个体经验而不是教条或权威，政治权力不是基于权威而是基于同意，他的政治哲学被铭刻在了美国宪法之中，而他在自己的墓碑上刻下了他自己写的墓志铭：

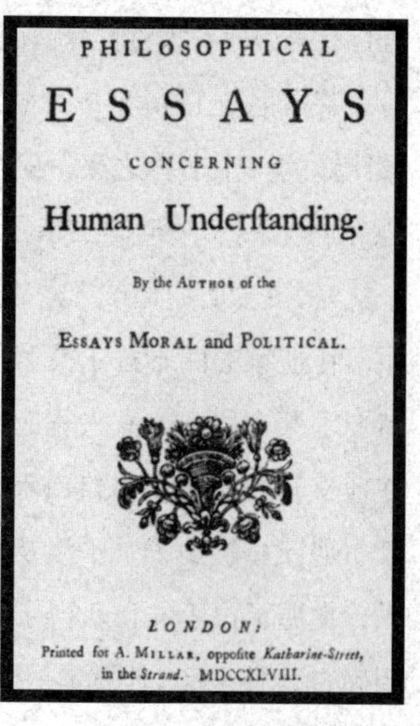
PHILOSOPHICAL

ESSAYS

CONCERNING

Human Underſtanding.

By the AUTHOR of the

ESSAYS MORAL and POLITICAL.

LONDON:

Printed for A. MILLAR, oppoſite Katharine-Street, in the Strand. MDCCXLVIII.

▲《人类理智论》(1689 年)，洛克著。该书系统研究了人类理性的本质和范围，共用 20 年时间完成。

“约翰·洛克长眠于此。如果你好奇他是一个怎样的人，那么答案就是：他是一个满足于谦虚的人，一个致力于寻求真理的训练有素的学者。对此，你们可以从其著作中得知，他的著作比之碑文上令人生疑的颂扬之词，将更为忠实地告诉你们有关他的一切。他的德行，即使有一些，既不足以说明他的声望，也不配做你们的典范。让他的罪恶随他一起埋葬吧！德行的范例，福音书中业已有了；罪恶的范例，仍以没有为好；必死的范例，所在皆是，你们可以从之汲取教益。他生于1632年8月29日，死于1704年10月28日。这块本身亦将蚀灭的石碑即是证明。

## 发明微积分的哲学家

——莱布尼茨（1646～1716年）

莱布尼茨不仅是学者和社会活动家，还是职业外交家、矿业工程师和发明家；同时，他也是皇家历史学家和图书馆馆长；而作为一名柏拉图学派的门徒，他更是举世闻名的哲学家和数学家以及训练有素的律师。所有这些共同构成了他极为充实又活跃的一生，难怪有人说他“太过忙碌”而终身未婚。

▲莱布尼茨像

莱布尼茨曾在1676年与牛顿圈子里的数学家进行探讨，后来却引发了无穷小微积分的发明者究竟是他还是牛顿的争论。

莱布尼茨1646年7月1日出生于德国东部莱比锡的一个书香之家，父亲是莱比锡大学道德哲学教授。6岁时，父亲去世，他和姐姐由母亲抚养。8岁时，他破译密码，阅读了一位寄宿生落在他家的两本拉丁文著作，这位朋友便坚持要求莱布尼茨的家人答应，一定让这个孩子在他父亲的图书室里自由驰骋。于是，幼小的莱布尼茨接触到了几乎涉及所有领域的大量知识，掌握了拉丁文，获得了坚实的文化功底和明确的学术目标。他算是一个自学成才的人。

15岁，莱布尼茨进入莱比锡大学学习哲学，对培根、开普勒、伽利略等人的著述进行深入的思考和评价。17 岁，他到耶拿大学选修法学，在听了欧几里得的《几何原本》课程后，又对自然科学和数学产生了强烈的兴趣。此时，他发表了《单子论》，获得哲学硕士学位。

20 岁，他发表了第一篇数学论文《论组合的艺术》。莱比锡大学以他过于年轻为由，拒绝授予他法学博士学位，因此，他转到纽伦堡的阿尔特多夫大学，第二年便获法学博士学位。

莱布尼茨婉言谢绝了阿尔特多夫大学的教授席位，却因此认识了博因堡男爵。年轻的莱布尼茨给男爵留下了深刻且美好的印象，他接受选帝侯法律顾问助手的职位，离开了莱比锡，并终其一生为贵族和君主服务。

谁第一个发现了微积分？

牛顿于 1664 年就已经发现了这一方法，尽管他当时丝毫未加披露；1669 年，牛顿在给朋友的信中说明了他的微分法；直到 1704 年，他才出版《新方法》。但是，莱布尼茨也独立地发现了它。

然而，关于优先权问题，他们各自的支持者之间却发生了一场激烈的争论。

1673 年，莱布尼茨访问伦敦时会见了英国皇家学会一位知道牛顿工作状况的秘书奥尔登堡。后来，牛顿的一些朋友便指出，莱布尼茨因此获悉了牛顿关于微积分方法的思想。而且，1676 年 6 月，牛顿曾写信给莱布尼茨，说明他在数学上的一些成果。8 月，莱布尼茨在奥尔登堡的回信中解释了他在微积分方面的研究。可是，牛顿在 1687 年出版的《自然哲学的数学原理》的第一版和第二版中都写道："十年前，在我和一位最杰出的几何学家即莱布尼茨的通信中，我表明我已经知道了确定极大值和极小值以及作切线等类似的方法，但我隐瞒了具体步骤……这位最卓越的科学家回信说，他也发现了同样的方法。他诉述了它，与我的几乎没有什么不同，除了措词和符号形式以外。”

很清楚，莱布尼茨不可能从牛顿书信的原文中获知微积分方法。为了避免争论，牛顿把自己《光学》一书的出版一直推迟到胡克死后。

事情并没有完结。

1699 年，一位瑞士数学家向英国皇家学会提出：莱布尼茨剽窃了牛顿的微积分。1705 年，作为答复，莱布尼茨写了一篇关于牛顿《光学》的匿名评论文章，指出牛顿曾采用莱布尼茨的微积分。1712 年，英国皇家学会委派了一个调查委员会专门搜集有关证据，该委员会最后裁决：牛顿最早做出了这个发现，但对莱布尼茨是否独立地发现了微积分的问题却未作任何说明。1716 年，莱布尼茨表示抗议：上面引用的牛顿的最初说明应该已经解决了这个问题。

实际上，莱布尼茨已于 1675 年 10 月发现了微积分；他在 1684 年 10 月的《教师学报》上发表论文《一种求极大极小的奇妙类型的计算》，被认为是数学史上最早发表的微积分文献；1686 年，他又进行了详细解释；1713 年，他发表《微积分的历史和起源》一文，总结了自己的创立思路。

其实，莱布尼茨和牛顿并蒂双辉，共同奠定了微积分学。牛顿的研究虽早于莱布尼茨，但莱布尼茨成果的发表则早于牛顿。牛顿从物理学出发，运用集合方法研究微积分，应用上更多地结合了运动学，造诣高于莱布尼茨；莱布尼茨从几何问题出发，运用分析学方法引进微积分概念，得出运算法则，在数学的严密性与系统性上为牛顿所不及。莱布尼茨认识到好的数学符号能节省思维劳动，运用技巧是数学成功的关键之一，今天所使用的微分和积分概念也来自于他。

1687 年 11 月到 1690 年 6 月期间，莱布尼茨在巴伐利亚、奥地利和意大利的长途旅行中，发生了一个触动其灵魂的小小奇遇。

莱布尼茨乘坐一艘小船在威尼斯附近航行，他是船上唯一的游客。突然，小船遭到了暴风雨的袭击，船上的水手们都公然计划要把他抛下水，再抢走他携带的物品。莱布尼茨假装不知道他们的计划，他轻轻拿出一串念珠假装祈祷，水手们以为他是天主教徒，便纷纷改变了原来的想法。莱布尼茨却因此重新承担起他一生的使命之一：促进德国路德教派与天主教派相结合。

莱布尼茨毕生是一位路德教教徒，他却一直致力于追求德国天主教与新教教会之间的和谐。他认为，真正的和本质的交流是慈善，而为转移罗马与法国的战争，两教会更应该实现统一。

最初，他是在1669年受巴恩伯格的鼓励而认真开始这项事业的。他俩一致赞同基本的推动策略，莱布尼茨为此撰写了《天主教的证明》一书，表明两种教会的兼容性。不过，巴恩伯格于1672年逝世，计划中止。

1677年，维也纳的天主教教皇委派罗杰斯主教到汉诺威宫廷谋求弗里德里克公爵的帮助，请他在德国为这两教会的统一活动出一臂之力。1679年，获悉消息的莱布尼茨便向公爵解释了他的想法，身为天主教徒的公爵成了他新的赞助人。莱布尼茨乐观地以为，《天主教的证明》中的事业复兴起来了。公爵也同意到意

**▲莱布尼茨与普鲁士女王索菲娅·夏洛特在一起**

莱布尼茨将《神正论》一书献给了普鲁士女王夏洛特。在女王的支持下，1700年7月德国科学院在柏林建立。

大利旅行时与教皇英诺森十一世谈论此事。然而，1680 年初，公爵在旅途中逝世，莱布尼茨又一次遭到挫折。

1683 年，土耳其人向维也纳进军。面临威胁，罗杰斯在汉诺威召集天主教和新教神学家会议，以促进两教的联合事宜。莱布尼茨又为此撰写了《神学体系》一书，表达了对天主教的信仰与同情。1687 年，他被任命为梵蒂冈图书馆馆长，莱布尼茨因天主教教会曾经犯过处罚伽利略的错误而拒绝了这一职位。1690 年，他试图从头再来，便与波索特主教恢复联系，与神学家佩利逊开始接触。莱布尼茨希望波索特主教能运用其影响说服国王路易十六恢复欧洲的和平，可波索特竟然宣称兰托大公会是正确的，新教徒则是异教徒。莱布尼茨的希望最终破灭，5 年后，他彻底放弃了这项统一计划。

当莱布尼茨还在罗马时，他与中国数学所所长、耶稣会传教士克劳迪奥邂逅，于是，他的自负终于走到了不堪一击的一天。

当莱布尼茨读到中国《河图洛书》的拉丁文译本后，激动之下竟将自己微积分的书扔进了垃圾箱，大叹自己虽然了不起，却比不过中国人

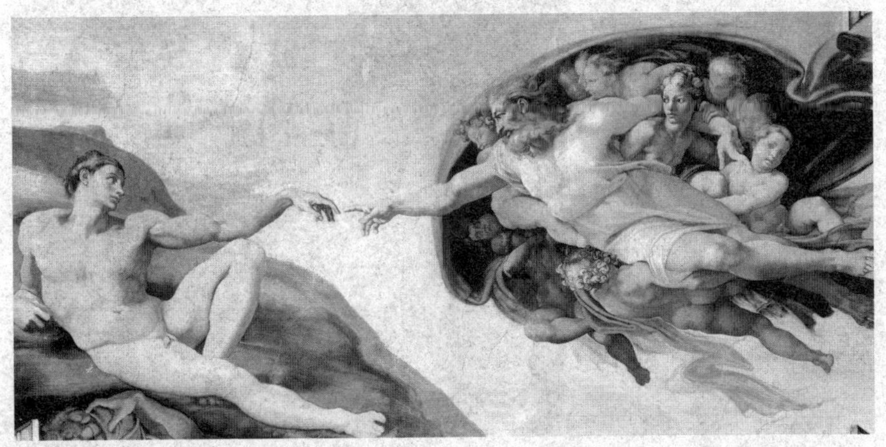

▲创世记　米开朗琪罗　意大利

在《神正论》一书中，莱布尼茨认为上帝创造了可能世界中最好的一个世界，伏尔泰的小说《天真汉》（1759 年）曾对此加以讽刺。

的脑筋。由此，他如痴如醉地研读有关中国文化和哲学的著作，甚至托朋友向康熙帝申请加入中国籍，然而自恃国势强盛的大清皇帝并不肯屈尊降贵地接纳这个化外之邦的人；他又亲自致信康熙帝，提议在北京创立一家科学院，也遭到了拒绝。

莱布尼茨以外交家的风范，发现了东西方的统一性之所在。无论莱布尼茨将“礼”与“第一原理”、“太极”与“终极实现”、“道”与“方法”一一对应的观点是否正确，他毕竟在那样一个封闭的时代率先认识到中西相互之间应建立一种新型的交流关系。

莱布尼茨的一生先后被五个欧洲王室所雇用：汉诺威、布伦瑞克、柏林、维也纳和圣彼得堡，他的许多时间也就花在四轮大马车的乘坐之中了。莱布尼茨还有四个重要的庇护人：博因堡男爵、弗里德里克公爵、奥古斯特公爵和路德维希公爵，为了取悦他们，他不得不陷入各式各样非学术研究的方案设计中。

有位公爵夫人说，莱布尼茨像个年轻人，时髦而雅致的打扮，体味清香，善讲笑话，在知识分子中，这是非常罕见的。不过，在进入暮年之后，过于华丽的服饰和过时的装扮则往往使他成为保守的笑料。

莱布尼茨固然有浓烈的虚荣心，但正是他那宽厚的仁爱情感和对人类的关怀推动了他全部的工作。他自己这样写道：“假如某项重要工作获得成功，我不在意它是完成在德国还是法国，因为我寻求的是人类之善。”

1716 年 11 月 4 日，他在汉诺威逝世，终年 70 岁。

第五章

# 启蒙的时代

——18 世纪哲学

启蒙运动开启了西方文明新的黎明，它确定了科学与宗教之间的冲突，成就了西方哲学史上丰厚的时代。18 世纪哲学带有深刻的非宗教性，教会和国家所固守的传统观念土崩瓦解。讽刺高手伏尔泰于谈笑之间将传统观念一扫而光，狄德罗编撰的《百科全书》改变了人们的惯常思维……人们有理由将 18 世纪哲学视为大革命的一个主要原因。

## 气候决定法律

——孟德斯鸠（1689 ~ 1755 年）

1689 年 1 月 18 日，法国启蒙思想运动的代表人物、资产阶级国家学说和法学理论的奠基者、社会学和法国资产阶级革命的主要先驱之一孟德斯鸠，在法国吉伦特省波尔多附近的拉布雷特庄园诞生了。

这是一个贵族世家。孟德斯鸠的祖父和伯父相继担任波尔多法院院长；他的父亲是名军人，由于非长

◀孟德斯鸠像

孟德斯鸠的思想对当时的世界产生了重大的影响，尤其是他的“三权分立说”，给法、美国家的制宪工作以重要指导，后来成为资产阶级政治制度和立法思想的基本原则。

子不能继承爵位和封地，却因娶了位贵族的独生女而获得葡萄园地产。

家庭的影响，使孟德斯鸠从小就关心国家政治事务，尤其对法律产生了浓厚兴趣。童年时，他在巴黎附近的教会学校奥拉托里会学院学习，后来回到波尔多专心研究法律。经过刻苦钻研，孟德斯鸠 19 岁就获取了法学学士学位，并在基因议会担任律师，因此迁居巴黎。

几年后，父亲病故，孟德斯鸠才返回故乡，担任波尔多法院顾问。不久，伯父也去世了，27 岁的孟德斯鸠便遵照遗嘱承袭了伯父的爵位和职务，担任波尔多法院院长。他原名叫查理·路易·德·色贡达，现在成了孟德斯鸠男爵。

孟德斯鸠并没有什么权力欲望，对诉讼事务也不太关注，他唯愿做一名纯粹的学者，热衷于从事科学研究工作。特别是当他在各种社交场合里，亲眼目睹了上流社会荒淫奢靡的无度生活，便对封建专制制度完全丧失了信心。

1726 年，孟德斯鸠因所创作品《波斯人信札》一书进入法国国家文学院，并获得殊荣。

也就在这一年，孟德斯鸠积极地探求一条革新道路，为了能使自己专心致志，他做出了惊人之举。他将世袭的波尔多法院院长职位高价拍卖，收取了一笔巨款，遂退出政界，迁居巴黎，专门从事研究和著述。

不多久，孟德斯鸠入选为法兰西科学院院士，便开始周游奥、匈、意、德、荷、英等国作长途学术旅行，实地考察欧洲社会政治、经济、法律状况和制度以及风土民俗人情，寻求治国良方。

孟德斯鸠花了 3 年时间，借迎合 18 世纪前半叶稍具影响力的巴黎知识圈，获得了丰富的材料。他又花了 3 年时间，《罗马盛衰原因论》问世，轰动欧洲学术界，给孟德斯鸠带来了极高声誉。这算是他成熟时期一部相当严肃的学术著作，孟德斯鸠第一次扼要阐述了他的社会学理论，简明探索了历史更替的基本原因，而此书在观念史中的重要之处在于其革命性的历史方法学被称为理性史学，乃预示了一种初期的应用型理念建构。

众所周知，真正使孟德斯鸠成为举世闻名的资产阶级卓越思想家的，还是他集20年辛勤劳苦之力作《论法的精神》。这部书是孟德斯鸠的最后成果和理论总结，全面阐述了他的哲学、社会学、法律、经济和历史观点，那就是它根据每一种政体形式相应找出它在法律和机构体制上的变化，又根据环境——自然环境和制度条件——的要求找出政体差异。此书出版后轰动一时，两年内连续发行了22版，也很快被译成多种文字出版。伏尔泰推崇它为“理性和自由的法典”；黑格尔则称之为“一部美妙的著作”；而20世纪初，严复将它译成中文，名曰《法意》，对中国资产阶级革命产生了很大影响。

有一点很重要，该书不仅尖锐揭露了封建专制制度，反对天主教和神学，更加关键的是，孟德斯鸠完整地提出了资产阶级国家和法的理论，尤其是他“三权分立”的学说，即国家权力分为立法、行政、司法三种，分别由议会、君主、法院三家掌管，各自独立，相互牵制，彼此平衡，以维系国家统一。

▲知识分子在巴黎亚历山大咖啡馆聚会

17世纪末，整个法国社会以巴黎为中心，经济发达，艺术繁荣，知识分子享誉全欧洲，像亚历山大这样的精神殿堂非常欢迎哲学家的到来。

即便自由仅仅是，一个人能够做他应该做的事情，而不是被强迫做他不应该做的事情，但在专制国家里，人的命运和牲畜一样，就是本能、服从和惩罚，所以，一切有权力的人都容易滥用权力，这是万古不易的一条经验。

那么，要防止滥用权力，就必须以权力制约权力。

然而，当立法权和行政权集中在同一个人或同一个机关手中时，自由便不复存在了；因为人们害怕这个国王或议会制定暴虐的法律，或暴虐地执行这些法律。如果司法权不与立法权和行政权分开，自由也不存在；如果司法权同立法权合二为一，法官就是立法者，那将会对公民的生命和自由施行专断；如果司法权同行政权合二为一，法官便握有压迫者的力量；如果同一个人或是由重要人物、贵族和平民组成的同一个机关行使这三种权力……则一切便都完了。

孟德斯鸠的“三权分立”学说，构成了资产阶级政治制度的基本原则。

或许，人们过多地强调了《论法的精神》的政治面。孟德斯鸠在此书序言中便要求读者要从整体的角度赞同或非难之。若深入阅读，即可发现，孟德斯鸠突显了保守传统的功能论理念——每个社会系统都有其自身发展的自然法则，因此，每个学者的研究目标乃是挖掘发现该法则的真正本质。

《论法的精神》就承续了早先孕育于《波斯人信札》中对旧社会体制的批判，即如何强化贵族阶级和商业利益的功能，以作为绝对主义的君主和人民大众之间的“中介力量”，孟德斯鸠就此提出了有力例证；同时，结合采自英国宪政经验以作为“诸权分离”之论据，因而提供了一个处方。此处方若曾引起注意，则法国似乎可免于18世纪末所发生的社会动乱。

孟德斯鸠这位百科全书式的自然神论学者，他公开承认上帝是世界的始因，上帝是世界的创造者和保养者；但他又认为世界受自然规律的

▲法国《人权宣言》

《人权宣言》是人类自由权利的基本宪章之一。1789年法国大革命胜利后，议会通过的基本原则是“人人生而自由，权利平等”、“宗教自由和言论自由”等，其中三权分立的概念正是来自于孟德斯鸠的《论法的精神》。

支配，上帝也无法改变，上帝的活动同样要受到自然规律的制约。孟德斯鸠在自然神论外衣的掩盖下，揭露和批判了天主教会和僧侣的无耻罪行，指出了宗教世界观对人类社会的危害，猛烈抨击了宗教裁判所迫害其他宗教教徒的残暴行为，提出了各种宗教之间应该互相宽容、和睦相处、互不干扰、互相尊敬的主张。他还特别强调地理因素在人类社会发展中的作用，认为环境，如气候、土壤和居住地域的大小等，对于一个民族的性格、风俗、道德、精神面貌、法律性质和政治制度，有着决定性的影响作用。显然，孟德斯鸠企图证明，社会历史的发展进程不是由上帝意志所决定的，而是由自然界本身的原因决定。这种地理环境决定论固然错误，但却具有反宗教神学的深刻性质，也对民主改良运动产生过巨大影响。

1755年2月10日，孟德斯鸠病逝于巴黎。

## 笑着：从囚犯到领袖

——伏尔泰（1694～1778年）

1694年11月21日，伏尔泰生于巴黎一个富裕的中产阶级家庭。少年时期，他就读于耶稣会创办的大路易学院。担当法律公证人的父亲希望他将来做个法官，他也攻读过一段时间的法律，但不久便放弃了，却对文学发生了兴趣，并以尖刻的语言和讽刺的笔调直指封建专制统治的腐朽和反动。

1717年，伏尔泰因为讥讽摄政王奥尔良公爵，被囚禁在巴士底狱达11个月之久。他在铁窗内奋笔疾书，完成了史诗《昂里埃特》的写作，得到了广泛的称赞。出狱后，吃够了苦头的伏尔泰深知摄政王冒犯不得，便不计前嫌亲自去向摄政王的“宽宏大量”表示感谢。摄政王也领略到了伏尔泰的影响力，急于要同他化干戈为玉帛。于是，两人都讲了许多恰到好处的抱歉之辞，伏尔泰最后一次表示感激说：“殿下，您真是助人为乐，为我解决了这么长时间的食宿问题，我衷心地再次感谢您。不过今后，您就不必再为这件事替我操心啦。”

过不多久，伏尔泰的戏剧《俄狄浦斯》在巴黎上演，获得了巨大成功。

伏尔泰出名以后，来访者络绎不绝。他自嘲说，他都快变成全欧洲的旅店大老板了。一位熟悉的朋友也想到他的府邸住上6周，伏尔泰不禁脱口而出：“您和堂吉诃德有什么两样？他把客栈当成了城堡，您却把城堡当成了客栈。”他无奈地喊道：“请上帝来管管我的朋友们吧，我的敌人则由我自己来对付。”

▼杜·莎特雷侯爵夫人是积极投身于启蒙科学领域为数不多的妇女之一。她将牛顿的《数学原理》译成了法文，还与伏尔泰合作编写了一本关于牛顿自然哲学的著作。

也许，伏尔泰已经超乎时空地成为最机敏、最著名的演说家，可他也因此遇到了麻烦——一些法国贵族总认为他缺少平民所应有的谦逊。

1725 年，伏尔泰便同一个贵族罗昂骑士爆发了一场公开论战。

伏尔泰在舌辩中以智取胜，使对方瞠目结舌，无地自容。

可不多时，这个骑士就唆使一帮恶棍暗地殴打了伏尔泰，并又把他投入了巴士底狱。为了出狱，伏尔泰不得不答应释放的条件——离开法国。

于是，他前往英国，住了大约两年半，这是他人生中的重要转折点。

伏尔泰学会了英文，通读了洛克、培根、牛顿和莎士比亚等著名英国人的作品。给他印象最深的则是英国的政治制度，英国的民主和个人自由与伏尔泰在法国所知的政治状况形成了鲜明对照：没有哪个英国贵族能发布一项密令就把谁匆匆投入狱中；若以非正当理由将他拘留，一份人身保护令就可使其立即获释。

▲小毛罗为《老实人》画的插图

《老实人》是伏尔泰读者最多的作品，这部作品以乐观主义哲学态度对宗教狂热和蒙昧主义进行了嘲笑和讽刺。

回到法国的伏尔泰于 1734 年发表了第一部哲学著作《哲学通信》，通常称为《论英人书简》。可刚一出版，即被政府判为禁书，并当众烧毁。然而伏尔泰却为此感到非常荣幸："太棒了，我的书就像栗子一样，越烧卖得越快！"

该书问世标志着法国启蒙运动真正开始，那是"投向旧制度的第一颗炸弹"。

伏尔泰引起了当局的愤怒，

又被迫离开了巴黎。

在法国东部西雷一个古老偏僻的贵族庄园里，伏尔泰一待就是 15 年。等聪慧文雅的情妇去世后，伏尔泰应普鲁士腓特烈二世私下邀请前往德国。

起初他与才华卓越、智慧超群的腓特烈交往甚密，他是怀着劝说这位普鲁士王推行开明政治的幻想来到柏林的，但两人最终还是发生了口角。

伏尔泰不辞而别。他回想起那些痛苦的经历——路易十五请他当过宫廷史官，腓特烈二世待他为上宾，俄女皇叶卡捷琳娜二世也曾接见过他，可都不欢而散——他认识到自己是被这些伪善的专制君主欺骗和利用了，便决心不再逗留于皇宫，不再与任何君王来往。

不过，很多年后，他还是同腓特烈恢复了友谊。

当朋友们要为他塑造半身铜像而募捐时，腓特烈特意写信来问伏尔泰他该捐多少钱。伏尔泰回答只要出“一个有王冠图案的银币和陛下您的名字”。

他赞叹身为国王的腓特烈不仅热心支持科学的发展，还资助铸造一尊皮包骨头的半身像，他相信，这无疑会促进解剖学的进步。

至于塑像之事，伏尔泰认为自己的脸已无法成为雕塑家的模型：“你们很难猜到它应当在什么地方。我的眼睛下陷了三英寸，我的面颊像旧羊皮……我所剩无几的牙齿现在也都掉光了。”

当漂亮女仆亲吻他时，他还自嘲说这是生命在亲吻死亡。

1760 年，伏尔泰在法国与瑞士边境的费尔奈庄园定居下来，在此度过了他一生中最后的 20 余年。期间，他写下了大量的文学、哲学和政治论著，与整个欧洲的文化领袖通信，热情地接待求教与来访者，小小的费尔奈庄园成了欧洲启蒙运动的中心。

一个边远省份的读者给伏尔泰写了一封洋洋洒洒的长信，表达仰慕之情。伏尔泰回了信，感谢他的深情厚意。

打那以后，每隔 10 来天，此人就给伏尔泰写封信。伏尔泰的回信越来越短，终于有一天，这位哲学家再也忍耐不住，回了一封仅一行字的信："读者阁下，我已经死了。"

不料几天后，回信又到，信封上写着："谨呈在九泉之下的、伟大的伏尔泰先生。"

伏尔泰赶忙回信："望眼欲穿，请您快来。"他竟"死而复生"了！

还有一位年轻人写书攻击伏尔泰，并鹦鹉学舌地用莱布尼茨的腔调说，这是"所有可能存在的世界中最好的世界"。

伏尔泰给他回信：

"先生，我很高兴地得悉您写了一本批驳我的小书，这使我受宠若惊。如果您能够用诗歌或其他什么形式告诉我，为什么这个最好的世界上有那么多人切断自己的喉管，我将不胜感激。我恭候您的论证、您的诗歌和您的谩骂……"

处于隐居状态的伏尔泰仍积极地参加社会活动，积极地为无辜受害者奔走。

1762 年，有个名叫卡拉的新教徒，他的儿子因欠债自杀了。天主教会马上向法院诬告卡拉，说他儿子因为想改信天主教而被信新教的父亲杀死了。法院将卡拉全家逮捕，进行严刑拷打，并判处卡拉死刑。处死之日，刽子手先用铁棒打断卡拉的双臂、肋骨和两腿，然后把他挂到马车后面，在地上活活地拖死，最后还点上一把火，把尸体烧成灰烬。

伏尔泰听后异常愤怒，他亲自调查真相，并把报告寄给了许多国家，全欧洲都对此感到震惊，纷纷痛斥法国士鲁斯地方法院。

4 年后，教会不得不宣布卡拉无罪，恢复了他家人的自由。

从此，伏尔泰被称为“卡拉的恩人”，受到人民的尊敬。

此后，他又为新教徒西尔文、拉巴尔等人的受迫害案鸣冤，经过多年的斗争，终于都使他们恢复了名誉。伏尔泰也被誉为被压迫者的保护人，声望越来越高。

伏尔泰一生助人为乐的善事不胜枚举，但他谦逊地自我评价：“我替别人做过的好事并不多，但它们都是我所做过的最好的事……一旦受到攻击，我会像魔鬼一样反击，不会屈服于任何人；所以，说到底，我还是个善良的魔鬼，最后，我总是一笑了之。”

1778 年初，84 岁高龄的伏尔泰重返巴黎，受到群众的盛大欢迎。他参加他的新剧《和平女神》的首次公演，许多观众为他喝彩，呼之为“伟大老人”。数以百计的敬慕者，包括富兰克林都登门拜访了他。

当伏尔泰卧床不起等待死神降临的时候，一位牧师自作多情，走到他的床边，为他祈祷忏悔。可这位老顽固非但不领情，反而追根究底，盘问起人家的身份来：“牧师先生，是谁叫你来的？”

“伏尔泰先生，我是受上帝的差遣来为你祈祷忏悔的。”

“那么，你拿证件给我看看，验明正身，以防假冒。”

不久，伏尔泰逝世于巴黎。他没能举行基督教的葬礼，但 13 年后，胜利了的法国革命者将

◀这是法国大革命时期的一幅漫画，体现了贵族和神职人员对农民的欺压和剥削，伏尔泰对这一不平等社会现象进行了猛烈的抨击。

他的遗体，重新安葬在巴黎伟人祠。

## 做哲学家和做人

——休谟（1711 ~ 1776 年）

1711 年 4 月 26 日，休谟出生在苏格兰爱丁堡一个优越的长老会家庭。他们家虽然不太富裕，却在南维斯有座祖传的庄园，足够他们兄弟姐妹度过一个愉快的童年。当律师的父亲过早地撒手人寰，把三个孩子留给了母亲，母亲便含辛茹苦地将他们抚养成人。

当休谟还是小孩的时候，他就以非常严肃的态度对待宗教；他还从 18 世纪的祈祷书中摘录下许多罪恶的条款，用以自省；所以，他看上去很木讷，母亲曾说他是个很精细、天性良好的孩子，但是，脑袋瓜子却不怎么灵。其实，休谟很聪明，12 岁便进入爱丁堡大学进行了为期四年的正规学习；15 岁开始就已经在热切地阅读他那个时代的哲学著作，随后做了几年独立的研究工作。

▲休谟像

休谟是 18 世纪英国著名的哲学家、历史学家、政治思想家和怀疑论者，他的怀疑论哲学一直影响着后来的哲学家。

作为家中的次子，休谟只继承了很少的遗产。他也没有延续父亲的事业，因为他一点也不喜欢法律：“法律，作为我以前打算从事的一种职业，现在看来令人作呕。在这个世界上，除了做学者和哲学家，我再也想不出别的途径可以提升我的声誉。”由此，他患上了抑郁症，后来还差点儿精神失常。医生诊断后，开了一个药方：抗歇斯底里丸，苦啤酒，日服法国波尔多产红葡萄酒一品脱，锻炼。但休谟心里很清楚，他和别的思想家一样都在经受折磨，都是由于不懈地严肃思考人性及其状况而心力交瘁，商人办公室的吝啬也同样难以忍受。

休谟同病魔搏斗了四年，身体开始康复。他希望在乡间寻找一个宁静的住所，于是，便去了法国。他在拉弗莱什安顿下来，并最终说服了耶稣会，让他使用这里的图书室。仅两年时间，他就完成了自己最重要的著作《人性论》的大部分。他原指望这本书能带来巨大的社会反响，可它几乎没有引起任何人的注意，休谟感到痛心万分、极其沮丧：“它是印刷机产下的一个死婴。”

虽然，书的销路不畅，但性情温和的休谟很快走出了失望的阴影。后来，他改写此书，以简单的形式推出了两卷论文集，引起了轰动。湮没无闻的《人性论》哲学精神，已经广为人知。

两年后，休谟申请虚位以待的爱丁堡大学伦理学与精神哲学教授席位，奇怪的是，舆论和大多数教授都反对聘用他。哈奇森是一直与休谟保持通信联系的朋友，连他也反对休谟出任这个职位。更具有讽刺意味的是，市政厅最终选择了哈奇森而不是休谟。虽然，哈奇森拒绝了，休谟从此也再未担任过任何大学的教授席位。

休谟一连换了好几个工作，他给一位华而不实、反复无常的年轻侯爵当私人教师；担任辛克莱将军的秘书，并随军出征法国，结果败归。不过，他穿上了红色制服，有了一份不错的收入，因为吃得比较好，他慢慢发福了。一位访问者描述说，“除了愚钝以外，脸上没有任何表情”，而身材更像是地方官员，却不像是精细的哲学家。俗话说，人不可貌相，海水不可斗量，休谟不多久便存够了一笔钱，开始专心写作了。

移居爱丁堡后，休谟被选为苏格兰律师协会图书馆管理员，他利用馆藏资料，撰写《英国史》。他试图在第一卷中保持政治中立，书稿出版后，社会反应冷淡；随着其他几卷的出版，社会反响也还是毁誉参半。不过，休谟已经学会如何对待这种浮躁的批评了：置之不理。他的研究工作不仅最终赢得了经济上的回报，而且不出十年，《英国史》也变得闻名遐迩。

1763年，休谟被任命为驻巴黎大使馆的秘书。在法国，他很快便成了各个沙龙的座上宾，并得到伏尔泰和狄德罗的称赞。在伦敦，他的家成了沙龙，亚当·斯密和其他一些自由主义思想家经常光顾他家，一起高谈阔论，无话不说。朋友和熟人都认为他很聪明、很友好，从善如流，极有耐心；他也是这么看的，还说自己是个宠辱不惊、有城府的人。

此间，他爱上了一个有夫之妇，痴情不改，竟在自己不久于人世之际，还写给她一篇简短的悼词，以对她所爱恋的王子逝世表示慰唁。

回国后，休谟打算闭门谢客，潜心写作；可计划又一次被打断，1767年，他应邀赴伦敦出任副国务卿。对他来说，这不是十分惬意的职位，但他同情北美殖民地："原则上我是美国人。希望他们获得自治，不管这种结果是好是坏，只要他们认为是合理的，我们就任其自主。"直到1769年8月，休谟卸任，返回爱丁堡，在圣安德鲁斯广场盖了一座房子，富兰克林最早光临过此处。

休谟退休后，每年能拿到1000英镑的退休金和印书稿费。《英国史》更成为重印多次的畅销书，周围的人劝他再写续集，一直写到当代。他摊开两手，假装无奈地笑着说："你们已经给了我太多的荣誉，先生们，但我不想再写了，理由有四点：我太老了，太胖了，太懒了，太富了。"所以，无须再锦上添花了。

大约从1772年开始，休谟的健康逐步恶化，每况愈下，可他一直在关心和修改他最满意的那部著作《自然宗教对话录》。在生命的最后几个月，他致函出版商："我记得有这样一位作者，他说，人生的一半过于短暂，不足以完成一部著作，而另一半同样不足以完成修改的任务。"

休谟去世前，亚当·斯密去看望他。休谟风趣地谈到自己即将到来的末日：

我来到 Charon 神（把死者用船渡过冥河送到阴间的神）的渡船边，想拖延上船的时间，可我既无未了的怨与仇，又无家庭的后顾之忧，所以我只好说："好 Charon，我一直在修订著作，请给我一点时间使我能看到公众对修订版的反应。"

谁料 Charon 却答道："如果你看到了结果，你又会做改动的。你的这个借口就会永无休止。尊敬的朋友，还是请你上船吧！"

我说："耐心一点，好 Charon，我一直在努力使公众睁开他们的眼

▲休谟认为，人的行为被情感即欲望和激情驾驭，理性仅是服务于欲望。比利时画家大卫·小特尼尔斯的这幅画作强烈表达了人类不可遏制的欲望，老农夫想从为他干活的年轻女子那儿占便宜，却被跟踪而来的妻子发现。

睛。如果我再多活几年，我就可以满意地看到某些流行的迷信体系垮台了。”

亚当·斯密惊愕不已也内疚无比，他只好悲伤地在休谟死后撰文纪念他。可休谟对上帝和死亡的公然蔑视使虔诚信徒们怒不可遏，斯密也遭到了严厉申斥。

1776 年 7 月 4 日，休谟举行晚宴，与朋友们告别。宴会上一个客人感慨世界充满了敌意，人与人之间积怨太深、对立太多了。休谟颇不以为然：“我认为并非如你所说。”他语重心长，“你看，我以前写过可能引起敌意的各种题目，有关道德的、政治的、经济的、宗教的等方面，但除了辉格党人、托利党人和基督教徒以外，我却没有任何敌人。”

碰巧也就是这一天，美国的《独立宣言》在费城签署。休谟的传记作家说，在休谟告别人世的前几天，这个消息若能传到爱丁堡，他一定会欢欣鼓舞的。休谟却只能安之若素，直到生命的尽头，他一想到不久于人世与想到他根本不存在都一样令人沮丧，但两者之间并无区别。

▲贝戴勒儿童之死　拉耶尔　法国

在休谟看来，因果之间不存在必然联系——即便是痛苦一类基本的情绪也是如此。

弥留之际，博斯韦尔来了，他希望休谟能够坦白，内心深处渴望一种来世生活。休谟神态自若，保持着理智和尊严，他忠于自己以前的主张，只是说：无论这样的念头——能够再次见到他的朋友们——多么令人愉快，他都没有任何理由相信这种事情可能发生。

1776年8月25日，休谟与世长辞。

休谟之所以不朽，诚然是因为他的哲学，但他更是一个多才多艺的人。像史学家吉朋说过的，因为休谟的食不厌精和脍不厌“巨”，他的时代又是历史上最有趣的时代——18世纪，他曾寄居于那个时代最有趣的国家——革命前的法国，而又与法国最有趣的人卢梭来往；所以其生活之丰富，可想而知。

## 浪漫主义的年少时光

——卢梭（1712～1778年）

“人生来是自由的，但无往不在枷锁之中。”

这句名言出自《社会契约论》首卷，它不仅是理解卢梭生平的一把钥匙，也是弄清他对艺术、政治和社会巨大影响的不二法门。

▲卢梭像

卢梭在哲学上强调情感高于理智，信仰高于理性。在社会政治观方面，提出天赋人权说，主张返回自然，有“自然主义之父”之称。在教育上，被称为“教育史上的哥白尼”，主张让儿童的身心自由发展。

毫无疑问，卢梭是一位出类拔萃的天才，可他平生坎坷、备受磨难：被驱逐出法国后，他默默无闻地死在异国他乡；由于宗教和政治思想过激，他一直遭到新闻报刊的抨击；因为采取卓尔不群的生活方式，其居所被人用石块砸毁，自己也遭到故交的抛弃；最终，他还是以简朴的生活和对真实的热爱坚持了理想:“我把一生都奉献给神圣而纯洁的真实,我的情感从未玷污我对你的挚爱,利害与恐惧也从未腐蚀或败坏我对你的敬意,只有当我手中的笔担心自己是出于复仇的目的时才拒绝描绘你。”

1712 年 6 月 28 日,卢梭生于瑞士日内瓦。父亲是个钟表匠,母亲是位部长的千金,却死于难产,这曾令其父痛不欲生,卢梭也声称自己的出生是第一大不幸。与君主国臣民、居民和当地人不同,卢梭曾荣膺“日内瓦市民”的称号,这表示他 20 岁左右便具有投票选举的特权。卢梭还曾有过一个年长 7 岁的哥哥,后因离家出走一直下落不明,就连卢梭也不能道出其名。

10 岁那年,父亲和人打架斗殴,发生纠纷。据史料记载,其父不仅用拳头揍了一名市政议员一顿,还用剑刺伤了他。卢梭却认为父亲因受

▲卢梭在《爱弥儿》中像一个老学者一样主张进行“否定式教育”,也就是不传授美德和真理,而是要保证做坏事的心和错误的精神。

到不公平待遇而败诉，故此宁愿离开日内瓦到国外度过余生，也不愿由于妥协而失去自由和荣誉。独自逃往里昂的父亲把卢梭托付给姨妈照管，而姨妈恰好有一个年龄相仿的儿子，于是，两个孩子都被送到一位清教徒神甫兰博希尔先生手下接受教育。

两年的乡下生活令卢梭十分满意。

有一回，兰博希尔先生种了一棵胡桃树用于露台遮阴，卢梭和表弟未征得同意，就在露台附近又种了一棵嫩柳树。树需要浇水，可他们因年幼而不允许打水，他们便想出一个点子，在胡桃树和嫩柳树之间支起"一根导水管"。兰博希尔先生后来发现了，只将管子撕开却没有惩罚他们。相反，卢梭不久还听到先生在他妹妹的房间里谈到此事时竟然开怀大笑。

好景不长，又有一回，兰博希尔兄妹二人坐在火炉旁一起冤枉卢梭，硬说他毁坏了兰博希尔小姐的梳齿。这一事件标志着"童年宁静生活"的终结，他们的关系也彻底破裂。尽管表兄弟俩还希望能多住一段时间，但兰博希尔兄妹二人似乎已经没有什么兴致了，姨妈只得将他们接走。

卢梭觉得此前的生活充满了"朴素的自由性"，在日内瓦市登记处拜师受挫后，他到一位雕刻家那里学艺5年。在师傅的管教下，他变得紧张不安、诚惶诚恐。他羡慕师傅和出师学徒工所享受的自由，渴望获得他被剥夺掉的所有东西。他断言"未被满足的欲望总是会导致……邪恶"。他开始偷窃他所欲求的东西，尽管越轨会挨打，可他很快发现这只是一种交换而已。惩罚非但没有使他停止，反倒使他一如既往，正如他本人所言：

"我以为像恶棍一样挨揍正好表明我就是这样一种货色。"

我们姑且撇开卢梭的道德修养不谈，但它毕竟也反映出他所谓个人品格的本原方面——性情中人，这或许更能说明其哲学思想的核心部分：

欲望导致奴役。只要欲望简单易足，我们就幸福快乐；一旦欲望超过自然所能提供的限度，就会成为需求，我们就会被抛进苦难之中，而人类自身就是苦难的源泉。

16岁时，卢梭离开了日内瓦。有段时间，卢梭寄宿在巴瑟尔夫人家中并成为她的仆从。为时不久，夫人的身体日趋恶化，临近死亡，人们开始惦记她的财产。她没有自己的孩子，侄子是继承人，但这位和善的老人不会忘记所有尽心照料她的人。可其他仆人认为这不应该包括卢梭在内，他们担心自己的份额减少，就串通一气，在写遗嘱的那一周里使卢梭见不到伯爵夫人，结果，老人没有留给卢梭任何东西。

就在分房产时，一条属于管家侄女的粉银色丝带不翼而飞，是卢梭偷了。当人赃俱获时，卢梭却硬说是一位厨师女仆送给他的。这位女仆虽然长得并不怎么漂亮，但为人诚实可信。一听到她的名字，其他仆人和伯爵夫人的侄子都大吃一惊。这位女仆也竭力为自己辩护，要求卢梭不要以谎言来玷污她的清白，可卢梭就是一口咬定。最后，两人都被开除。

这个谎言困扰了卢梭一生。他经常提到这次撒谎，并把自己“厌恶虚假”的心理归功于此。良知的惩罚远远超过了其他任何惩罚。卢梭后来承认自己当时并不是怕惩罚，只是害怕丢脸而已。

在伯爵夫人侄子的帮助下，卢梭又在古旺伯爵家当了一名仆从。他不久便得宠，自由自在而不必总忙于男仆职责。雇主看到了他的才能，鼓励他从事家教工作，辅导伯爵的儿子学习拉丁语和文学。与此同时，他还结识了一名年轻人，后者极力怂恿他外出闯荡发财，于是，他开始放松学习，懈怠工作，很快失宠。又一次被解雇后，他回到了日内瓦。

为获得新位置，卢梭经常徒步旅行，或与情人约会，或奔赴巴黎博取功名。有时只为了享受漫游的乐趣，有时也到里昂探望父亲。虽然卢梭自称与父亲是幸福的团聚，但实际上其父因儿子皈依天主教而断绝了父子关系。父亲已经续弦，并且身无分文，卢梭仅在名义上继承了亡母的财产，其父早在儿子不在时使用了这笔钱。卢梭后来自己琢磨，父亲在他逃离日内瓦时便不再追寻他的原因恐怕就在这里。当卢梭计划回去办理财产继承权时，发现数额少了许多，这使他懂得："要避免将我们的义务与利益对立起来，也要避免他人受损自己得益的情形出现，这是伟大的道德箴言。"

接下来的一年里，卢梭给里昂市主要行政长官马布里先生的两个孩子担任家庭教师，他的执教基本上不算成功，但他终究有了一次反思种种教育制度的机会，为他 22 年后发表教育专论的不朽之作《爱弥儿》奠定了基础。

也是在这里，卢梭喜欢上一种阿尔布瓦出产的葡萄酒，这种酒浑浊

▲卢梭在阿蒙农维拉的墓地

歌德是《忏悔录》的忠实读者，他曾经写过："因为有了伏尔泰，旧世界才结束；而新世界的开始则是因为有了卢梭。"

不清，主人就让卢梭负责澄清一下。在处理时，卢梭有意把酒搅混，但保持味道依然如故，这样他就可以顺上几瓶自己享用。不过，还需要一些面包片下酒，他无法搞到。如果他让男仆去买，别人就会发现他的小偷行为；而作为一名绅士，他又不能自己去买。这时，他想起“一位伟大的公主”曾向没有面包的农夫建议：“那好，让他们去吃蛋糕吧！”于是，他就把这句话套在自己身上，亲自到一家糕点铺去买蛋糕。即便这样也并非易事，卢梭装模作样地先走进一家糖果铺，等到里面只剩一位长相可爱的售货员时，他才买了蛋糕，回到住处后边饮酒边读书。

“读几页小说，痛饮几杯酒，真是其乐无穷！我一直幻想独自一人读书用餐，这样就弥补了社会生活的缺乏。我读一页书，喝一口酒，轮流交替，就好像我的书与我一起进餐似的。”

1749 年 7 月，狄德罗因出版了一本为无神论辩护的书，被逮捕单独囚禁在“文森纳城堡和公园”。作为朋友，卢梭去探望他。在半路上，卢梭偶然看到了第戎科学院的全国论文大赛布告，主题是“科学和艺术的复兴是否有助于道德的净化”。卢梭以《论科学与艺术》一文提出了否定答案，并获得了一等奖。

▲纪念卢梭的革命寓意画

因为卢梭是提出普遍意愿的理论家，所以他被看作是法国大革命之父。

这段插曲成为卢梭一生的转折点，他的所作所为，既赢得赞誉，也遭到诋毁。可他在灵感的闪光中，发现了自己该做的事情。也正是这一新的思想体系闸门的打开，最终改变了欧洲。

几年后，卢梭创作了歌剧《乡村巫师》，在枫丹白露的宫廷里首演成功，给路易十五留下了深刻印象。国王因此想赐予卢梭一份养老金，可卢梭不敢面见国王，部分原因是他不善于即席发言，故此逃之夭夭。狄德罗对此表示不满，两个朋友首次发生了争执，彼此之间也有了距离。

于是，卢梭一直避居在离巴黎不远的“退隐庐”。6年后，法国政教当局下令禁止《爱弥儿》并要逮捕卢梭，卢梭匆匆出逃。先到伯尔尼，进而辗转到普鲁士，在收到一本对他进行刻毒的人身攻击的匿名小册子《公民们的感想》后，遂萌发了写作《忏悔录》的念头。翌年，他又跑到圣·皮埃尔岛，被逐后只得前往英国，受到休谟的友好接待。不久，他竟怀疑休谟也参与了迫害他的阴谋，便逃回法国，辗转数年后，重返巴黎。

1778年7月2日，卢梭一大清早散步回来，像往常一样用过早餐，尔后就离开了人世，身边只有妻子陪伴。

## 编纂《百科全书》的哲学家

——狄德罗（1713～1784年）

狄德罗，1713年生于法国郎格里，曾入当地耶稣会中学学习，后赴巴黎大学获文科硕士学位。由于父亲只是个制造刀具的手工业者，在职业选择上与狄德罗产生了分歧，狄德罗遂开始独自谋生。他博览群书，热衷于从文学、科学和哲学中吸取知识；他精通意、英等国文字，从事过翻译工作，并以译述沙夫茨伯里的《德性研究》而著称。

狄德罗到底是一个什么样的人。照说，这个编纂过《百科全书》的哲学家应该条理清晰得近乎冷淡，可他对美的感悟却专注得如此热情。

有时候，他能够表现出巨大的勇气；有时候，他又显得格外的谦卑，莫不是他那低微的出身，让他做起事有点神经质？

1746 年，他刚刚出版了《哲学思想录》，政府当局立即做出决定焚毁此书，《哲学思想录》在最高法院的台阶上变成一堆灰烬。原来，他做了一个有神论的推理：“在蛆的眼睛里，不是也明明白白地有神性的印记吗？这种印记和伟大牛顿著作里思考能力上的印记不是一样明显吗？第一个有生命物体的智慧通过其作品在大自然中的显现，不是比思考能力通过文章在哲学家身上的显现，更为清楚吗？我觉得是这样。想想吧，在我能够用宇宙的重量把你压碎的时候，我只嫌你有一副蝴蝶的翅膀，一只蛆的眼睛。”

当时，狄德罗的面目还很含糊，但他明显坚定地归附于自然神论，他对宗教极尽嘲讽之能事：蛆的眼睛就足以证明上帝的存在——作为第一原因、作为安排者的智慧的存在。归根结底，他所显示出来的是纯粹的无神论的思想倾向。

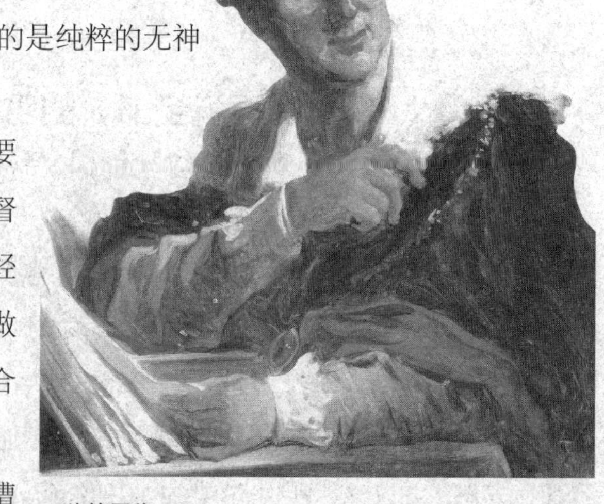

▲狄德罗像

狄德罗早期的作品都不成功。《哲学思想录》被巴黎最高法院下令公开销毁，他又因写《谈盲人的信》而入狱，但后来编纂的《百科全书》使他青史留名。

“善男信女们，我要告诉你们，我不是基督徒，因为圣奥古斯丁曾经是基督徒；但是，我要做基督徒，因为做基督徒合乎情理。”

圣奥古斯丁的权威遭到否认，冉森派已经大为光火。到 1749 年，狄德罗又发表了《供明眼人参考的谈盲人的信》，再次触怒教会而被捕入狱三个月。

狄德罗算不上是优秀的唯物主义者，他只从构造上区别不同的存活生物：

“如果你把索尔邦神学院学者的耳朵拉长，给他浑身披上毛，在他鼻孔里铺上一大块鼻黏膜，他就不会再去揭露异教徒，而是去追兔子：他成了一条狗了。”

“一条狗！”

“对，一条狗。但你若是把狗的鼻子弄短了……”

“下边的我知道了：那肯定就成了索尔邦神学院的学者，他会把兔子扔开，大声喊着去追异教徒。”

人若变成了狗，不管他原来是什么，就得做狗该做的事，这是不能违背的本能：

“长腿细身子的猎兔犬生来就是为了追兔子的，你千万不要让它去搜索；长毛猎狗适于搜索猎物，有时扬头，有时低头；短毛垂耳猎犬，适于穿越密密麻麻的障碍物，不怕荆棘；长卷毛猎犬能下水。如果你打算改变这些狗的习性，你得用很长时间，得用掉几条皮带；你得喊，得让这些动物没完没了地叫，即使如此，你得到的也都是些不良种狗。”

人和狗一样，也是一种动物，理性只不过是一种可臻完善并且业已完善到一定程度的本能。

狄德罗把个体心理的发展过程看作物质因素相互作用所致。他说：“这些物质因素逐步产生的结果，便是一个迟钝的生物，一个有感觉的生物，一个有思想的生物。”

他还把人比喻为一架具有感觉和记忆能力的钢琴，并嘲笑贝克莱“以为自己是世界上存在的唯一的钢琴，宇宙的全部和谐都发生在它身上”，这真是一架“发疯的钢琴”。

有一次，俄国女皇邀请狄德罗访问她的宫廷，狄德罗则试图通过使朝臣改信无神论来证明他的价值。在他喋喋不休的宣道声中，女皇很快厌倦了，便命令欧拉去让这位哲学家闭嘴。欧拉是瑞士人，早年曾受过良好的神学教育，成为数学家后就一直在俄国宫廷供职。于是，狄德罗被告知，一位有学问的数学家用代数证明了上帝的存在，要是想听的话，他将当着所有朝臣的面给出这个证明。

狄德罗没有多想，高兴地接受了挑战。

第二天，在殿上，欧拉朝狄德罗走去，用非常肯定的语调一本正经地说:“先生，……因此上帝存在。请回答！”

听起来似乎有点道理，狄德罗困惑得不知说什么好。

周围的人都放声大笑起来，这个可怜的人觉得受到了羞辱。他请求女皇答应他立即返回法国，女皇也就顺水推舟答应了。

就这样，一个伟大的数学家用欺骗的手段“战胜”了一个伟大的哲学家。

而狄德罗便得出了一个形象的结论：对上帝的信仰与对独裁的屈服紧密相联，它们风雨同舟、荣辱与共，“只有当最后一个国王被人用最后一个神父的肠子绞死时，人们才能获得完全的自由”。

狄德罗把性情冷漠、精力充沛而沉湎于女色的男人比作鹿:“就像秋天的公鹿，用角抵着母鹿，让母鹿战战兢兢地走在前面；公鹿把母鹿引进茂密森林的一个角落，就在那里专心致志地用力享受自己的幸福，至于被它降伏的母鹿幸福与否，它是全然不顾的；满足了，它就把母鹿扔在那里，转身走掉。”

狄德罗说这话的时候正和老婆闹分居，老婆嫌他钱挣得太少，还埋怨他是个白痴，狄德罗一怒之下，移情别恋，爱上了文学女沃兰夫人，直到去世。年迈的狄德罗写给沃兰夫人的情书，更堪称惊世骇俗，颇受后代正人君子们的鄙夷。

有一天，朋友送给狄德罗一件质地精良、做工考究的睡袍，他非常喜欢。可当他穿着华贵的睡袍在书房里走来走去时，却总觉得家具不是破旧不堪，就是风格不称，连地毯的针脚也粗得吓人。于是，为了与睡袍配套，旧的家具先后更新，书房终于跟上了睡袍的档次，可他还是觉得很不舒服，因为自己居然被一件睡袍胁迫了，于是就把这种感受写成了一篇文章叫《与旧睡袍别离之后的烦恼》。200 年后，美国哈佛大学的一位经济学家在其《过度消费的美国人》一书中，由此提出了一个新概念——“狄德罗效应”。

生活中的“狄德罗效应”可谓数不胜数，一旦陷入，便无法自拔。但狄德罗最大的效应，还得算完成了《百科全书》的编写工作。

这事儿还得从头说起。

狄德罗的生活既不安逸也不幸福。他拒绝做一个年轻体面的法国人应做的事，却到巴黎做了个穷酸文人。后来，他又做出了错误的决定，同一个虔诚得可怕、不可理喻的悍妇结了婚。为了养活她，他不得不做各种各样稀奇古怪的工作，却只能在内心深处忠于他的自由思想。

▲狄德罗和达朗贝尔

这两位《百科全书》的主人的周围都是他们编写这部著作的合作者。

18 世纪上半叶，欧洲经历了声势浩大的求知运动，《百科全书》的撰写人进入了真正的天国。路易国王的印刷商为了捞到更多的油水，踢开同伴，独自盗印。他把即将出版的著作取名为《艺术与科学的万能百科全书辞典》，并发出了一系列颇能吸引顾客的漂亮书讯，预订单很快就排满了。

然后，他雇用了法国中学的一名哲学教授做总编辑，买了大量的纸张，就坐等结果。但教授搞出了笔记，却不是文章，预订者大吵大闹要求赔偿。

在这紧急时刻，印刷商想起了几个月前出版的颇受欢迎的《医学万能辞典》。他把医学卷的编辑找来，当场雇用。这个新编辑就是狄德罗，这项本来艰苦无味的工作竟变成了18世纪对人类最重要的贡献之一。

仅仅修改旧资料简直是降低身份，狄德罗在这个终生事业中看到了出人头地的机会。《百科全书》要让每一个可以想到的题目具有最新消息，文章要让最有权威的人撰写。狄德罗正处于轰轰烈烈的思想活跃时期，他顿时热血沸腾，便说服了印刷商让他全权指挥，并且不限制时间。接着，他列出了一个合作人员的名单，拿出一大页纸，开始写道：“A……”等等。

20年后，工作完成了，是在极为不利的条件下完成的：他每年的编辑费从不超过500法郎；那些应该提供帮助的人不是很忙，就是下个月再

▶《一个方济各会教徒的思考及一封直接写给某某先生的信件》的封页上的漫画

狄德罗就是这里说的“某某先生”，他就是这个反对启蒙思想的小册子所指向的人，他的作品经历了无数次的批评，尤其是来自教会的批评。

说，或者是得去乡下探望祖母；加上教会和政府官员们的谩骂。尽管感到无比痛苦，他还是亲自做了绝大部分的工作。

官方还想方设法找他的麻烦，甚至建立了一个谍报网，总在他的办公室周围打探情况，还抄他的家，没收他的笔记或者干脆禁止他工作。然而，一切障碍都不能阻抑狄德罗的热情，《百科全书》终于按照他所期望的那样完成了。

现在，狄德罗版的《百科全书》已经非常罕见了。因为，一个半世纪以前，这本书就作为毒害匪浅的激进主义表现形式被怒吼声给吞没了。对于 18 世纪教士中的保守分子来说，这部书就像吹响了让他们走向毁灭、无政府、无神论和无秩序的嘹亮号角。

《百科全书》以其怀疑论、注重科学决定论和对当时政府、司法和教会的弊端的批判而产生了广泛的影响，成为法国大革命的思想前奏。这部巨著的重要性不但在于宣传了自然科学的知识，而且在于把这些知识作为反宗教和旧制度的全部老朽思想体系的最有力武器。人们选择了

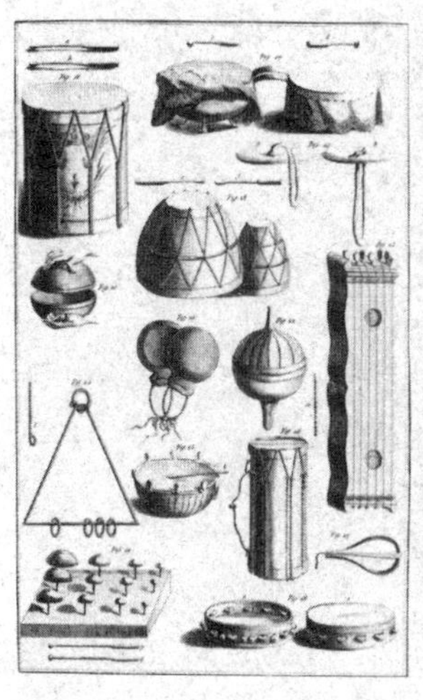

▲《百科全书》中有关打击乐、采矿和造纸的整版插图

《百科全书》是展示 18 世纪一切思想活动中各种新思潮学派代表人物的窗口，以其自由主义态度和对手工业及机械科学提出的新观点而著称。

《百科全书》作为工具，来宣传他们自己的理论并应用到一切知识对象中去。

狄德罗主张生活的目的应该是“做好事，寻找真理”，他也真正实践了自己的座右铭：敞开大门招待饥饿的人；为人类每天工作 20 个小时；除了一张床、一个写字台和一叠纸外，没有要求过任何报答。

狄德罗毕竟还是狄德罗，穿着一身褴褛的衣衫；每星期等男爵朋友请他去饱吃一顿的时候，就高兴得手舞足蹈；当四千册书销售一空时，他就会感到非常满意。虽然，同时代的许多人都比他享有高得多的声誉，但如果没有《百科全书》，所有这些好人也就不可能充分发挥出他们的影响力。看来，这不止是一本书，它是社会和经济的纲领；它告诉我们当时领导人的真实思想；它具体陈述了不久后就统治了整个世界的那些观念；它是人类历史上的决定性时刻。

# 思想体系的时代

## ——19世纪哲学

18世纪末到19世纪初是德国政治思想文化大变动、大转型的时期，哲学在德语世界进入全盛时期。黑格尔无疑是那个时代最具雄心的哲学家，几乎没有什么现象不被他的哲学体系所纳入；马克思则批判地继承了他的哲学框架和思想，提出了历史唯物主义；尼采高呼着“上帝死了”，全方位地抨击了现存道德……这些哲学家的思想财富成为20世纪哲学思想，尤其是现象学的思想来源。

### 世界有开端吗

#### ——康德（1724～1804年）

康德的一生简单得叫人惊讶!

相比起来，现在20多岁青年的人生经历可能都比他的80年要复杂些。基本上，他既没有爱过，也没有恨过；谈不上幸福，更谈不上痛苦。

1724年4月22日，康德出生于东普鲁士首府哥尼斯堡的一个小手工业者家庭，父亲是个马鞍匠，母亲没受过多少教育，却聪明能干、活泼开朗，他们全都是虔诚的新教徒。康德本来排行第四，但不幸的是，他的三个兄姐都夭折了，所以他便成了实际上的老大。

8岁到16岁，康德一直就读于腓特烈公学。这所虔信派的学校，用一个老牧师的话来说，“宁愿拯救一个灵魂，也不愿造就一百个学者”。所以，学生们成天上的课不是读《圣经》就是唱赞美诗。直到晚年，康德都觉得这是一段令人厌倦的记忆，不过，他也学到了一些有用的东西，尤其是他基础扎实的拉丁文。

从公学出来后的康德，看上去简直像个小老头儿。他一向体弱多病，生活处处都小心翼翼；他不足一米五的身高，在健壮如牛的日耳曼人堆里真像一只小鸡在鹅群中一般；于是，他只好经常寂然独处，陷入沉思，宛如那些老牧师。

1740 年，康德进入在家就能望见校门的哥尼斯堡大学。他顺着老路子学了神学，可他的兴趣却已远远超出了神学的范围，走向了当时自然科学和社会科学的几乎一切领域。不过，他最感兴趣的还是哲学。为寻找世界的开端，他的态度同体格形成了鲜明对比，表现出了十足的信心，他自己说：

▲康德像

德国哲学家康德是历史上最伟大的哲学家之一，他提出“人的认识既依赖于经验，也依赖于理智”的观点，是欧洲理性主义与经验主义的集大成者。

“我相信，有时人对自己的能力怀着高尚的信心并非无用。这种信心使我们的一切努力生气勃勃，推动我们对真理的探索迅速前进。如果人相信自己的研究工作有希望前进，并且还可以抓住像莱布尼茨那样大师的错误，他就会使自己的思考尽可能真实可靠。在不断追求真理的过程中，冒一次险，尽管千百次地走入歧途，可比总是在平坦大路上走要好得多。我的立场就是如此。我已经给自己指明道路，我要坚持下去。我将开始我的进程，任何事情也不能阻止我前进。”

除了读书、写作，康德还得谋生。为了养活一大家子，康德的父母已经耗费了全部的精力，先后离世。成绩优异的康德便找到一些脑袋空空而口袋鼓鼓的同学，帮他们补习功课以换取些许报酬。可这样的学生也不大好找，不过，他还能尽一切努力维持体面。他的衣服虽然很旧，却总是洗得干干净净；为了让他的破袜子显得笔挺点，而不至于溜到鞋子里头去，他竟发明了一个妙法：在裤子口袋的顶头缝了一根线，线的另一头挂住袜子，这样他的袜子就总能像阔少的燕尾服一样笔挺。

度过了六年艰难的日子，康德大学毕业了。可惜，他的留校申请遭到了无情拒绝，他被迫踏上了社会之路。

1746 年，康德找到一个非正式却在当时十分流行的职业——家庭教师，并且一做就是八九年。他先后为三个家庭工作过，其中有个叫凯塞林的伯爵，对康德的出色才智相当欣赏，带着他出席各种上流宴会。康德也就暂时抛开他那爱沉思的哲学家气质，变得活跃起来。他穿着价廉物美、整整齐齐的晚礼服，给玩牌的贵妇当参谋，同贵族谈政治，偶尔还向名媛献献媚，她们当然不会看上又穷又丑的家庭教师，却还是喜欢他的机智和幽默，经常被逗得花枝乱颤。在小孩子的嬉闹和舞会的喧哗中，康德浪费了宝贵的青春。

也就在这期间，康德有回闲来无事，竟离家 96 公里，到阿恩斯多夫去旅行了一趟。这是他一辈子到过的最远的地方，从此便再也没有离开过哥尼斯堡。

但在梦中，康德走得要远得多。有一回，他梦中独自划船漂到了南非一个荒芜的小岛，他在海上远远地就看见那岛上有两根高耸入云的石柱，于是便想凑近去看个究竟，谁知刚一靠岸就被岛民们给逮住了。没等康德开口，那些人的首领就告诉他：如果说的是真话，就要被拉到真话神柱前处死；如果说的是假话，就要被拉到假话神柱前处死。反正是死路一条了。康德想了一想，说："我一定会被拉到假话神柱前处死！"

岛民们这下可傻眼了，他们犹豫了很久，最后还是不得不把康德给放了。醒来后，康德便推理出了著名的四个二律悖反论命题。

1755 年，他终于做了一件正经事——重返哥尼斯堡大学，以拉丁文论文《论火》拿到博士学位，并取得编外讲师资格。

由于没有固定收入，康德必须大量讲课，他开过的课包罗万象，简直就是一个大学的完整课程表。他每周上课长达 20 小时，即每周六天，平均每天三节课以上。虽然，康德平时不苟言笑，讲起课来却像换了个人，思路清晰，逻辑严密，旁征博引，还不时穿插一些趣闻逸事，使人于轻松之中获取知识。康德给自己定了一个标准：以中等程度的学生为主，因为他认为笨学生朽木不可雕、教而无用，而天才学生们则自己会有办法。可以想见，听他课的学生相当多，通常都有上百人，康德也就不愁生计了。

与此同时，康德几乎年年有著作问世，他开始在哲学王国的地平线上冉冉升起。康德对自己的能力和成就充满信心，便于 1758 年申请哥尼斯堡大学哲学教授席位，却没能成功，34 岁的他还是太年轻了。康德毫不气馁，他仍旧继续努力，随着著作的不断问世，他的声望也日渐高升，竟传到了政府当局的耳朵里。普鲁士的教育大臣很重视康德，准备一有教授职位空缺就请他补上。

过了几年，真有个诗学教授的席位空出来了，但康德拒绝了任命，他大概觉得诗是浪漫的东西，非他这种人能够玩的。第二年，他当上了所谓的"王室图书馆馆员"，这份固定兼差的年工资只有 62 塔勒。以后又有几所大学请他去做哲学教授，可他还是没有答应。原因很简单：不愿走远路。尽管哲学家的头脑装得下整个银河系，可他瘦小的腿却从来没有光顾过 100 公里以上的路程。

任讲师 15 年后，命运女神总算给 46 岁的康德抛了个媚眼，哥尼斯堡大学的哲学教授席位终于得闲，康德当仁不让，成为逻辑学和形而上学的教授。他的生活也因此发生了变化：高薪俸使他不必每天上三四节课了，还可花大量的时间来进行玄妙的形而上学默想。他的日程极其简单，也极有规律。

每天清晨 5 点，起床，喝杯咖啡，将讲义翻一翻，他就上课去了。两节课后，回到俭朴的家，开始工作：或读书或写作或沉思。直到下午 1 点，吃午饭，他经常邀朋友聚餐，边吃边聊，而这些朋友十有八九不是搞哲学的。午餐过后，他又投入工作。

当他身穿灰色大衣、拿着手杖出现在住宅门口，然后朝“哲学家之路”的菩提树大道悠然走去，邻居们就知道时针准指向 3 点 30 分。他一年四季，从不间断地如此来回踱步，如果天气阴沉或乌云密布，人们就会看到他的老仆人兰勃夹着一把大伞，焦急地跟在身后。

▲康德认为，事物如果不能为我们的身体器官所把握，也就不可能成为我们的经验。在约翰·埃夫雷特·密莱司的画作《盲女》中，盲女可以欣赏协奏曲的乐声，可以触摸女儿的手，闻到女儿的头发，却永远感受不到身后天空的彩虹。

有一次，他突然发现了仆人眼中的泪水，便半嘲弄、半怜悯地说：“实践理性在说，老兰勃有个上帝，否则他是不会如此动情的……”

也只有一次，康德没能出去散步，因为他太沉迷于卢梭的《爱弥儿》了，宁可牺牲散步时间，也要激动地将书一口气读完。

散步回去后，吃饭，工作，睡觉，每一件事都像上了发条一样。

康德的一天结束了，几十年来他全部的日常生活也不过如此。

形而上学是无尽的深渊，是无边的黑海，堆满了“哲学的沉船”，康德却想到那里寻找“宝藏”。11 年来，他没多大收获。在死寂的假象背后，康德正经历着烈火的锻炼，他终将豁然开朗，迎接黎明。《纯粹理性批判》的出版，像太阳一样照亮了西方哲学的天空。

康德的名声愈加大了，也愈加容易惹麻烦了。

1793 年，康德在《理性界限内的宗教》里批判了控制德国人头脑的教会。威廉二世大为光火，将教育大臣臭骂一通，又命令其告诉这不知天高地厚的老头子，不准再谈宗教，康德只好缄默地许下了私人承诺。四年后，威廉二世死了，康德立即自己恢复自由，可他已经 73 岁了，停止了授课，也退休了。

▲东普鲁士的哥尼斯堡市从 1544 年就有了自己的大学，但是直到康德在这里出现，这座城市才成为欧洲哲学研究的前沿。

“创造从未完成，它仍在继续。”康德只将最后一篇文章的题目定做《从自然界的形而上学到物理学的过渡》，却没能完成这前所未有的伟大使命。

1804 年 2 月 12 日，康德走得很安详、很平静，像树上飘落的一片叶子，没有给世界增添一丝喧哗。

他的一生就像白开水一杯，唯一说得上轰动的就是他著作的出版，可那主要也是在他死后才有的，不过，他毕竟树立起了比铜像更不朽的丰碑！

他也深切地爱过了，形而上学是他永远的心上人。

诗人海涅说，罗伯斯庇尔只不过杀了一个国王和几千个法国同胞，德国人可以宽恕；康德却杀死了上帝，破除了神学最为宝贵的论证根据。不管这是讽刺还是启示，当康德的哲学摧毁了宗教之时，德国的牧师们纷纷予以报复，将自家的狗唤作康德。

他更像一个魔术师，能从空帽子里变戏法，变出上帝，变出永生，变出自由。

康德还是没有找到世界的开端，却创造出了两大奇迹，“星空在天上，道德律在心间”。

## 历史之河

——黑格尔（1770 ~ 1831 年）

黑格尔的祖父是一个新教牧师，可以结婚生子，因此才有了黑格尔的父亲。黑格尔的父亲也很聪明，在税务局捞了一份书记员的美差，还娶了一位颇具才情甚至懂得拉丁文的女子，那便是黑格尔的母亲。

身为长子，黑格尔备受宠爱，母亲更是将她的宝贵知识毫不吝啬地传授给他。可惜，黑格尔13岁时，母亲去世，多年以后，他还在母亲的忌日写信给妹妹："今天是我们母亲去世的日子，这个日子我永远记得。"

黑格尔5岁上小学，两年后上了中学，当他还是个8岁孩童时，一个对他青睐有加的老师送他一套《莎士比亚全集》，共11册，并附上纸条："你现在还不能学习这些书，但不久你就会读懂它们。"

到了18岁，黑格尔进入图宾根大学，主修哲学和古典文献。两年后，他便通过考试，获得了哲学学士学位。这位初露学究气的年轻人被同学们取了个外号"小老头"，不过，与大多数热血青年一样，黑格尔也张开双臂欢呼史诗般的法国大革命，他还特地在图宾根广场栽了一棵"自由树"。

老年黑格尔也鼓励学生参加革命活动，但他却很少亲自进行社会交往。有时，学生们被捕了，他便乘船在靠近监狱的小河中顺流而下，向他们挥手致意。而他的支持也就仅停留于此了，当他渐趋老矣竟更加保守起来。他不再喜欢残酷血腥的战争与政治革命，却十分欣赏给德国带来和平、统一与强大的普鲁士专制政府，像他的传记作者所言："最后，经过40年的战争和无法估量的

►黑格尔像

黑格尔是德国著名的哲学家，绝对精神的布道者。在他看来，世界上的万事万物及其发展过程都是非物质性的，他的哲学所提出的自我意识成了这些历史发展过程的顶峰。

混乱以后，一颗老年人的心拍手称快地看到这一切终于结束，称心如意的和平时期开始了。”

黑格尔在《法哲学原理》的序言中说过最有名的一句话就是：“凡是合乎理性的东西都是现实的；凡是现实的东西都是合乎理性的。”

这句话得到了政府的高度赞赏，却引起了自由派的愤怒，他们大骂黑格尔是走狗，甚至说他的哲学不是长在科学的花园里，而是长在阿谀奉承的粪堆上。

黑格尔哪受得了这样的批评，他站起来替自己辩护：“一个坏的国家是一个仅仅实存着的国家，一个病躯也是实存着的东西，但它没有真实的实在性。一只被砍下来的手看来依旧是一只手，而且实在着，但毕竟不是现实的。真实的现实性就是必然性，凡是现实的东西在其自身中是必然的。”国家和政府正是如此。

那么真正必然性的东西是什么呢？也许只有一个，死亡。

有一次，他的学生之一，诗人海涅，对此也不敢苟同，黑格尔笑了笑，然后一脸神秘地回答：“也可以这么说，凡是合理的必然都会是现实的。”说完，赶紧朝四周看了看，深怕隔墙有耳的样子。

黑格尔大学毕业时，老师们的评语是：对神学三天打鱼两天晒网，但对哲学全力以赴；可是，他擅长神学和语言，哲学才能却有限。不知当年黑格尔对此有何感想；也不知，当他名扬天下时，那些老师们又做何感想。即便如此，这并不妨碍他一如既往地热爱哲学，就像哲学本身的含义一样。

黑格尔没有按惯例去做牧师，而是到瑞士的一个小山城做家庭教师。他在孤独中度过了三年，接到好友荷尔德林的来信，便立即飞奔到法兰克福。可这时的荷尔德林却深陷危险的爱情悲剧中，哪儿还有心思理会远道而来的好友呢。于是，黑格尔再一次陷入孤独，他甚至患上了严重的忧郁症，只得将全部精力投入到哲学的冥想中，来逃避现实的苦恼。

当他分得一份遗产，不必再为生计奔波时，便给另一位好友谢林写信:“什么地方能够既有好书看又有好酒喝呀？”

谢林当即明白了，立刻回复:“那你就到耶拿来吧！”

恰巧，黑格尔遇到了歌德。歌德慧眼识才，立即对黑格尔另眼相待。没过几年，经歌德的大力推荐，黑格尔自己向当局递交了一份材料，便顺利地当上教授，第二年拿到了第一笔工资。黑格尔对歌德既崇敬又感激:“我纵观自己精神发展的整个进程，无处不看到您的踪迹，我可以把自己称作您的一个儿子。我的内在精神从您那里获得了恢复的力量，获得了抵制抽象的营养品，并把您的形象看作是照耀自己道路的灯塔。”

当拿破仑挥师进入耶拿城，黑格尔还在马路边瞻望，那晚，他怀着激动无比的心情写信给朋友:“我见到了皇帝——这位世界精神——骑着马出来在全城巡视。看到这样一个个体，他掌握着世界，主宰着世界，

▲拿破仑在埃纳夏尔·戴维南 19 世纪初

拿破仑的经历为黑格尔在政治思索和国家理念方面起着连续不断的参考作用。

却在眼前集中于一点，高踞马上，令人有一种奇异的感觉。”

但那些趾高气扬的法国兵可不像拿破仑那般和蔼可亲，他们搔扰民宅，也让黑格尔尝到了被伤害的滋味，他便带着第一部杰作《精神现象学》的草稿逃之夭夭。翌年，他将这部黑格尔哲学的“独立宣言”出版，而成为最后一位科学的体系的建构者。

在黑格尔那里，历史已经终结，他在《精神现象学》的结尾处写道：“对那些成系列的精神或精神形态，加以保存，就是历史；从它们被概念式地理解了的组织方面来看，就是精神现象的知识的科学。两者汇合在一起，被概念式地理解了的历史，就构成绝对精神的回忆和墓地，也构成它的王位的现实性、真理性和确定性，没有这个王位，绝对精神就会是没有生命的和孤寂的东西；唯有从精神王国的圣餐杯里，其无限性翻涌起泡沫。”

黑格尔认为哲学的任务是“去理解，而不仅仅是狂想”，那么作为科学的体系，就把走出自身去理解个人和文化发展的进程作为它的任务。黑格尔的学生用可理解的术语为我们解读了黑格尔的规划：“历史的目标，即知识，自身的知识，就是哲学，最终成为智慧。人类创造历史性的世界，只是为了认识世界是什么，也是为了理解处于世界中的他自己。”

终于，黑格尔时来运转，在一所高中做了校长。他不拿教条和校纪去绑缚学生，而给他们充分的自由，学生们得到校长如此信任竟也不好意思捣乱了，于是一切井然有序。与此同时，41 岁的黑格尔完成了终身大事。他心满意足，婚后不久就写信给朋友：“我尘世的目的已经达到了，有了一个官职和一个亲爱的妻子。”

黑格尔到海德堡大学的第二年，就出版了展示他哲学完整体系的《哲学全书纲要》。这部书将他的名声推传到普鲁士教育大臣的耳朵里，

▲黑格尔把现实的历史过程，即绝对精神朝着自我意识的过程，比作基督的受难、死亡和复活。

黑格尔立即被邀请到柏林大学主持哲学教席，这个位子自费希特死后一直空缺着。

至此，黑格尔成为无可争议的德国哲学界之王了，他的崇拜者将他的课堂挤得爆满，到处都是虔诚的弟子和追随者。他那渊博的学识和深刻的见解折服了不少听众，每学期的学生人数都成倍增长。

“他坐在那里，面前摆着鼻烟壶，头低垂着，看上去不那么悠然自得。他不断翻动对开的笔记，讲话常常被一阵咳嗽打断；每个句子都是挣扎出来的，语调也不规则：忽而平铺直叙，显得格外笨拙；忽而深奥妙谈，似乎无拘无束，发出一阵自然的雄辩，用富丽堂皇的措词把听众搞得如痴如狂。”

有一次，黑格尔走进课堂时仅一只脚穿了鞋子，另一只脚光着。原来，那只脚上的鞋在半路被泥巴吃掉了，他竟浑然不觉。天才似乎都这样。

黑格尔哲学已经不是一个人的思想，而是一个学派的主张了。有哲学家不禁大发感慨：“哲学从来没有吹响过如此高亢的调子，它的殊荣也从来没有那样充分地得到承认和保障，如 1830 年在柏林。”

就在这一年，黑格尔被授予柏林大学校长职位。第二年，国王腓特烈三世郑重授予他勋章，这对一个哲学家而言几乎是前所未闻的崇高荣誉。岂料，如日中天的黑格尔不幸染上霍乱，第二天便溘然长逝。

## 意志的悲苦

——叔本华（1788 ~ 1860 年）

叔本华引用伏尔泰的话来赞美康德："真正的天才，尤其是开辟新途径的天才，他们可以铸成大错而不受责难，这是他们的特权。"

其实，这句话放到叔本华自己身上应该更加合适。

1788 年 2 月 22 日，叔本华出生于但泽。原本，父亲想让儿子成为英国公民，就计划带妻子到英国后再生下他。可事不凑巧，母亲经不住颠簸，在途中生病了，只得返回家乡，在但泽生下了他；不过，父亲还是给他取名叫"亚瑟"。

叔本华的家庭是当地望族，彼得大帝和皇后出游但泽时曾住在他祖父的家中，弗雷德里克大帝也试图劝说他父亲迁到普鲁士去。

意志坚定、头脑精明的父亲非常热爱自由，而文雅热情的母亲是当时有名的通俗小说家，因此，少年时代的叔本华已跟随父母遍游了世界各地。9 岁时，他更被单独留在了勒哈夫，同一个亲戚一起生活了两年，他半点都没接受法国人的浪漫气质，却将法语练得相当娴熟。若干年后，长大了的叔本华不无得意地说："父亲给了我意志，母亲给了我智慧。"

叔本华 17 岁那年，父亲的精神开始变得抑郁，不久便在家里货仓旁的运河中溺水而亡，而祖母也在这之前刚刚发疯而死。很快，母亲自己迁居到魏玛，热衷于开办文艺沙龙，如日中天的歌德也成了她那里的常客。

有一天，叔本华作为客人去看望母亲。当大家兴致勃勃地谈天说地、欢声笑语时，他却愁眉苦脸地独坐在客厅的一个角落。一群姑娘众星捧月般地围着歌德，还不时用怪异的目光瞟一眼叔本华，歌德却对她们说："让那个青年独自待在那里吧，将来他会超过我们所有人。"

母亲实在无法再忍受了，原本就没获得过母爱的叔本华也愈加对母亲充满了敌意，一场惊天动地的争吵终于爆发，母子两人彻底决裂，再也没有见过面。

就像杜兰特教授谈到的："一个从未体验过母爱的人，或者更糟，一个曾被母亲痛恨过的人，没有任何理由迷恋这个世界。"

母亲对儿子的态度决定了儿子对世界的态度，后来，叔本华自己也写道："从我一开始思考问题起，我便觉得自己与世界很难和谐相处。"

离开母亲后，叔本华全心全意投入到他的惊世之作《作为意志和表象的世界》中，仿佛那是神授给他的："在我手里，主要是在我思维里，正构思着一部著作，一种哲学，一种把伦理学和形而上学融为一体的哲学……这部著作在成长，存在慢慢地具体化，就像一个孩子在子宫里成长着一样：我不知道最先形成的是什么，最后又将形成什么……我看到了一个环节、一个容器、一个接着一个的部分……因为我知道，一切来自一个根源，这样就产生了一个有机的整体，而且，只有这样，这个整体才能生存……我，坐在这里的我，朋友们认识的我，并不理解一部作品如何诞生，就像母亲不理解她体内的孩子如何诞生一样。我注视着它，并像母亲一样说：'我害怕怀孕。'"

▲叔本华像

叔本华是新的生命哲学的先驱者，他从非理性方面来寻求哲学的新出路，提出了生存意志论。他对人间苦难很关注，被称为"悲观主义哲学家"。他所开启的非理性哲学对后世思想发展影响深远。

"我活着就是为了撰写这部著作，

也就是说，我活在世上，所企求和所能奉献的90%已经完成了，其余的只是些次要的东西，我的生命和命运也是如此。”

可惜，这部不朽的杰作不仅没有支付稿费，而且在其出版后的16年，绝大部分都被当作废纸卖掉了。难道贫困、疲惫的世人无法再阅读自身的贫困与疲惫了吗？叔本华俏皮地自讽道，“一头蠢驴照镜时，你不能期望照出一个天使来”，“当大脑和书相撞发出空洞的声响时，该不会归咎于书吧”。

叔本华既不快乐，也不容易满足，更不值得称赞。正如他自己所说：“人生是在痛苦和无聊之间像钟摆一样来回摆动着，事实上痛苦和无聊两者也就是人生的两种最后成分。”

痛苦使人追求快乐，快乐预兆着新的痛苦，它们都来自于生命意志；而且，生命意志愈强烈，痛苦也就愈强烈。总而言之一句话，人生即苦。

那如何避苦呢？

叔本华说，其实这很简单，基本原则就是，放弃生命意志。

这里有三条道路：通过哲学达到理性之境驾驭意志，通过艺术让痛苦在美感中升华，通过宗教彻底超脱人生苦海。这里还有三种方法：发疯、自杀、消灭全人类，不过想来他自己是很难做到的。

据传言，叔本华年轻时长相英俊，衣着考究，说话机智风趣，颇得异性青睐；他一生都保持着活跃的性生活，却从没结过婚。

叔本华不算有亲人，也无朋友，更不相信上帝。他孑然一身，在一和无之间是无穷大，而他宁愿保持疑虑，也不依靠信仰。

他怕有人趁他睡着后谋害他，每天晚上都将一把上好子弹的手枪放在枕头底下；他怕理发师为他刮脸时割断他的喉咙，就绝对禁止理发师给他理发后刮脸；他怕别人把病传染给他，因此不管到哪家咖啡馆都带着一只特制的皮杯子，而他要塞进嘴里的雪茄烟斗就更不准人碰了；他怕有人来偷钱，便将它们放到他认为小偷怎么也想不到的地方；他甚至怕别人知道他有多少钱、怎么花，竟用一般人不懂的古希腊文和拉丁文来记账；他还想了个高招，给房子的一些贵重摆设贴上假标签……

罗素曾对其性格这样描绘：“除对动物的仁慈外，在他一生中很难找到任何美德的痕迹，即使他对动物的仁慈已经达到反对为科学做活体解剖的程度。在其他方面，他完全是自私的。很难相信，一个深信禁欲主义和知命忍从是美德的人，会从来也不打算在实践中体现自己的信念。”

那时，黑格尔正广受欢迎，叔本华出于忌妒希望使其蒙羞；于是，他给自己的讲座起了个颇为诱人的名字，并故意与黑格尔的讲座排在同一时间。可事实恰恰相反，黑格尔的课堂里人满为患，大家只能站着听；叔本华的教室里却从没超过三个人，几次讲座后更是空空如也了，他只好灰溜溜地落荒而逃。叔本华的学院生涯就此终结，他再也没穿那身礼

▲叔本华认为，借助艺术尤其是音乐，人类可以从痛苦中解脱出来，音乐是抽象的，能使人获得超越时空的体验。阿德里安范·奥斯塔德的这幅《乡村音乐会》(1638年)就表达了音乐能够给人快乐的主题。

服戴那顶学位帽了。

到他 70 岁生日时，柏林皇家科学院决定授予他“院士”称号；他虽然很高兴，却还是拒绝了，并说：“谁要是走了一整天，傍晚走到了，就该满足了。”

叔本华总是到一家叫安格拉特的饭馆吃饭，这里的菜很合他胃口，他也算是个美食家，不仅食不厌精，而且饭量惊人。有个新顾客看到他面前小山一样的食物，很是惊讶，便站在对面看个不停。叔本华回敬了他一眼，异常冷静地说：“先生，你似乎对我的胃口感到吃惊。确实，我的饭量是你的三倍，但我的智慧也是你的三倍。”

这家饭馆也是英国军事人员常去的地方。每次饭前，叔本华总要把一枚金币放在自己面前的桌上，饭后又把金币收回自己的口袋里。按照一般客人的习惯，侍者以为这枚金币会被当作小费，所以，每次他都格外殷勤地伺候叔本华，可每次都是失望而归。有一天，这位侍者终于忍不住问叔本华他到底在干什么。

叔本华解释说：“我每天都在心里与那些军官打赌，只要他们哪天除了马呀、狗呀、女人呀之外还能谈点别的话题，我就把这枚金币放进教堂的施舍箱里去。”

直到晚年，叔本华终于得到了追求已久的世人瞩目，而他的那条卷毛狗好像比他更有名。他们几乎形影不离，在家时，狗便躺在专门为它准备的那块价格不菲的黑熊皮上，像个老爷，叔本华则成了最忠实的仆人，按时替它准备一日三餐；出门时，它便大模大样地跟在主人后面，也一副高高在上、旁若无人的样子。市民们管这条狗叫“小叔本华”，叔本华自己称它“你这个人”，还有人说它名为“艾特玛”，这是古印度人的话，意指“宇宙精神”。

“宇宙精神”一直陪叔本华到了最后一天，1860 年 9 月 21 日，他像往常一样独自用过早餐，却没有起身去写作。房东太太感觉很奇怪，便过来看看，才发现这位悲观主义者在幸福中快乐地去世了。死时 72 岁。

## 问题在于改变世界

——马克思（1818 ~ 1883 年）

一位传记作家曾这样评论马克思："生活于一个充满敌意的、庸俗的世界的感觉——这种感觉也许被他对于自己是一个犹太人的事实的潜在厌恶所强化——增加了他天性中的粗暴和攻击性，产生了民众想象中的可怕形象。但是，如果说他在公众场合的态度是傲慢无礼的，那么，在由他的家庭和朋友所组成的私人圈子里——在其中他感到彻底的安全——他是体贴周到而又温文尔雅的；他的婚姻不可谓不幸福，他与他的孩子们热情亲密，他对他的终身好友和合作者恩格斯待以独特的忠诚和挚爱——即使他的敌人也被他的人格力量的热切所吸引……"

马克思一生的绝大部分时间都生活于远离祖国本土的流放之中，在贫困的边缘维持着一个家庭，经济上只能长期依赖其合作者恩格斯。他

▲全世界无产者联合起来

工业革命的到来，使欧洲出现了一个饱受苦难的工人阶级，而马克思则成了所有无产者的代言人。

不可能没有意识到在满足基本需要方面所面临的斗争，但他那辉煌却补偿极少的精神产品在他人格的纯粹热忱之中得到了充足的体现。

1818 年 5 月 5 日，马克思出生在德国莱茵省特里尔城一个双亲世代均为犹太教士的家庭。祖父是一名犹太律法学家，父亲也是一位受人尊敬的律师，不过为了执业需要而受洗为新教徒，他对马克思丰富的思维、严密的逻辑和雄辩的演说才能影响很大。贤良淑德的母亲善于持家，使这个家庭拥有较为富裕的条件和宽松的环境，充满了和谐、幸福、欢乐和启蒙运动的气息。而马克思又从威斯特华伦公爵那里吸收了某种程度上的浪漫主义与早期社会主义的理念，后来，他便同这位先生的女儿燕妮订婚、结婚，相伴终老。

1835 年的夏天，即将中学毕业的马克思有一篇作文引起了老师的注意，这是篇命题作文，题目是《青年在选择职业时的考虑》。马克思在文中这样写道：

“如果人只是为了自己而劳动，他也许能成为有名的学者、绝顶聪明的人、出色的诗人，但他决不能成为真正的完人和伟人。”

“如果我们选择了最能为人类福利而劳动的职业，我们就不会为它的重负所压倒，因为这是为全人类所作的牺牲，那时，我们感到的将不是一点点自私而可怜的欢乐，我们的幸福将属于千万人，我们的事业并不会显赫一时，但将永远存在。”

17 岁的深刻思想和宽阔胸襟给老师们留下了难忘的印象，而马克思一辈子的身体力行更是对这些论述的最佳诠释。

父亲想让儿子继续走自己的路，马克思便被送到著名的波恩大学去学习法律。谁知道，受当时社会环境的影响，波恩大学已经没有了良好的学习气氛，学生们整天追求的就是吃喝玩乐、无所事事，这里甚至根本就不像是一所学校。马克思感到很遗憾，第二年便转入柏林大学，并很快醉心于位居主流的黑格尔哲学。

针对专制统治，有人坚决拥护、支持政府，有人深恶痛绝、渴望民主。两军对垒中，马克思毅然选择了“青年黑格尔派”。这是一支不容忽视的力量，马克思通过积极参与其各项活动，进一步吸收了他们的民主思想成分，加深了对世界的认识，更增强了改造世界的信心。

马克思的学习积极性持续高涨，他的兴趣也非常广泛，哲学本来就对他十分重要，但除此之外，历史、文学、数学以及外语等，他都一刻也不放松，并以加倍的努力认真对待，所取得的可喜成绩为以后进行革命工作奠定了牢固的基础。

其实，马克思一直想成为一名大学教师，以自己的哲学思想来改造人类世界。

1841 年，大学毕业之际，马克思认真完成了一篇有关亚里士多德学派希腊哲学的论文，系统完整地反映了他当时的哲学观点、理论建树和思想内涵。在论文中，他引用了希腊神话中普罗米修斯为人类宁愿牺牲自己的话语，以此来表现自己为改造世界而进行不懈斗争的决心。他说：

你知道得很清楚，
我不会用自己的痛苦，
去换取奴隶的服役；
我宁愿被缚在岩石上，
也不愿做宙斯的忠顺奴仆。

正是因为这篇论文，马克思被耶拿大学授予博士学位；也正是因为这篇论文，他的激进思想引起了政府的警惕，他的大学任教之梦被彻底击碎。

大学毕业后，他只好进入新闻界工作，竟立刻被聘为《莱茵报》主编。这倒给马克思提供了一个良好的平台，他正好借用《莱茵报》的阵地来宣传革命思想。

机缘恰又凑巧，马克思刚刚走马上任，就碰到了著名的“林木盗窃案”。

事情的发展经过是这样的：德国西部有大片的森林和草地，原来生活在这里的居民都可以随意到这些地方砍柴、放牧。可是后来，一些贵族地主把这大片的森林和草地都霸占了，不允许平民们靠近一步。不少居民想到山林中去拾些柴草，却被认为是盗窃。广大平民极为不满，德国议会不得不认真审议这件事情。但是，他们只为贵族地主考虑，审议结果出来了，竟然是：居民们的行为确为盗窃！如果再持续下去，将用法律手段来解决！

这样一来，全国民众都对议会产生了强烈的不满，人们愤怒地谴责议会不公。

马克思也感到十分气愤，便在《莱茵报》上写了一系列文章发表自己的看法，严厉抨击了普鲁士政府的做法，立场坚定地站在民众一边，维护了平民的利益。

老百姓当然十分欢迎这些文章了，他们争相购买《莱茵报》阅读。马克思刚开始到《莱茵报》时，其发行量只有800余份，几个月后，已超过了3400份。

▲马克思是世界无产阶级的革命导师和科学社会主义的创始人，这幅19世纪的作品表现了他在书房工作的情景。

普鲁士政府立刻派人查封了《莱茵报》，迫使

▲法兰克福大街上爆发的1848年革命
马克思在这次革命中发挥了重要的作用，在随后的几年，他发表了《共产党宣言》。

它停止印刷。马克思一气之下，辞去了主编职务。

马克思对自己的所作所为从不感到丝毫后悔，这次也一样，他反而更看清了反动政府的丑恶本质，此后，他便时刻寻找机会，不断与反动政府做坚决斗争。

▲马克思和恩格斯正在审阅新印的报纸。在马克思的领导和帮助下，《莱茵报》发行量增加了两倍，成为普鲁士的一家大报。

本来，马克思是为了宣传自己的理论才与工人加强联系，以便了解工人阶级的愿望，将自己的理论思想与工人阶级的实际思想结合起来。然而，由于长时间认真地参与了工人们的活动，马克思越来越清晰地认识到，要使工人阶级翻身得解放、成为社会的主人，就必须消灭私有制，全面提高整个人类的思想觉悟和文化水平，进而建立一种更完善、更理想、人人平等、没有剥削、没有压迫的新型社会——共产主义社会，也只有在这样一个社会里，才能够实现人类大同。

与此同时，他也认识到了，要实现共产主义社会，光靠抽象的理论不行，还必须付诸实际的行动——打碎旧的国家机器，推翻资产阶级专政，这必须依靠全世界的广大无产者联合起来，共同奋斗。

“批判的武器当然不能代替武器的批判，物质力量只能用物质力量来摧毁；但是理论一经群众掌握，也会变成物质力量！”

从此，马克思以笔代枪，全面投入革命实践，为实现他改变世界的伟大信仰而奋斗终身!

## “酒神”的陶醉

——尼采（1844 ~ 1900 年）

1844 年 10 月 5 日，尼采出生于普鲁士的洛肯，这天正好也是当时普鲁士国王威廉四世的生辰，于是，父亲便高兴地以国王的名字给尼采取名，而尼采后来则自嘲似地说:“无论如何，我选在这一天出生，有一个很大的好处，在整个童年时期，我的生日就是举国欢庆的日子。”

18 岁时，尼采失去了对上帝的信仰，此后的一生，他都在追寻一位新神。他渐渐变得愤世嫉俗，像一个孤注一掷而全盘皆输的人。在波恩和莱比锡，他突然变得纵欲淫荡，还染上了烟酒等不良嗜好。但不多久，这些都令他厌倦了，他转而嘲讽当时全国性的嗜酒风，并说酗酒和抽大烟使人不能清醒观察和敏锐思考。

大约在 1865 年，尼采发现了叔本华《作为意志和表象的世界》，犹如发现了一面镜子:“我通过它照见了世界、人生和我自己那被描绘得无比崇高的本性。”他把书抱回住所，逐字逐句、如饥似渴地读了起来。“好像叔本华亲自在对我讲，我感到他的热情，仿佛他就站在我面前，一句句大声地叫喊：放弃、否定、顺从。”那阴沉的基调便永久地铭刻在了尼采的心上，他再也无法找到心境的宁静与安详，却把悲剧性格弘扬为人生的快乐，权当是自我欺骗。

原本，眼睛近视又是寡妇独子的尼采可以免服兵役，但军部仍不想放过他。他骑马摔了下来，胸肌扭伤得很严重，此后一直都没有完全康复，征兵官才不得不饶了他。然而，短暂的军旅生涯让他记忆深刻：斯巴达式的艰苦生活，训令和服从、忍耐和惩戒，都萦绕在他的回忆之中。

尼采凭着几分钢琴家的禀赋和技能，道出了“没有音乐，生活将是一种缺憾”的感叹，由此赢得音乐巨人瓦格纳的垂青。在这位大作曲家的魔力感召下，他隐居到阿尔卑斯山，准备安心为瓦格纳著述。

这时，传来了德法开战的消息。

尼采迟疑了，希腊精神，以及诗歌、戏剧、哲学、音乐众女神都已将手伸向了他；但他也无法拒绝祖国的召唤，那里同样充满了诗情画意。他写道：“这里，你们有国家，其起源是可耻的。对大多数人来说，它是永不枯竭的痛苦泉源，是在频繁危机中毁灭人的火焰。但它一声呼唤，我们的心灵立即忘却自己。它以血腥的呼唤，鼓励民众激昂奋发，去表现英雄气概。”

▲尼采提出，每个人都应该充分认识到自己的潜能和“权力意志”，“权力意志”不仅体现在文化政治活动中，而且体现在战争中，拿破仑就是一个强烈认识到自身“权力意志”的人。图为拿破仑的军队在五月广场向他宣誓效忠。

尼采走上前线。他看见军容严整的骑兵，伴随着轰鸣的马蹄声，耀武扬威地穿城而行。当时当地，一种灵感、一种幻象，涌现出了他的全部哲学。

“我第一次感到，至强至高的‘生命意志’决不表现在悲惨的生存斗争中，而是表现于一种‘战斗意志’，一种‘权力意志’，一种‘超权力意志’！”

因患眼疾，尼采没有资格直接参与热火朝天的实战事务，只能做些护理工作。虽然看够了恐怖景象，但他并不真正了解战场上野蛮残忍的实况，却仅凭想象将其强烈地理想化了。一看见血就受不了的尼采终于病倒了，被送回了废墟中的家。从此，他注定只能空有一个坚强的灵魂和一副柔弱的身躯。

1872 年初，尼采出版了他的第一部著作，也是他唯一一部完整的著作《悲剧诞生于音乐精神》。他感情冲动地告诉人们：

希腊艺术崇拜过两位神——一位狄奥尼索斯是酒神、狂欢之神，它赞美生命，热爱运动、富有癫狂的情绪和灵感、肯定本能、好冒险、毫不畏惧苦难，是诗歌和音乐之神、舞蹈和戏剧之神；而另一位阿波罗则是宁静和安详之神，它满怀审美情趣、擅长理性沉思、高歌逻辑的严整和哲学的静穆，是绘画之神、雕塑和史诗之神。瑰丽的希腊艺术就是这二神的互融，是狄奥尼索斯永不安分的男性之力与阿波罗温文尔雅的女性之美的有机结合。狄奥尼索斯指挥生命大合唱，它的信徒们装扮成半人半兽的森林众神欢腾不息；而阿波罗则导演生命的对白，以一种反思对情感经验的余韵回味良久。

当诗人和哲学家们终结了英雄时代、终结了酒神艺术，尼采却以为瓦格纳重新树起了神话和信仰的旗帜，再一次将酒神的狂热融进了音乐和戏剧之中。

“一种强力脱颖而出，它立足于德国人酒神精神的根基上……也就是说，德国音乐……光芒万丈，在那浩瀚的天幕上，已闪烁着一颗颗明珠，从巴赫到贝多芬，再从贝多芬到瓦格纳。”

瓦格纳的歌剧被毫不间断地夜夜搬上舞台，而受到外行普遍的热烈欢迎，他的崇拜者也变成了大大小小的皇家贵族、公子王孙和悠闲的富人，却挤掉了那些贫穷的真正信徒。尼采明白了，瓦格纳已身不由己地被引入歧途。

“如果还待在这里，我肯定会疯的……我怀着恐怖的心情，等待着一个个冗长的音乐晚会……我再也不能忍受了。”

正当瓦格纳成果辉煌、受到全世界膜拜时，尼采逃跑了，没留下一个字，他厌倦了这一切，什么浪漫主义娇柔散漫的狂想曲，什么理想主义的欺骗，什么人类心灵的软弱，这些曾在这里赢得了一个最勇敢的灵魂。

尼采逃到了遥远的索伦托，却还是碰到了瓦格纳。瓦格纳刚从胜利的欢庆中清闲下来，满脑子全是他正在写的新歌剧——颂扬基督教仁慈却苍白无力的爱；尼采一句话没说，转身就走，再也未与瓦格纳打招呼。“我不可能去承认对自己都不坦诚的‘伟大’。一发现这类事，我就觉得一个人的成功确实不值什么。”

尼采比他自己所想象的更崇拜阿波罗，他并不喜欢狄奥尼索斯的狂野活力，也不喜欢削弱意志的酒、诗歌和爱情。瓦格纳曾对尼采的妹妹说：“你哥哥性情太文弱，是生活得最不惬意的人……有时，我开开玩笑，他就感到非常难堪——每当这时，我就故意开得更凶。”

尼采心情平静的时候，也知道瓦格纳和自己一样没有错。他在神经错乱以后，还常常想起那段珍贵的友谊，仍默默地把自己与瓦格纳捆在一起，因为瓦格纳曾给他带来了最丰富、最有价值的生活经验。偶尔一次神志清醒了，尼采注视着早已逝去的瓦格纳的照片，轻轻地说:“我是多么爱他呀！”

沉醉于酒神的热情和狂欢被凉爽的科学之风吹醒，尼采躲进了“任何专制都不能侵入”的哲学避难所。可他正值壮年的身体和精神却都垮了，临近死亡的边缘，他央求妹妹:“请答应我，我死后，只有我的朋友才准站在我的棺材周围，不允许好奇的人围观。当我再也不能保护自己时，请记住：不准牧师或其他任何人在我墓边散布谎言，胡说八道；让我作为一个诚实的异教徒进入坟墓吧。”

然而，尼采竟康复了；因这场病，他开始珍视健康和阳光，热爱欢笑和舞蹈。

“我所理解的伟大就是热爱命运，不只是要在任何必然条件下咬紧牙关忍受一切，而且要热爱它。”

傲慢的哲学家发觉自己陷入了情网却无法得到回报，他绝望而逃，一路上编造出大量攻击女性的警语:“男子应受战争的训练，女子则应受再创造战士的训练。”“你到女人那里去吗？可别忘了带上你的鞭子！”

▲尼采故居

1879 年到 1889 年这 10 年里，尼采由于健康状况持续恶化，辞去公职开始独处，他住过瑞士的寄宿公寓、法国的里维埃拉和意大利，一直埋头创作，只与少数几个人来往。他的多部作品就是这期间创作的，如《查拉图斯特拉如是说》、《偶像膝胧》、《反对基督者》等。

另一位哲学家却洞悉了尼采痛苦的言不由衷:“十个女人有九个会使他把鞭子丢掉，正因为他明白这一点，所以他才要避开啊！”

尼采把自己幻化成查拉图斯特拉，有一天，他从山上下来，遇到了一位老隐士，隐士向他讲起了上帝。可当他独自一人时，就在心里这样想：这真的可能吗？那位老迈的贤哲在他的森林里，还未曾听说上帝已经死了！

上帝确实死了，所有的上帝都死了。

很久以前，那些古老的上帝就寿终正寝了。而且，这确实是他们美好又愉快的结局！他们不是在黄昏时苟延残喘而死，恰恰相反，他们是自己笑死的！

▲《查拉图斯特拉如是说》封面

这本书被公认为以圣经故事体形式所写的文学和哲学杰作，中译本由北京文化艺术出版社1987年出版，全书近26万字。尼采本人评价此书说：“纵然把每个伟大心灵的精力和优点集合起来，也不能创作出《查拉图斯特拉如是说》的一篇。”

一个爱嫉妒的神自己咕哝出了最不神圣的话：“只有一个神，你们不能在我面前信奉其他的神。”

这个老朽蓄髯、狡黠的家伙竟忘乎所以了。

于是，众神哄堂大笑，连坐椅也震动了，他们叫喊道：“所谓神圣，难道不就是只有众神，而没有唯一的神吗？”

上帝都死了，查拉图斯特拉要呼唤新的上帝，于是“超人临世”。查拉图斯特拉如是说：“我爱他，他决意要创造超越他自己的东西，而后自己毁灭。”

太急剧跳跃的思维使尼采过早地衰竭了，心智失去了平衡，精神彻底地崩溃。他却说服不了手中的笔："也许，我最清楚，为什么人是唯一会笑的动物：他孤零零的，忍受剧痛的折磨，无可奈何，才发明了笑。"

"我的时代还没到来"，"只有未来的未来才属于我"。

尼采用双肘猛敲钢琴，高唱着，哭喊出他那酒神般的狂想曲。他看见妹妹望着他流泪，就问道："你为什么哭？难道我们不幸福？"又一次，他听人谈起了书，那惨白的脸上稍微有了点红润，他竟快活地说："呀！我也写过几本好书。"不过，这清醒的瞬间迅速消失了。

1900 年，尼采死了，为天才付出了高昂的代价。

第七章

# 分析的时代

## ——20世纪以来的哲学

哲学在20世纪经历了史无前例的繁荣昌盛。20世纪哲学思潮之杂多，思潮更替速度之快速，大大小小的哲学家和形形色色的哲学著作数量之巨，大约都达到了“历史最高水平”。这一点似乎用不着特别证明：20世纪有罗素、胡塞尔、维特根斯坦等大思想家，20世纪在认识论、逻辑学和精神哲学方面成就卓著……

## 一个“仆人”侍候三个“暴君”

### ——弗洛伊德（1856～1939年）

当19个世纪的火车沿着俄罗斯铁路缓慢地穿越西伯利亚大平原时，一群骑兵看到了这个“怪物”，他们惊奇万分、好奇不已。火车司机邀请他们登上机车，他们便怀着敬畏和喜悦的心情开始考察列车。旅行结束后，骑兵首领询问驱动这架庞大机器的马匹何在，却被告知根本没有马时，他们开会进行了热烈的讨论。最终，骑兵首领高兴地总结道：“我们现在明白了，这辆机车显然是由马的幽灵驱动的！”

这当然只是个笑话，可弗洛伊德则肯定是为探寻“人”这个机体中引发驱动的“幽灵”而诞生的。

弗洛伊德的父亲只是个拥有微薄资本的毛织品商人，但心地善良、乐于助人，弗洛伊德说他是个乐天派，始终都充满着希望地期待未来。父亲总是好心地看待周围的人和事，他诚实、单纯的性格对弗洛伊德造成了很大影响。如果问及弗洛伊德的女儿安娜“什么是弗洛伊德最突出的性格”时，她会毫不犹豫地回答：“他最突出的特性，就是他的单纯。”弗洛伊德总共只有三套衣服、三双鞋子、三套内衣，真是简单得不能再简单了。

但生活并不像想象中的那样单纯。

第一次带弗洛伊德散步，父亲便讲了这样一件事。

父亲说：“当我年轻的时候，有一个星期六，我在大街上散步，穿得很讲究，头上还戴了一顶新皮帽。一个基督徒走到我跟前，打了我一巴掌，还把我的帽子掀掉在地上。他喊道：‘犹太鬼！滚出人行道！’”

弗洛伊德连忙问：“你当时怎么办？”

父亲静静地回答：“我走到马路上，捡起了我的帽子。”

弗洛伊德颇受打击，他没想到身边这位高大健壮的男人竟会做出如此毫无骨气的举动。自那以后，弗洛伊德的成长过程中又浸透了父亲所没有的反抗精神。

▶ 1885 年弗洛伊德和玛莎在一起

弗洛伊德是 20 世纪最有影响、最有才智的心理学家，精神分析学说的奠基人。他以毕生的精力研究了从前人们所不曾关注的“潜意识”，开拓了心理学研究的新领域，在医学、文学、哲学、艺术等多方面都产生了相当大的影响。

大学预科毕业前夕，卡尔·布鲁尔教授在课上朗诵了歌德那篇《论自然》的美妙散文，他遂决定成为一名医科学生；同布吕克生理研究室的结合，他开始了一生的科学研究活动；布吕克教授的忍痛割爱，布洛伊尔教授的悉心接纳，使他获得了真正医疗实践的机会；由于布吕克教授的极力推荐，他前往巴黎，做当时最著名的神经病学专家沙考特的留学生，精神分析的事业正式开始。

为了献身于神经病学的研究，他甚至写信给妻子："你可以相信，当科学与爱情两者俱来的时候，我就不得不为科学而战胜爱情。"

弗洛伊德35岁生日，父亲送给他一本《希伯莱圣经》，并用希伯来文写了下面的话："亲爱的儿子：上帝的精神开始引导你从事学业的时候，是在你七岁那年。我曾经以上帝的精神对你说：'看我的书吧，这本书将为你打开知识和智慧的源泉。'这是万书之本，这是有识之士掘出的'智慧之源'，正是从这里，立法者们引出了他们的知识之流。你已经在这本书中看出了全能者的先见之明，你已经心甘情愿地聆听了它；你已

▲在弗洛伊德看来，即使是幼儿也有性欲，母亲则是他第一个恋爱的对象，也是他第一个发泄爱欲的对象。

经照此去做，并已经在圣灵的鼓舞下努力高飞。自那以后，我一直保留着这本书。如今，当你 35 岁生日的时候，我把它从储藏处取出，并赠予你，作为老父对你爱的标志。”

父亲的逝世成为弗洛伊德进行自我分析的导火线，他写道:“我一直高度地尊敬和热爱他，他的聪明才智与明晰的想象力已经深深地影响到我的生活。他的死终结了他的一生，但却在我的内心深处唤起我全部的早年感受，现在我感到自己已经被连根拔起。”

为了说明潜意识和前意识及意识之间能动的、复杂的、变化的关系，与这三种形式的心理状态相对应，弗洛伊德创造出了本我、自我和超我的新概念。

“本我”是一种本能的冲动，它不问时机、不看条件、不顾后果地一味要求自我满足。因此，在正常的心理活动中，它自然要被压抑、受阻止。现实生活不容许“本我”为所欲为，它在与外界的接触中不断遭到打击而失败并得到修改，这部分便成为“自我”。“自我”是侦察兵和调度员，限制和驾驭着“本我”。就好像马匹只提供运动的力量，骑马者却具有决定方向并朝该方向前进的指导权。

“自我”刚形成时，还不强固，因此，儿童必须借助父母无条件的威信来压制“本我”的冲动，于是便形成了反映绝对权威精神因素的“超我”雏形。“超我”技高一筹，它可以监视“本我”的冲动，并强迫“自我”去压制那些它所不容许的冲动。随着经验的丰富和知识的完善，“超我”也不断地得到充实和巩固。而“自我”，必须在满足“本我”要求与严峻的、不讲情面的“超我”之间保持平衡。为了描述这种处境，弗洛伊德说:“有一句成语曾告诉我们，人不能同时侍候两个主人。但可怜的‘自我’比这里所说的还要困难，它必须侍候三个严厉的主人，并且必须尽力和解这三者的主张和要求……这三个暴君便是外部世界、‘超我’和

‘本我’……‘自我’受到了三面的包围和威胁，当它被压迫得太厉害时，它的忧虑也越来越厉害。因为它命定要代表外部世界的要求，但它也愿意做‘本我’的忠仆……在另一方面，它的每个动作都为严厉的‘超我’所监视。‘超我’坚持一定的行为标准，根本不关心‘本我’和外部世界的任何困难。假如这些标准未被遵守，它就用紧张的感情来责罚‘自我’，使‘自我’产生一种劣等的犯罪感。正是这样，为‘本我’所激动、为‘超我’所包围、又为现实所阻挠的‘自我’努力担负起了调剂这种内外夹攻形势的任务。我们大可以明白为什么我们时常抑制不住地喊出这种呼声：‘人生不是容易的’。”

《梦的解析》是这种自我分析的继续。弗洛伊德说：“梦，并不是空穴来风，不是毫无意义的，不是荒谬的，也不是部分昏睡、部分清醒的意义的产物，它完全是有意义的精神现象。实际上，它是一种愿望的达成，它可以说是一种清醒状态精神活动的延续，它是高度错综复杂的理智活动的产物。”

可《梦的解析》销路一直不好，出版 18 个月后，没有一本科学性期刊提到它。科学史上很少有哪本书遭遇过这样的厄运：它遭到最愚笨、最恶毒的评论，被不学无术的人诬蔑为毫无价值，还被印在厨房的破纸上。这本书首次发行了 600 本，却花了 8 年才卖完，弗洛伊德一共只收到了 200 多英镑的稿费。

同许多正直的人一样，弗洛伊德对爱情和婚姻的态度始终是严肃的。弗洛伊德一共写了 900 多封情书给他的未婚妻，那是他们恋爱期间真实感情的晴雨表。

弗洛伊德也是一位和蔼可亲的父亲。大女儿 14 岁时，有一天他们一同散步，弗洛伊德请她走在他的右边，女儿的同学看到了，就告诉她：这样不对，儿女应该走在父母的左边。女儿骄傲地回答：

“我的父亲可不这样，和他在一起，我永远是一位女士。”

▲施温德的《囚犯之梦》刻画了在狱中的囚犯因不能出狱而只能通过幻想来满足自己的情景，弗洛伊德视之为“欲望实现”。

弗洛伊德与弗莱斯15年的友谊一共写出了152封信。弗莱斯逝世后，弗莱斯夫人把所有宝贵的信件和其他许多由弗洛伊德写的关于其著作的注释全部转寄给柏林的一位出版商，共有284件邮包。出版商还没来得及将其加以编辑就出现了纳粹政权。出版商飞到巴黎，把它们全部卖给弗洛伊德的研究生波拿巴特夫人，售价100英镑。她把全部文献带到维也纳，弗洛伊德为此而恼怒，他以犹太人特有的脾气对波拿巴特夫人说：“先把这些东西埋葬在地里一个礼拜，然后再把它挖出来。”

“再以后又怎么办呢？”

“再以后，你就把它扔掉！”

波拿巴特夫人深感惋惜，她选取一段念给弗洛伊德听，表示它们所具有的科学价值。但弗洛伊德仍然坚持毁掉，波拿巴特夫人却自己做出了明智的决定，她拒绝了老师的建议，而把文献储藏起来。当纳粹军队入侵到了奥地利，波拿巴特夫人只得以希腊和丹麦公主的身份，把这些文献从银行的保险柜里取出来，带到巴黎，后又转移到丹麦驻法公使馆，

▲“精神分析”最持久的标志：寝床

病人躺在弗洛伊德位于伦敦的最后居室中的这张床上，能够看到大量埃及、罗马以及东方的古董收藏品。弗洛伊德将居室布置成法老陵墓的样子，寓意了再生的希望。

最后才转移到伦敦。

面对纳粹的疯狂迫害，弗洛伊德表现得很镇定：“人们的担心和劝告毫无意义。如果他们把我杀了，那也好。这不过是和平凡地死去一样，没什么了不起。”

当柏林正式宣布弗洛伊德的书为禁书并焚烧了他所有著作时，弗洛伊德怒不可遏，大声疾呼：“这是人做的事吗？如果在中世纪，他们肯定会烧死我；而现在，他们只好满足于烧毁我的书！”

弗洛伊德还愤慨地说：“我永远不能理解为什么得为祖先感到羞耻，或如一般人所说的那样为自己的民族感到羞耻？于是，我义无反顾地采取了昂然不接受的态度，并始终都不为此后悔……”

临走之前，他还说：“在这黑暗的日子里，我们的面前只有两件值得高兴的事情——同大家生活在一起和在自由中死去。”

## 生命的流动

——柏格森（1859 ~ 1941 年）

说到当代著名的犹太思想家，就不能不提柏格森。

他既有哲学家的缜密思想和批判精神，又有文学家的丰富想象和强劲灵感。人们说他同时具有哲学家的头脑和文学家的灵魂，正是他卓越的写作才能使得他的哲学思想倍增光辉。为此，柏格森于 1927 年获得了诺贝尔文学奖，成为少有的以哲学著作获得诺贝尔文学奖的作者之一。

1859 年，柏格森出生于法国巴黎，是法兰西人与犹太人的后裔。从幼年开始，他一直很勤勉，求知欲成为他学习源源不断的动力。最初，他专攻数学和物理，可不久，擅长分析的他就接触到了潜藏于各门科学背后的形而上学问题；于是，他自觉地转向了哲学。

从巴黎高等师院一毕业，柏格森即被派到克莱蒙一费兰公立中学教哲学。10 年后，就在那里，他完成了第一部专著《时间与自由意志》。悄无声息地又过了 8 年，他的第二部著作《物质与记忆》问世，这也是他最难读的书。1898 年，他被聘为高等师院的教授；两年后，他又受聘于法兰西大学，从此便再也没有离开过那里。1907 年，他的杰作《创造性进化》驰誉全球，他仿佛一夜之间成了哲学界最显赫的人物；而他那些辉煌的成果，只差一点就被列入教会的禁书目录，那还是 1914 年的事，也在同一年，他被选入法兰西学院。

诚然，早期的信徒最可能成为叛徒，就像年轻的罪人最可能在老年成为圣徒一样。年轻的柏格森也曾是斯宾塞顽固的仰慕者，岂料，他研究得越多，就越强烈地意识到，自己注定会成为杀死唯物主义巨妖的“大卫”。柏格森如此迅速地名声大振，不就是因为他勇敢地怀疑所有怀疑者所虔诚信仰的东西吗？

**▶柏格森像**

第一次世界大战期间，柏格森曾担任多重外交任务。1920 年，国际联盟成立后，他出任知识合作委员会的第一任主席。

柏格森论辩道：我们自然倾向于唯物主义，因为我们习惯于从空间上思考问题；但是，时间像空间一样基本。毫无疑问，我们必须理解，正是时间包容着生命的本质，时间是一种积聚，一种生长，一种“绵延”。

而记忆呢，是绵延的媒介，是时间的婢女；通过记忆，过去的很多部分都富有生气地保留着，以后每有新情况便呈现出更多的空间。生命的规模扩大了，生命的机会增多了，生命的记忆力增强了，最后，多种可能的反应产生了意识。

那么，自由意志是意识的必然结论；自由，只是意味着我们知道我们正在干什么。显然，狗的平静既不是哲学的沉静，也不是海洋的静谧；那是它固有的本能，是动物机械生活的秩序，无须选择，也不能选择。动物的牢门一打开马上又关上了；它使劲地拉扯套在身上的锁链，结果，反倒把锁链拉得更紧了。对于人，意识砸碎了这锁链，在人那里，也只有在人那里，意识才创立了自己的自由。

从我们的眼睛来看，电影犹如活的一般；莫非科学领悟了生命的绵续？恰恰相反，正是在这里，理智暴露出了自身的局限。电影并不是运动的真实写照，而只是一组瞬息即逝的照片；它们那么迅速地摄下“快照”，并同样迅速地投射到屏幕上，观众们欣赏到的只是延续的幻影，就像一组翻动的连环画。但那终究只是幻影，电影只是一组照片，照片上的一切都静止不动，仿佛永远凝固了。

理智却是流动的，生命也是流动的！

在精神领域里，物理学概念是何等的不相宜；如果最终陷入绝境，那是我们自己的过错。思想的一刹那可以环行全球，一英里很容易被想象为半英里；人们千方百计要把思想描绘成空间中运动着的物质微粒，或是限于空间的翱翔，思想却努力地逃避这一切。生命回避那些“立体”

概念，因为它宁可是时间物，而不愿是空间物；它不是位置，而是变化；与其说它是量，不如说它是质；它不只是单纯的物质与运动的再分配，却是涓涓流淌而永不停息的创造。

其实，生命原本和物质一样懈怠，它仿佛太纤弱，而无力承担运动的风险。在第一条线路上，生命堕入了植物那种迟钝，偶然获得了苟安的稳固，胆怯地残喘上千万年；在第二条线路上，生命的精神和努力凝缩成本能，像蚂蚁和蜜蜂；在第三条线路上，具有自由能量的脊椎动物，毅然抛弃了现有的本能，勇敢投入了无尽的思想冒险。生命不满足于像羞怯的百合和高贵的橡树那样死守着家的生存；它丢弃盔甲、鱼鳞、兽皮和其他累赘的保护物，向往鸟类悠闲的飞翔和冒险的自由。本能依然是观测实在、把握世界本质的最深刻方式；然而，理智总是在发展，越来越强壮大胆，最后成了生命乐趣与希望的寄托。

于是，古罗马军团取代了古希腊笨拙的步兵；身着铁甲的骑士不得不让位于轻便敏捷的步兵；一般情况下，生命进化，就像人类社会的发展和个人命运的变化一样，冒的风险最大，成功也常常最大。

工具可以推进生命，同样也能阻碍生命。那些巍然骇人的洪荒巨兽，正由于其笨拙的保护才丧失了对地球的统治权。看见一个生命物行动起来，像一架机器，我们就会笑；看见剧中小丑漫无目的地转悠，而后，倚靠那并不存在的柱子，我们就会笑；目睹亲爱的人跌倒在有冰的小径上，我们常是先给逗笑了，而后才予以安慰。这种与神混同的几何生命，确是滑稽可笑的根源；说人是机器，简直荒唐可耻；说哲学应把人描绘成机器，更加荒唐可耻。

谁能说生命最终不会战胜自己古老的敌人？

如果时间充裕，对生命来说，一切皆可能。动物高于植物，人跨过了动物，整个人类，在时间和空间上，都是一支庞大的队伍，以排山倒海的强大攻势，横冲直撞，能推翻一切阻挡，消除最坚固的障碍，甚至还包括消除死亡。

哲学是时代的晴雨表。“我相信，搞哲学辩驳常是虚掷光阴。许多思想家相互争吵、指责，但被攻击的东西现在还剩什么？没有什么，或者确切地说少得可怜。有价值而长存的只是每个人贡献给绝对真理的微小部分。正确思想自会取代错误，它本身就是最有力的辩驳，用不着我们劳神去批驳谁。”

这是柏格森智慧的呼声。我们证明或驳倒一种哲学时，不过抬出了另一种哲学，它们都一样，都是经验与希望的混合，都难免错误。随着经验的丰富和希望的变化，我们会从过去唾弃的谬误中找到更多的真理，也会从年轻时所信仰的永恒真理中发现更大的谬误。我们奋身反叛那玩世不恭，那凶横残暴；一旦死亡猝然在山脚隐隐闪现，我们就试图逃避，而躲进另一个希望。

读柏格森的著作，首先打动你的是它光彩夺目的风格，不是怪谲的激情，而是沉静的明畅，仿佛决意要继承法国诗文简洁明了的优秀传统。若说法语错了，不如说其他语言有毛病；因为法国人决不容忍晦涩，如果柏格森偶尔蒙眬一下，那只是由于他无度地运用了想象；他酷好比喻，善于不时以此机巧地代替苦心的实证。我们警惕这位意象的编造者，就

▲柏格森认为，在进化过程中，一种持续的冲力把有机体引向更高级阶段，这种冲力就是“生命力”。

要像提防珠宝商一样；同时，我们也不得不感激地承认，他点出了本就比谎言更清晰的真理。

以直觉取换思想，犹如用孩童的神话去修正青年的空想，同样是不明智的。我们改正错误，应向前看，而不是朝后退。世界遭受了理性太多的折磨，说这话可需要疯子般的勇气。人类靠本能生存，但要凭理智进步。

柏格森对达尔文主义的批判自然渊源于他的生命论。他继承了拉马克所建立的法国传统，认为生命是积极的力量，勇猛地坚守着欲望。应该佩服柏格森，他为此做了充分的生物学准备，熟悉大量的文献，熟悉更多的期刊杂志。那些知识存储起来，可以受10年的检验，而他谦虚地奉献出自己的一切。

柏格森痛斥它，既不批判认识能力，也不采用唯心主义的争辩，说什么物质只有通过心灵才能被认识；而是仿效叔本华，在主观世界和客观世界中，寻求一种精力旺盛的原则，一种能动的生命原理，以便更充分地理解生命的神奇和微妙。生命论从未得到过如此有力的证明，也从未装扮得这么楚楚动人。

柏格森替那些永远闪现在人类内心的希望辩护。当人们明白他们可以相信灵魂不死和神灵，而又不失敬于哲学时，就欢天喜地、感激万分；于是，讲堂变成了沙龙，那些华贵的夫人雀跃不已，因为如此博学的雄辩支撑着她们内心的希望。奇怪的是，偏激的工团主义也与她们混在一起，从柏格森对理性主义的批判中，找到了证明他们“少一些思想，多一些行动”信条的证据。

显然，突如其来的声誉需要代价。见到柏格森思想的矛盾情形，大批信徒纷纷离去，柏格森的命运也是如此的悲惨凄凉，竟活着参加了自己声誉的葬礼。

不过，柏格森对当代哲学的那份献礼，仍然是最珍贵的。

## “还原”胡塞尔

——胡塞尔（1859 ~ 1938 年）

如果试图把胡塞尔的技术用语转换成较通俗易懂的语言并丝毫不扭曲他的原本意义，这几乎是不可能的，所以，一般人难以接受这种挑战。

胡塞尔虽是犹太人，但他家的宗教气氛十分淡漠，他因而得幸自由自在地生活。胡塞尔对小时候印象最深的就是在冬天常常做的一种游戏：烟雾从玻璃工场的烟囱里冒出来，在阳光的照射下犹如梦幻一般，他拼命地追逐。而最有趣的是，他曾经同别的小孩子打赌，他敢在高高的大墙上奔跑，他记得当时自己很骄傲，跑起来像匹强壮的小马。一天，有人送给小胡塞尔一把小刀，可他觉得小刀不够锋利，就不断地磨它。他原本只想让小刀更锋利一些，却没想到，他越磨，这刀刃就变得越小，最后几乎没有了……每当说起这些事，胡塞尔的语调都是悲哀的，他似乎认为它们具有某种深刻的象征意义。

一次偶然的机会，进入德国莱比锡大学的胡塞尔得到了一架由蔡斯工厂生产的望远镜。他对这架望远镜进行了仔细详尽的检查，在一个镜片上发现了一个污点。他很快把这架望远镜寄回给耶拿的蔡斯公司，随后收到当时的公司经理阿贝教授的回信，信中应诺胡塞尔将来可以进入蔡斯的研究所工作，因为他在那架望远镜上发现的污点没有被蔡斯工厂的任何一个检验人员发现过。阿贝教授相信胡塞尔肯定有远大的前程。

三年后，胡塞尔注销了他在莱比锡大学的学籍，在柏林大学注册。又一个三年后，胡塞尔在柏林大学注销了自己的学籍，就读于维也纳大学。

胡塞尔的父亲是个正统的奥地利人，他希望儿子能够在维也纳获得博士学位。虽然胡塞尔觉得自己在柏林大学时已有足够的能力获得博士学位，但他思想上还不清楚应该以什么为题。他在维也纳大学也一再地推迟博士论文答辩日期，这使他的辅导老师们有些恼火，那一再推迟的日期被粉笔不断改写在哲学系办公室的柜门上。不久，父亲去世，这对胡塞尔是有生以来第一次最大的震撼，他甚至说，因自己如此轻易地遭受这样的损失而感到羞愧，一种默默的、悲痛的、无穷无尽的对父亲的思念萦绕着他的一生。

早在莱比锡大学，胡塞尔就结识了大自己 9 岁的同乡马萨利克。这位后来的捷克斯洛伐克共和国总统是胡塞尔大学生活的引导者和亲密朋友。正是在马萨利克的指引和帮助下，胡塞尔受洗了基督礼仪；也正是在马萨利克的劝导和带领下，胡塞尔成为塔诺教授一位毕恭毕敬的学生。

▲胡塞尔像

1933 年以后由于受到纳粹统治的限制，胡塞尔无法再从事学术活动。1938 年 4 月 27 日逝世。现在他的作品《胡塞尔全集》已整理出版。他所开创的现象学在全世界范围内产生了广泛的影响，而且研究不断深入。

胡塞尔写道：“当我对哲学的兴趣越来越大时，我犹豫不定：我应该继续选择数学作为终身职业呢，还是应该把一生贡献给哲学。正当此时，布伦塔诺的课使我做出了最后决定。我开始去听他的课，纯粹是出于对这位当时在维也纳街谈巷议的人物的好奇。尽管我有许多先入之见，但还是无法长久地抵御他的个性魅力。从他的讲座中，我首先汲取到了一种信念，这给了我选择哲学作为终身职业的勇气，这种信念就是：哲学也是一个严肃的工作领域，哲学也可以，并且也必须以严格的科学精神来加以探讨。”

胡塞尔陪老师度假，他们一同散步、一起划船、一块儿玩牌，关系越来越亲近。布伦塔诺和夫人还一起给胡塞尔画了一张像，并当作圣诞礼物寄给了胡塞尔的未婚妻，那是一张令胡塞尔很喜欢的画像。每当胡塞尔想起那时候，那温泉的美景，那湖面上的荡漾，那铁匠铺的锤打声……都一一清晰地浮现在他的面前。

若干年后，当布伦塔诺流亡佛罗伦萨时，胡塞尔还前去拜访他。几近失明的老人仍然带着胡塞尔四处游览，为他介绍美丽的风光。胡塞尔禁不住对这位天才的哲学家和导师表示感激和尊敬，布伦塔诺仍然具有强烈的影响力，在他面前，胡塞尔感到自己还是个面带羞涩的新手。

任何时候，无论是服兵役、生病休息还是旅行，胡塞尔从来都没有忘记过读书，也从来没有停止过对问题的思考。虽然婚后生活清贫拮据，虽然工作的进展艰难，但这都没有影响他的学术兴趣。弗朗克孤儿院大门上的拱石雕刻着耶赛亚诗篇中的一句话：“期待着上帝的人们，必然得

▲会堂里的犹太人 伦勃朗 荷兰

胡塞尔虽然出生于一个犹太家庭，但由于家庭里的宗教气氛比较淡漠，所以他从小生活就比较自由。

到新的力量。”

这句话成了胡塞尔的生活格言。

在哈雷大学，胡塞尔好不容易通过了博士资格确认的答辩，又好不容易得到了哲学专业的讲师职位，还好不容易获取了讲课资格。他原本以为自己已经逐渐成熟，能够以自己的智慧和才华为社会服务，可生活并不容易。

哈雷大学刚开始给胡塞尔安排主讲《数学哲学问题选讲》和《伦理学》时，前一门课上有八名学生，后一门课则只有两个学生报名，他只好将其取消了。

某一年的 3 月，教育部以没有名额为由拒绝了哈雷大学哲学系提出的关于胡塞尔晋升教授的申请，却给了他一年的编外讲师政府资助。此后，每年 3 月对胡塞尔来说都是前程攸关，他的编外讲师资助被一再地延长。当他最后一次收到通知时，工作职位的情况对他显得尤其紧迫。胡塞尔必须努力进行现在的工作，同时应该积极争取新的位置，而他还要为自己著作的付印做好一切准备。

就是在这样的环境中，胡塞尔保持着美好的心情，因为他的研究在艰难的思索中取得了重大的进展，他自己说：“我的成功与失败、幸福与不幸，都和我的研究工作密切联系在一起了。”

又一年春天，普鲁士政府提议给哥廷根大学增设一名编内副教授，议会通过后，教育部决定把这个职位给胡塞尔，却遭到了哥廷根大学的拒绝。为此忧心忡忡的胡塞尔最后还是接到了正式任命，于是，他以《逻辑研究》结束了个人历史的哈雷时代，并说它不是一个结束，而是一个开始。

胡塞尔第一部科学著作《算术哲学》的出版，引起了当时德国哲学界和逻辑学界的一场争论。胡塞尔在受到批判后逐渐认识到，他必须超越心理主义。

“对已经犯过的错误进行批判，这是最严厉的事情。”

而自己对自己进行严厉的批判，这是胡塞尔的奇特经历。

当普鲁士国家教育大臣任命胡塞尔为哥廷根大学哲学系的副教授时，又一次遭到了大学方面的反对。但胡塞尔并不注重自己的地位和生活处境，他愿意在哥廷根感受比哈雷大学更为浓厚的学术气氛。

毕竟，胡塞尔已经开启了他的鼎盛时期，一大批年轻的学者聚集在他周围。他为学生们创立了一个自由讨论的活动方式，叫作“哲学的下午”。每逢星期六下午，大家便聚集在一起，就某个哲学问题畅所欲言，自由地发表意见，所有参加者都很认真、很投入。胡塞尔也自己鼓励自己：“要加油！这才能够卓绝出众！”

当教育部提议任命胡塞尔为正教授时，哥廷根大学哲学系再一次拒绝接受，理由是胡塞尔缺乏科学水平。胡塞尔只好仰天长叹，请求老天赐予力量，使他能永不疲倦地在科学事业上继续奋斗。一旦投入研究领域紧张的工作，胡塞尔就倍感精神，疲倦和萎靡都消失了，犹如一条顺风的帆船。为了实现自己的目标，为了成为一名真正的哲学家，胡塞尔开足马力地工作着。

一战中，胡塞尔的一个儿子阵亡，另一个儿子头部受伤。不久，母亲的去世让胡塞尔的情感世界又一次经历了巨大的忧伤。对母亲的思念遂成为他日常生活的主要内容，这种忧伤和思念曾一度主宰着他。

诚然，学生们为胡塞尔举办的生日庆祝会让老人体验到了学者的荣耀和价值。在用鲜花和棕榈叶装饰的讲坛上，许多学生都热情洋溢地发表了称赞之辞，他们一次又一次地对老师发出祝贺的欢呼。胡塞尔也致以了热情而简短的答谢词：“我必须进行哲学思考，否则我就活不下去。”

一战后，胡塞尔是第一个被法兰西伦理学政治科学院授予“荣誉院士”称号的德国人。晚年的他还获得了许多的学术荣誉，但实际陪伴他的只有宁静和寂寞。

78岁时的胡塞尔已经没有了工作能力，并且常常处于犹豫之中。但他念念不忘的还是未完成的著作，他曾对护士说：“我还要写完一本书，我应该能够做到这一点。”“生与死是我的哲学的最后追求。我作为哲学家活了一辈子，我想作为哲学家死去。”

再后来，他不能说话了，可内在的精神生命却还十分顽强。

1938年4月27日凌晨5时45分，胡塞尔在弗莱堡家中去世，享年79岁。

▲花瓶和鲜花　阿姆布洛修斯·博斯夏特　比利时 1618年

在胡塞尔看来，哲学应当建立在考察直接经验的方法基础上，即当一个人观察一个物体时，比如说观察插在花瓶中的一束鲜花，他意识到的是物体，而不是自身。

胡塞尔被葬在弗莱堡。他的妻子和儿子死后也葬在这里，永远地陪伴着这位伟大的思想家。

## 婚姻的革命

——罗素（1872～1970年）

罗素的一生很像他的哲学，饶有趣味而且独特无双。

他出生于英国乃至世界上最古老最有名望的一个家族，那个家族向英国输送政治家长达几代之久。他的祖父是自由党的首相，曾为了自由贸易、为了普及义务教育、为了解放犹太人、为了各个领域的自由而顽强不屈地奋斗。他的父亲是自由思想家，并未让儿子背上西方世袭神学的沉重包袱。罗素自己也是第二代伯爵的假定继承人，但他拒绝了这种惯例，高傲地自谋生活。

早年跟随哥哥学习欧几里得几何学激起了罗素极大的兴趣。也许是矫枉过正吧，他强调逻辑之效力，创造了数学之神奇。人们印象中的他，就像一个临时获得生命的抽象物，一套长有腿的公式。在罗素眼里，除了数学之神，再无别的什么上帝。

“即使世界毁灭了，也比我或者其他什么人相信谎言要好……这是思维的宗教，它的熊熊烈火正在将世界的渣滓化为灰烬。”

面对这门高贵科学，罗素激动得几乎浑身颤抖。

“数学，正确的理解是，不仅拥有真理，而且美丽非凡——宛如雕塑之美：静穆庄重，无须求助于我们任何软弱的天性，也无须绘画音乐的华丽装饰，却崇高、严密、俊美，只有最伟大的艺术才能完美到如此登峰造极的地步。”

将所有哲学简化成公式，剔除其一切特有内容，不厌其烦地把它压缩为数学——就是这位新毕达哥拉斯的雄心壮志。

“普遍世界也可描述为存在世界。存在世界不变、严密、精确，它能赢得数学家、逻辑学家、形而上学体系的建造者和所有爱完美甚于生命的人的欢喜。”

▲逻辑实证主义者一直致力于纳粹宣传中的夸大之辞，从而有力地批判了法西斯的意识形态。

罗素当数学是美妙迷人的游戏，用来消磨时光。他沿袭英国传统，并下定决心要意志坚强，因为他怕自己可能做不到，而他晚年也承认自己没有达到目的，成了分析哲学家中“形而上学”传统最多的一个。

罗素的不专情，碾碎了他的第一次婚姻，也埋没了他 17 岁的美丽初恋。

1914 年的某一天，罗素在哥伦比亚大学演讲，看上去，他的面容宛若他的话题“认识论”一般瘦弱、苍白，人们以为他随时都可能死去。谁料想，第一次世界大战刚爆发，这位敏感柔情又爱好和平的哲学家，因亲眼目睹了欧洲大陆由最文明状态溃退到野蛮状态而悲痛万分。

在完成了几大卷学问渊深、缥缈的著作后，罗素突然降到了地面，开始极其热情地评说战争、评论政府、评议社会主义和革命来。令人惊诧的是，他未曾一次再使用过《数学原理》中那重重叠叠、完美无瑕的公式了。

一个罗素已经死了，剩下一把骨灰；另一个罗素脱去数理逻辑的寿衣复活，作为一个近乎神秘的共产主义者获得新生。

紧接着，伟大的疯狂来临。从前默默无闻的罗素而今猛然冲闯出来，像获释的火焰，让全世界惊愕。这位瘦弱的贫血式学者竟拥有无穷的勇气，狂热地爱着人类；他踱出了公式的隐居幽室，不可遏止地痛斥战争。

当剑桥大学撤销了他的教授职位并解雇他时，他就像另一个伽利略被孤立在伦敦的一个狭小市区里，却还不肯罢休。惊慌失措的英国人钦佩他的诚实，却也怀疑他的智能；面对这惶惑的变化，他们竟一时表现出前所未有的极端不宽容。尽管出身显贵，罗素却遭到社会的驱逐，被痛骂为奸细；在战争的漩流中，他自己的生存危如累卵，却仍严阵以待；他变世界为大学，成了逍遥出游的智者。

在这反叛的背面，潜伏着对血腥残杀的深恶痛绝。罗素到底还是有感情的，他觉得那些年轻的生命并不值得那么满心骄傲地去冲杀、去送死。他开始着手探寻，在社会主义中找到了一种经济分析和政治分析，便立刻揭示出这病因是私有财产并指明治愈的唯一办法是共产主义。

诚然，尽管失之于希望总比误之于绝望要好，但所有这一切都过于乐观了。

罗素的亲身经历对他的美妙想象进行了最苛刻的批评。在俄国，他亲眼目睹了创造社会主义国家的尝试困难重重，这几乎摧毁了他自己对目标的信仰。

多年以后，罗素仍然矍铄有神，心情愉快，精力充沛，还带着原有的反叛劲。那曾几乎摧毁他一切希望、疏远他所有友谊、完全割断庇护过他贵族生活联系的干扰，使他信服了。相对于他的公式，世界太庞大了，不可能迅速驶入理想的港湾，罗素渐渐懂得了社会变革的艰难。

到中国讲学的一年，罗素感到自在多了。身体健康的他却在中国生了一场大病。病后，他拒绝任何采访，一家对此很不满意的日本报刊谎登了罗素已去世的消息。后来，虽经多方交涉，这家报馆仍不愿收回此消息。在回国的路上，罗素取道日本，这家报社又设法采访他。

作为报复，罗素让秘书给每个记者分发印好的字条，纸上写着："由于罗素先生已死，他无法接受采访。"

罗素是特立独行的，他以为学校是乌托邦的开门咒。回国后，他便和第二个妻子一起共同创建了一所教育实验学校，取名"灯塔山庄学堂"。

这里拒绝对学生进行任何宗教教育，也禁止宣扬任何一种宗教信条；这里不偏袒任何一种宗教，认为那都不过是人们必须加以研究和对比历史的习俗手法；这里让孩子们享有相当大的自由，容许他们嬉戏打闹，甚至光着身子做体操。

可是，占支配地位的守旧派和新闻界不欢迎它，罗素自己也不满意，因为他未能在自由和管理之间找到一条亚里士多德式的中庸之道。

自由是至高无上的善；如果没有自由，就无所谓人格。言论自由、思想自由犹如一池清泉，永远荡涤着人的病态与迷信，罗素也以表彰其多样且重要的作品，持续不断地追求人道主义理想和思想自由而获诺贝尔文学奖。

罗素的第二次婚姻很快又因他与一个美国记者的婚外情而告终，他却与另外一名牛津大学学生再度结婚，两人生得一子并最终继承了罗素的爵位。罗素为此搬到美国，在加利福尼亚大学洛杉矶分校讲学，并很快被任命为纽约城市大学教授。但当这个消息一曝光，地方法院立刻取消了他的教授资格，认为他在道德上无法胜任教授职位。他只好回到英国，重新执教于三一学院。

80 岁的罗素第四次结婚，和一名美国的英语教授。又是一个美国人出现在罗素的罗曼史上，可他却曾因诽谤美国而被关进了监狱。

那是一战接近尾声时，他为一份报纸写社论，其中提出，如果英国政府不接受德国的和平建议，那么战争状态的继续会引起遍及全欧洲的饥荒和暴乱。他宣称，这个事态将会导致美国军队进驻英国和法国。他还暗示，正如美国兵力镇压自己国内的罢工者一样，它很可能恫吓英国的罢工者。于是，罗素服刑六个月。

▲罗素与示威者在伦敦国防部门外静坐，抗议英国的核政策。罗素晚年关注政治，1958 年任核裁军运动的主席，1960 年辞任，继而组织一个激进的核裁军 100 人委员会。

89 岁高龄时，罗素又一次被判入狱，因为他煽动民众以非暴力方式反对核战争。由于年事已高，两个月的刑期被减为在监狱医院监禁两个星期。

这个极可爱的人，从事着最渊深的哲学、最精微的数学；沉溺于思想的乐园，散发着情感的光热；他不是朝臣，只是一位君子。

然而，罗素的童年并不快乐，两岁丧母，四岁丧父，六七岁时祖父去世。于是，他早年的教育和培养在祖母的指导下进行，她是一位严厉的信教女人。罗素后来回忆道，那是一种充满了“愚蠢禁律”的压抑生活。

像绝大多数人一样，罗素是在信仰上帝的过程中长大的；像绝大多数英国人一样，他是在家庭以及学校两个场所被教育成一个基督徒的；但是，像绝大多数有哲学才能及理智能力的人一样，他不可避免地怀疑起了上帝的存在及基督教的信念。最终，他注定变成不可知论者及反基督徒。他瞧不起这种文明：迫害否认基督教的人们，又禁锢虔敬基督教的人们。矛盾重重的世界里，他只见到一个诙谐幽默的魔鬼精灵墨菲托菲利斯，在施分外刁钻妖术的当口，玩弄着这个世界。

“人的生命短暂而无力：对他及其同类来说，那缓慢但却一定会到来的末日审判必将是残酷的、黑暗的。对于人类来说，今天注定要失去最亲爱的人，而明天自己却也濒临痛苦的边缘。不过，在灾难来临之前，唯一可做的事情就在于拥有高贵的思想、一种可使所剩无几的来日变得有尊严的高贵思想。”

有一天，一位朋友来看罗素。进门后，只见罗素正双眼凝视房屋外边的花园，陷入沉思。朋友不禁问道：“您在苦思冥想什么？”

“每当我和一位大科学家谈话，我就肯定自己此生的幸福已没有希望。但每当我和我的花园聊天，我就深信人生充满了阳光。”

“那你觉得你的人生幸福究竟在哪里呢？”

“并非布满繁星的天空而是它们在有感知能力的人类身上所产生的效果，才是最卓越的。为宇宙之大而崇拜宇宙，是奴性的、荒唐的。因此，我在理智上赞成人道主义，尽管我在感情上强烈地反对它。在这方面，‘哲学的慰藉’并不是对我而言的；相反，以一种更纯粹的理智的方式，我已经在哲学中找到了和任何人所能够合理期待的东西一样多的满足。”

罗素差不多活了一个世纪，他虽身材瘦长不健壮，却精力充沛、体力过人。

76 岁那年，他在险遇“水上飞船”撞毁事件之后竟得生还。飞船原本要在寒冷的北海登岸，却没能按正确的方位在水域降落，致使 19 名乘客丧生。罗素靠着游泳安然脱险，人们问他在游泳以求活命的时候有什么感觉，他简单地回答了一个字：“冷。”典型的罗素式语言闻名于世。

他的小儿子记得父亲在 95 岁时行动还很敏捷，常常攀越在北威尔士的住宅阳台栏杆，欣赏落日余晖中的斯诺登群山。

就在去世的前两天，他还公开谴责以色列对埃及的轰炸，宣称以色列拿埃及人过去的罪孽为其轰炸的借口不过是一种伪善。

## 人的存在是自由的

——萨特（1905 ~ 1980 年）

1905 年 6 月 21 日，萨特出生于巴黎一个海军军官家庭。父亲在萨特 15 个月大时就因病去世，他便随母亲一直住在外祖父家。

外祖父母都是读书人。外祖父虽然鼓励萨特发展对优秀文学作品的爱好，却警告其不要成为作家，因为那是个不可靠的职业。外祖父在同儿子们吵架以后，就喜欢塑造外孙的品性；萨特时而对外祖父高品位的文学价值深表忠顺，时而又梦想成为一个践履者、一个在危难中解救少女的游侠骑士、一个与恶魔决斗的勇士，他在确立自我身份的过程中，饱受着拉锯战的煎熬。

就像他后来论证的：在 8 岁到 12 岁之间，每个孩子都在为自己的存在做出某种基本的选择。这时的他，也确信自己命中注定会成为一名作家，是命运准允他以同文字世界不可分割的方式确证他存在的合理性。他会成为某个英雄，但那武器只会是笔，而不会是剑。所以，萨特在日常写作中，一直宁愿选择笔，而不是打字机。不过，他还是对此产生了怀疑："无论我多教条，我还是怀疑一切，除了'我是怀疑者'，我不怀疑。我用一只手把我用另一只手所破坏的东西建设起来……长久以来，我把笔当剑；我现在明白，我们软弱无力……文化救不了任何事或任何人，它没法合理化。"

这是他关于 10 岁时的自传《词》，因为这篇自传他被推选为 1964 年的诺贝尔文学奖获得者。但他拒绝接受这个奖项和附带的 2600 万法郎，因为他不希望被贿赂，不愿意显得被资产阶级的机构收买。他注意到，瑞典科学院此前从未把这个奖项授予给任何一个马克思主义的作家。

▲自由领导人民　德拉克洛瓦　法国

多年来，萨特一直表现出对穷人的关心以及对各种被剥夺权利者的同情，他坚信自由是人类斗争最有力的工具。

1917 年，母亲改嫁带给了萨特最不幸的三年。他不喜欢继父，尽管继父对他宽厚仁慈，可他还是鄙视其专断作风和资产阶级价值观。于是，萨特开始与同学打架，并通过卖掉家里的书或从母亲的手袋里偷钱买来糕点交换友谊。直到被家人逮着了，他才尝到了小偷的耻辱。此后，要是一个硬币掉在了地上，外祖父宁愿自己费劲地弯腰捡起来，也不愿让这个不诚实的外孙收起来。

大约就在这个时候，萨特突然意识到自己不再信神了。

“早晨，我同邻居家的女孩们一起坐有轨电车……她们上女子中学。一天，我正在她们家外面来回踱着步子，等着她们准备好出门。我不知思绪从何而来，也不知它是怎么打动我的，然而，一切都在那瞬间，我扪心自问：‘可上帝是不存在的啊！’……反思起来，令人惊异，当时我才 11 岁；直到今天，我再也未反问过自己，整整 60 年了。”

波伏娃是萨特最亲密的朋友和知己，他们的这种关系保持了整整 50 年。1929 年的夏天，他们在巴黎大学初次相遇。当时，他 23 岁，她 21 岁，两人都在准备相当于博士水平的哲学教授资格会考。成绩公布后，头年写作不及格的萨特得了第一名，而波伏娃是第二名。于是，他们成为志同道合的情侣，但并没长久几年，持久下来的却是相互诉说几乎所有事情、分享一同游玩和共同工作带来的快乐。萨特的写作速度非常快，大约一天 20 页，通常又很潦草，他就倚赖波伏娃校读草稿、提出修改意见，并且他往往都能采纳她的建议。如果没住在一起，他们就交换信件，那里面饱含的丰富资料和信息简直成了他们的优美自传体作品。

到底是谁影响了谁呢？

波伏娃坚持认为，她不同于萨特，她不是一个原创性、有体系的哲学家，她只是追随了萨特的哲学道路，但这种看法遭到众多女权主义者的质疑：萨特和波伏娃是否不愿把私生活的细节公之于众，因而也密不透风地隐瞒了彼此心智上的相通呢？

在遇见萨特的两年前，波伏娃曾写过一篇学生日记，对某些萨特后来同样涉及到的哲学话题流露出了同样的兴趣，但她对这些话题重大方面的处理同萨特所拓展出来的处理方式有差别。不过，当他们开始了学术上的合作共事，他们各自观点上的差异就很难察觉了；并且，这种主题共享、解决方式细微分殊的格局持续了好多年。20 世纪 40 年代，他们都在进行“他者”的研究，但着重点各异；最终，波伏娃关于由社会所建构、生成的“他者”概念被证明更具影响力。

其实，就算萨特是个高明的借用者，可谁又不是呢？波伏娃完全理解。

在波伏娃的提议和支持下，萨特以其作家的天赋和对神话的喜好，写成了《忧郁症》。当他满怀信心地将这辉煌成果交给著名的出版商伽利玛时，却遭到了拒绝，他震怒了：“我把我的一切都投注到这本书里了……拒绝了它就等于拒绝了我。”

那年的圣诞节，萨特看见波伏娃就忍不住涕泪俱下。万幸的是，有两个朋友为其策划了一个机会，伽利玛亲自读了这本书，便与萨特见了一面。这本书被改名为《恶心》后出版发行，遂成为萨特最经得起时间检验的作品，也是他所有小说中哲学内涵最丰富的，他因此实现了作家的抱负。

二战中，当德国侵占了波兰，萨特响应服兵役的义务，被派遣到距前线 13 英里的一个小村庄，为法国炮兵从事风力测量工作。在德国闪电战的控制力下，法国军队节节溃败。就在萨特 35 岁生日的那天早上，他被关押起来，俘虏他的是开战以来他所见到的第一批德国士兵。

虽然，战俘营的生活比较残酷，萨特却学会了从狱友们不融洽的交往中体验乐趣，“我所心仪的是归属到一群人中去的合群感”。他一边交朋友，一边思考着；那段岁月的确值得感念，但 9 个月后，萨特利用假医疗证获得释放。

自由后，他很快写完了他最重要的著作《存在与虚无》。在论证无限的自由、无限的责任和虚假信念的徒劳过程中，他被标榜为人道主义的存在主义者。

按照波伏娃的说法，“存在主义者”一词是杜撰出来的，当该词被人援用到她与萨特头上时，他们自己都感到非常惊讶。最初，他们拒绝被如此标识，后来，他们却把它拥为自己哲学的一面旗帜了。

在存在主义形成过程中发挥了重大作用的雅斯贝尔斯也说：“我一直对萨特心怀敬意。他不仅仅是位思想家、一位现象的分析者。出于他那充满创意的写作，他为这种哲学赢得了相当广泛的听众……可以没有存在主义者，不可以没有萨特。”

尽管现象学使萨特把杏果鸡尾酒哲学化了，但人一出名，就不再可能待在咖啡馆里安静舒适地写作了。萨特乐于与自己进行思想斗争，比起他写过的书，他总是对正在写的书更感兴趣，也总是希望他最新获取的洞见会更具真理性。诚然，朋友们除了不安就是惊讶，萨特竟在逝世前一个月放弃了马克思主义，确认了希望、民主的理想和建立在普世兄弟情谊上的道德未来；这位总愿反对自身、逆向思维的哲学家，希望世界能从他的存在所呈现的具体现实中发

▲1970年萨特走出书斋，参加一些他认为革命的活动。照片中他正在“用行动来承担义务而不是言词”的口号下，出售左派报纸《人民的理由》。

掘出意义来。

1980 年 4 月 15 日，萨特在昏迷中与世长辞。在失去知觉前的一瞬间，他告诉波伏娃:“亲爱的，我多么爱你！”运送遗体的灵车从医院出来后，跟着大约 5 万人！他们同守候在墓地的另一群人会聚到一起。许多人不得不站到墓碑顶上；为了把棺材从灵车上卸下，不得不疏散群众。没有任何讲话和仪式。波伏娃要了一把椅子，在尚未封土的墓穴前坐了 10 分钟。几天后，萨特的尸体被从墓穴里移出，送去火化了。

# 下篇 生活中的哲学

Philosophy In Our Life

# 谁需要哲学？哲学有用吗？

## ——哲学烤不出面包，但能让面包更加香甜

## Philosophy：找到一切智慧的“根”

对于多数人来说，“哲学”是一门枯燥、抽象而又空洞的学科。很多人认为哲学家是空想主义者，他们所说的话全凭个人想象，毫无科学论据，而且往往把一些简单的东西说得极为复杂，把你原本懂得的东西说到你不懂为止。还有的人嘲笑搞哲学的人都是疯子，最好的例证就是尼采，尼采把哲学研究得足够通透，可惜，他却疯了。

难道哲学真的这样一无是处吗？

经常去图书馆查看资料的人一定会发现，哲学的编号是“1”，这又作何解释呢？这是因为哲学是一门具有基础性与整合性的学科，既为一切知识奠基，又能统合所有的知识。Ph.D.（博士学位），就是Doctor of Philosophy（哲学博士），这又充分说明了哲学是所有学科的最高境界。

英文philosophy（哲学），这个词是从希腊语philo-sophia转变而来，philo意思是“热爱”，sophoia的意思是“智慧”，哲学因此被称为“爱智慧的学问”。

很多人认为“爱智慧”就是“有智慧”，实际上，它们是两种不同的境界。“爱智慧者”与“有智慧者”虽然只有一字之差，含义却根本不同。前者指追求确定真理的哲学家，后者指靠炫耀技巧赚钱的“智者”。

在古希腊前期的城邦中出现了这样一批“智者”，他们自称是“有智慧”的人，通过传授给别人辩论和修辞的技巧来获得报酬。智者虽然是“有智慧的人”，但却不是以智慧为追求目标的“爱智慧的人”，与其说他们传授的是“学”而不如说是“术”，智慧只是他们用来达到使用目的、获得报酬收益的手段。柏拉图站在哲学家的立场上，把智者斥为“批发或零售精神食粮的商人”。在柏拉图看来，真正的哲学是不计较功利目标的，真正的哲学家是“爱智慧的人”，典型的代表便是他的导师苏格拉底。

苏格拉底是古希腊伟大的哲学家，他出生于雅典的中产阶级家庭，父亲是石匠，母亲是一个助产婆。传说苏格拉底面容丑陋，身材矮小，步履蹒跚，这与智者温文尔雅的形象相去甚远。他平时像一个智者一样生活，以教育青年为已任。但他与智者有本质上的区别：他从不收取学生的学费，更反对诡辩和似是而非的夸夸其谈，他自称是没有智慧但爱智慧的人。哲学对于苏格拉底来说不是纯思辨的个人私事，而是他对当时自己所生活的城邦和时代所尽的义务。在此意义上，他自称是针砭时弊的“神圣牛虻”。苏格拉底的言论使有些人感到了恐惧，为此他遭到了所谓“有智慧”的智者的反击和污蔑。同时，很多雅典人也不理解苏格拉底的意图，认为他既然没有智慧，又为何来教导雅典民众呢？苏格拉底最终被诬陷为“亵渎神明”和“腐化青年”而入狱，尽管他在法庭上发表了义正言辞的申辩，但是仍被雅典民众以公投的方式处死。这不得不说是一种悲哀。

毫无疑问，苏格拉底是有智慧的人，但是他却更愿意把自己定位为“爱智慧的人”，一方面不断追求真理，另一方面不夸夸其谈卖弄炫耀。“哲学”的本意告诉我们要“爱智慧”，要做一株虚心思考的芦苇，而不做一只夸夸其谈的乌鸦。

## 哲学让人活得更有意义

古希腊时，一个青年来找苏格拉底，说："我想跟你学哲学。"

苏格拉底问他："你想学点什么呢？学法律，可以掌握诉讼的技巧；学木工，可以制作家具；学经商，可以赚钱。学哲学，将来能做什么呢？"

青年无法回答。

确实，哲学能做什么呢？哲学是没有什么实际用途的，既不能解决温饱，也不能防身。马克思也讲过一个关于哲学无用的故事：

一个哲学家坐在船上，他问船夫："你懂哲学吗？"

船夫说："不懂。"

哲学家说："那你至少失去了一半的生命。"

船夫沉默不语。这时，一个巨浪把船打翻了，哲学家和船夫都掉到了水里。看着在水中挣扎的哲学家，船夫问："你会游泳吗？"

哲学家说："不……会……"

船夫说："那你就失去了百分之百的生命。"

哲学真的没什么具体用途，关键时刻连命都救不了，还不如去学习一项具有实际用途的技能来得实在。但是"无用之用，乃大用"，越是没有实际用途的东西往往越有大的用途。哲学家不会烤面包，但却有经世济民的大用。

下面我们再来看一下东方版的《哲学家和船夫》的故事：

战国时期，有一个诸侯国——梁国，这个国家的丞相死了，哲学家惠施想要去梁国谋取这一官职，在过河的时候走得太匆忙，不小心掉到了河里，有一个划船的人把他救了起来。

划船的人问他："你要去哪里？怎么这么匆忙呢？"

惠施说："梁国没有丞相，我想去那里试试看。"

划船的人又说："你只是在船上这么小的地方都会遇到困难，要不是我的话你就死了，你哪来的本事能做梁国的丞相管理梁国呢？"

惠施说："说到在水上驾驶船只纵横穿行，我是不如你；但是说到治理国家，保全社稷的安康，你和我比起来，还差得远呢。"

人无面包不能活，人无思想同样不能活，生活因思想而精彩，思想因生活而丰富。于是，有了哲学的生活便有了厚度，有了意义。

"哲学不能烤出面包，但是能使面包更加香甜。"人生就是一个烘烤面包、品味面包的过程。若要面包变得更好吃，则需要调味的奶油或蜂蜜，而奶油和蜂蜜指的就是哲学。

由此，我们就应该明白，活着和活得有意义并不是一回事。而哲学就是展现人生"意义"的一个美丽的万花筒。所谓"意义"，是指"理解的可能性"。譬如，一个人到一家异国餐厅就餐，菜谱上显示的都是异国文字，而这个人完全看不懂，根本不能够理解菜谱上文字的意思，那么这份菜谱对这个人就毫无意义。于是，这个人就只能胡乱点菜，或是看着周围人点什么菜自己就点一份同样的菜。如果不学哲学，就好像看不懂人生的菜谱一样，那么我们的人生就会陷于盲目无主、随波逐流的陷阱。

没有人不渴望清楚地了解人生的真相，因为如果错过这一真相，则人的各种抉择就会陷入一种险境之中。当然，这种冒险未必能够带来明显的困境，但是，时间匆匆而过，人生一去便再也无法回头。

尼采说过："一个人一旦知道自己为了什么而活，他就能够忍受任何一种生活！"一个人只要了解自己人生的整体构图，知道自己为何有此一生，以及此生究竟为何而生，那么，相比之下，人生的苦难又算得了什么呢?

## 洞穴隐喻：走出黑暗洞穴，寻找理性之光

《催眠》是一部日本恐怖电影，它的原著作者松冈圭佑是一名催眠指导教授，此书被书评家推举为心理悬疑小说的最佳杰作。影片中讲述了几件光怪陆离的死亡案件：一个正在赛跑的女孩突然全身骨折死亡；一个新郎在婚礼举行时突然勒死自己；一位中年男子在生日当天突然跳窗身亡……这些死亡案件表面看似为自杀，实际上他们都是因为被人催眠致死。

很多时候，我们的意识是被催眠的。在我们小的时候，我们就被灌输了很多观念。我们往往认为这些观念是对的、没有疑问的，但是却从来没有认真仔细地反省过。

哲学与哲学家最重要的精神，即批判精神和求真精神。所谓批判精神，是指哲学不会对惯常的说法、权威和传统屈服，而是敢于置疑一切，批判一切；所谓求真精神，是指哲学不会满足于停留在事物表面，而是要穿透表象，挖掘事物的本质和规律。

在《理想国》中，柏拉图写下了这样一个故事：

有一群人，世世代代住在一个洞穴中。从出生那天起，他们就像囚犯一样被铁链锁在固定的地方，甚至连脖子也被套住，不能转动，更不能回头，只能直视前方。在他们身后，有一堆篝火，在火与囚犯之间有一堵矮墙，墙后有人举着各种各样的雕像走过，火光将雕像的影子投射到囚犯对面的洞壁上。就这样，这些囚犯的一生都犹如在看皮影戏，他们不能相互观望，不知道自己的模样，也不能回头看这些影像是如何形成的。于是，他们都以为眼前晃动的影子就是真实的事物，并用不同的

名字称呼它们。

他们早已习惯了这样的生活，并没有感到命运的悲惨，也没有想过挣脱束缚他们的锁链。然而，有一天，一个囚犯偶然挣脱了锁链，他移动脚步，回过头来，生平第一次直接看到了炫目的火光，这使他感到刺眼，看不清原先已经习以为常的影子。

过了一段时间以后，他的眼睛逐渐适应了火光，终于能分清影子和雕像，明白了雕像比影子更真实，于是，他不顾眼睛的难受，朝火光走去，走到了洞口，被人一把从陡峭的洞口拉出洞外。

当他第一次看到阳光下真实的事物时，再次感到眼花缭乱，比先前见到火光时更为痛苦。所以，他只能一步一步适应洞外的生活，先看阳光下的阴影，再看水中事物的倒影，再抬头看天上的星星和月亮。最后，他终于能直视太阳，才明白太阳是岁月和季节变化的原因，主宰着世间的万事万物。

然而，解放的囚徒并没有得到一个好归宿。这个走出洞外的囚犯，回想起往事，在庆幸的同时，开始怜悯他的同伴。这些囚徒中最有智慧的，也不过是善于捕捉倏忽即逝的影子，善于记住影子的形状，善于推测即将出现的影子而已，所以仍然是一个可怜虫。知道事物真相的人不会再留恋洞穴中的荣誉和奖赏，再也不愿回到洞中做囚犯。

为了解救他的同伴，走出洞穴的囚犯还是义无反顾地回到了洞穴里。可是，他从光明的地方重返黑暗的地方，已不能适应那里的生活。别人因为他看不清影子而嘲笑他，说他在外面弄坏了眼睛。没有人相信他在洞外看到的东西，他不得不和他们争论幻觉与真理、偶像和原型的区别，他因此激起了众怒，大家恨不得把他处死。

柏拉图用洞穴中的囚徒来比喻世人把表象当作真实，把谬误当作真理。人类用五官、用感知来直接经验这个世界。我们的处境，是不是有时候也类似那些洞穴人呢？感官的知觉给了我们认识世界的能力，是不是同时也不知不觉地给了我们认识世界的障碍？这同样是一个古老的问题。古希腊的德谟克利特在晚年的时候，据说正是因为认为感官的存在使他无法认识这个世界，所以把自己的眼睛都给刺瞎了！

所以，人的存在犹如被囚禁在洞穴的囚徒一样，从孩童时代起就被捆绑了手脚，除了面前洞壁上的影子之外什么也不能看到，一生都是活在影子的世界里。一般的囚徒把洞穴深处正面洞壁上的影子当作真实的存在，围绕着对那影子的认识展开了名誉和权力的竞争。哲学家就是那些挣脱束缚走到洞外的囚犯，知道了洞穴外面世界真实性的存在。在认识到这个世界的真实性之后从而对洞穴内部的争斗不屑一顾，并且为了使自己的同类，即洞穴中的其他囚徒们也能从“洞内”的影子中解放出来，就回到了“洞内”想说服大家，结果由于人们不相信这个到过“洞外”的人就把他抹杀了。这就是“洞喻”的核心内容。

## 密涅瓦的猫头鹰：用冷峻的眼光审视一切

哲学是对于世界本质的思考，这种思考是剥离表象、褪去浮华的，因而有时候显得有些冷峻，有些不近世事。同时，哲学又是带有反思性质的，它通常会以犀利的眼光穿透现实的迷障，让我们从纷繁的表象中得到隐藏在背后的知识和智慧，成为我们继续前行的良师益友。哲学也正是因为这种冷峻的反思才具有其独特的魅力。在这个意义上，德国哲学家黑格尔将哲学形象地比喻成“密涅瓦的猫头鹰”。

在古希腊神话中，智慧女神雅典娜多才多艺，她同一只猫头鹰共同守护雅典的平安。密涅瓦相当于希腊神话中的雅典娜女神，她们有着相同的神力和特征。传说正是她把纺织、缝纫、制陶、园艺等技艺传给了人类。猫头鹰是密涅瓦的象征，代表智慧、理性和公平。所以，英语中有一句谚语：像猫头鹰一样聪明。猫头鹰眼睛明亮，目光锐利，洞察力强，浓密的眉毛赋予这种鸟深思熟虑的表情。古希腊哲人毕达哥拉斯将哲学定义为“爱智慧”，而象征智慧的猫头鹰也成了哲学的代称。密涅瓦的猫头鹰从此流传于世。

在黑格尔看来，密涅瓦的猫头鹰飞翔了，就意味着人类的智慧启动了。但猫头鹰不是在晨曦中迎旭日而飞，也不是在午后的蓝天白云间自由飞翔，而是在黄昏降临的时候才悄然起飞，同时用冷峻的目光扫视一切。

黑格尔借这个譬喻说明：“哲学的认识方式是一种反思——意指跟随在事实背后的反复思考。”按照黑格尔的说法，“反思”是“对认识的认识”，“对思想的思想”，是思想以自身为对象反过来而思之。如果把“认识”和“思想”比喻为鸟儿在旭日东升或艳阳当空的蓝天中翱翔，“反思”当然就只能是在薄暮降临时悄然起飞。

黄昏时起飞的猫头鹰同时寓意哲学的反思必须是深沉的、自甘寂寞的，同时是冷峻的。现实的压力和繁杂琐碎的事物使我们疲于奔命，在不停地运用自己的智慧和能力追求物质利益和享乐生活的时候，我们往往忽略了对生活和自我本身价值的审视。时代的艰苦使人们对日常生活中平凡的琐碎事情予以太大的重视，让人们没有自由的心情去理会那较高的内心世界和较纯洁的精神活动。哲学所要反对的，一方面是精神沉陷在日常功利的兴趣中，一方面是意见的空疏浅薄。精神一旦为这些空疏浅薄的意见所占据，理性便不能追寻它自身的目的，因而没有发展的余地。哲学的反思需要精神上、情绪上深刻的认真态度，需要从日常功利的兴趣中超脱出来，需要排除意见的空疏浅薄。

猫头鹰是智慧的代名词，而哲学就是对于智慧的认识与应用。黄昏中起飞的猫头鹰，给我们带来启迪和智慧，同时也要求我们排除纷繁杂念，用冷峻的眼光审视现实，也审视自己。

## 思维的乐趣：哲学是智者的游戏

古希腊哲学家亚里士多德曾说，要成为一个哲学家，必须具备两个条件：一要有闲暇的时间，二要有诧异的眼睛。可以说，“闲暇”是哲学的首要条件，一个肚子都吃不饱的人，不可能有兴致去探究世界的意义，一个连基本眼耳鼻舌之欲都没有满足的人，自然也是不会有兴致去享受“思维的乐趣”。所以，有人说，哲学是贵族的一种精神，是一门奢侈的学问，正如罗素在《西方哲学史》中所说的：“他们（贵族君子）靠奴隶劳动而过活，或者至少也是依靠那些地位卑贱的劳动人民而过活……无论人们对于容许奴隶制存在的社会制度怀有怎样的想法，但正是从上面那种意义的君子那里，我们才有了纯粹的学问。”

不过，闲暇只是哲学的必要条件，而非充分条件。现实生活中依然有许多衣食所扰的“款爷们”，他们饱食终日，行尸走肉，无所事事，花天酒地，纸醉金迷，宁愿让身体的快乐超载，过着醉生梦死的生活，也不愿意去思考，去寻找思维的快乐，成为精神上的贵族。

所以，哲学家的另一个要素是“诧异的眼睛”，只有对世界充满了好奇心，脑子中充满了各种疑问，并且充满了想要解决这种疑问的欲望，那么才算是真正走近了哲学的世界。正如一位哲学家所说：“无论现在还是过去，人们只是由于诧异才开始研究哲学，他们起初对眼前的一些问题感到困惑，然后一点点地推进，提出较大的问题。”

在《苏菲的世界》里，作者借艾伯特少校之口对苏菲说了这样一番话：

这就像我们看人家变魔术一样，由于我们不明白其中的奥妙，于是便问道："魔术师如何能将两三条白色的丝巾变成一只活生生的兔子呢？"许多人对于这个世界的种种也同样有不可置信的感觉，就像我们看到魔术师突然从一顶原本空空如也的帽子里拉出一只兔子一般。

关于魔术师突然变出兔子的事，我们知道，这不过是魔术师耍的把戏罢了。我们只是想知道他如何办到而已。然而，谈到有关世界的事时，情况便有些不同了。我们知道，这个世界不全然是魔术师妙手一挥、掩人耳目的把戏，因为我们就生活在其中，我们是其中的一部分。

事实上，我们就是那只被人从帽子里拉出来的小白兔。我们与小白兔之间唯一的不同是：小白兔并不明白它本身参与了一场魔术表演。我们则相反，我们觉得自己是某种神秘事物的一部分，我们想了解其中的奥秘。

我们就像那只帽子里的兔子，面对世界这一个充满谜题的巨大魔术，难道我们就没有丝毫的好奇心吗？当你想要满足自己的好奇心，你才算真正走入了哲学的世界。

哲学，除了让人思考问题、解决问题，除了满足个人的好奇心享受思维的乐趣以外，没有其他目的。因此可以说，哲学是一门为知而知、为思辨而思辨的学问，它不服从于任何物质利益和外部目标，因而是唯一自由的学问。而哲学家，过的则是一种心灵的生活，思维的快感足以让他们满足和陶醉，因而，他们才是最快乐的人。

## 哲学的药柜：哲学是心灵的一剂良药

如果你的鞋子里有粒沙子，就一定会让你感到不舒服，这时，你根本不需要去问别人怎么解决，只需要脱下脚上的鞋子，将沙子从鞋子中取出来就可以了。因为无论倾听你苦恼的人能产生多大的移情作用，无论医生为你调制多少灵丹妙药，要想解除脚痛仅靠和他们谈论鞋子里的沙子是绝对无法让你的脚好受些的。

人，活着是痛苦的，因为我们总要面对各种各样的人生难题：职业与道德的冲突；经验和信念的不一致；理智和情感的冲突。人生意义、目的和人生价值的危机，个人认同，寻求教育策略，对人生转折、职业更换的焦虑，无法实现个人目标，中年变化，交际关系问题，爱人之死或自身的死亡……面对这些人生难题，我们该怎么办？去乞求上帝？可是，尼采说了，上帝死了。所以，这个世界上真正能够拯救你的只有自己。那么，你就需要不断地充实自己、完善自己，成为自己的上帝。

问题又接踵而来了，怎么样才能够成为自己的上帝呢？有“帝王哲学家”之称的马可·奥勒留在《沉思录》中是这样说的：“世上有什么能够指引我们的人生？有一个且只有一个，那就是哲学。”

在数千年的历史当中，有许多伟大的思想家对人生的一些大问题都已经给予了深刻的思考，并留下了他们独到的见解和有效的指导供我们参考。但是哲学也是我们每个人的事情，我们自己也是自己的哲学家。我们可以尝试着从其他资源那里汲取营养，获得探索世界的方法，使其为你服务，但是，你必须自己完成独立思考的过程，因为人生中的问题是大致相同的，但具体落到每个人身上，由于外界环境、个人人生阅历与经验的不同，仅仅依靠借鉴别人的经验教训是不能够从根本上解决自己的人生难题的。

如果我们能够用哲学的观点看待问题，那么，我们就会发现在面对任何现在或将来的人生问题时，我们都能够用一种坦然、淡定和沉着的心态来处理问题。我们只能通过沉思而不是药物治疗来获得内心真正的平静。我们宁可悉心去学习柏拉图，也不能要疗效快但治标不治本的百忧解（一种抗抑郁药物）。这就需要我们进行清楚和敏锐的思考，当然，并非一定要达到高深莫测的地步。

人生是匆忙而复杂的，但我们不必忧虑和困惑。哲学将讨论我们在日常生活中所面临的一切问题。所以，我们应当利用哲学的药柜，用我们自己的哲学思考来治疗。这也正是哲学的意义所在。

古希腊的哲学家们认为哲学的作用就是实现心灵的平静。虽然保持满足感很难，但至少哲学能够让你坦然地接受挫折与失败，不至于使你的内心产生太大的波澜。这样一来，你的人生一定能够更加美好。

## 哲学的方法：哲学是改造世界的“工具箱”

伦敦的海格特公墓是伟大的无产阶级革命导师马克思的安息之地。在马克思的墓碑上，镌刻着两句话，一句出自《共产党宣言》中的名句：“全世界无产者联合起来。”而另一句则是马克思在《关于费尔巴哈的提纲》中那句著名的结尾：“哲学家们只是用不同的方式解释世界，而问题在于改造世界。”改造世界，这可以说是马克思主义哲学的精要，也是马克思一生的奋斗目标和学说精要，显现出设计者的匠心。

1845 年，马克思遭到法国政府的驱逐，来到布鲁塞尔。被恩格斯评价为“包含着新世界观的天才萌芽的第一个文件”的《关于费尔巴哈的提纲》就是在这段时间写成的。

在过去的哲学家眼中，人的认识不过是对客观事物的消极反映，犹如照镜子的投影一样。客观事物和我们是对立分离的，而不是人的实践活动的对象。这就是为什么以往的哲学都是着重于谈论如何认识世界、理解世界，却很少关注如何考虑改造世界。

但是，在《关于费尔巴哈的提纲》中，马克思说，客观世界不仅仅是待在那里，等着我们去认识和解释的，它同时也是需要我们去改造的对象。我们只有在实践中才能够认识对象。离开了社会实践，人的认识不但不可能发生，而且它是不是正确的也没法证明。所以，马克思说："人的思维是否具有客观的真理性，这不是一个理论的问题，而是一个实践的问题……离开实践的思维——的现实性或非现实性的争论，是一个纯粹经院哲学的问题。"可以说，在这个提纲中，马克思着重阐明了实践的作用和根本地位，指出实践是检验一切真理的唯一标准。

"实践"的观念在马克思的哲学思想中非常重要。马克思把"实践"引入了自己的哲学，又科学地说明了实践的决定作用和基础地位，而且还强调，一切理论的东西都应该付诸实践，指导实践。所以，他的哲学和以往的哲学有着十分不同的风格和气质。

西汉立国初年奉行的"黄老之术"就是对老子的无为而治哲学的最好运用，开创了中国历史上的第一个盛世——文景之治。西汉著名的贤相曹参就是将这一哲学运用与实践的典型。有一个故事就是这样的：

曹参做了相国之后，整天在家饮酒，不问政事，大臣们到他那里请示政务，也被他拉去饮酒，大醉方归！惠帝不安，宣曹参问他为什么这样做！曹参答道："请问陛下，你与先帝比谁英明？"惠帝回答："我当然不如先帝。"曹参又问："我与萧相国比谁更英明？"惠帝说："你似乎不如萧相国。"曹参说："是呀！你不如先帝，我不如萧相国，先帝和相国制定的法令规章，我们只要继续推行，不就很好吗？"惠帝这才明白曹参整日饮酒的用意，对他的回答也很赞赏！

这就是成语"萧规曹随"的来历，胡适对这一段历史特别推崇，他有一段话是这么说的：我们看汉初，国家的官员特别少，军队人数特别少，没有警察，税收也少，整个国家上下和睦。可以说，当时的西汉社会情况，和曹参将黄老"无为"哲学融会贯通，运用于改造社会的实践中有着极大的关系。

的确，任何学问都应该用于指导实践，改造世界，哲学也是如此。人们往往觉得哲学是无用的，或者只是一种智力游戏，其实，哲学最大的作用是帮助人们解决问题，指导人生，改造世界。正如庄子所说的“无用之用，可以成大用”。

# 我是谁？我迷失自己了吗？

## ——向自己学习，你是你此生最大的奇迹

### “忒修斯之船”：什么使你成为你

世界是变化的，但是人需要寻求一种确定感。我们都想知道自己为什么是自己，我什么时候成为我的。也许你会觉得奇怪，我不就是“我”吗？难道3岁的我和88岁的我就不是一个人了吗？事实上，确实有人对此提出过疑问。

忒修斯是传说中的雅典国王。他的事迹主要有：除掉很多著名的强盗；解开米诺斯的迷宫，并战胜了米诺陶诺斯；和希波吕忒结婚；劫持海伦，试图劫持冥王普鲁托的妻子珀耳塞福涅——因此被扣留在冥界，后来被海格力斯救出。

据古希腊神话记载，大英雄忒修斯，杀死克里特岛的米诺陶诺斯之后，他的战船每年都要开往提洛岛做一次致意之旅。随着时间的流逝，船桁开始腐坏溃烂，于是渐次被换成新板，到最后原先的木板都已不复存在。看起来此船仍旧是忒修斯所拥有的那一条，但我们也许会感到疑惑：现在它还是“同一”条船吗？

鉴于该船生命的各个阶段之间存在连续性，我们可以肯定它的确是当初启航前往克里特岛那一条。然而，假使现在人们将已抛弃的木板收集起来，就能造出一条一模一样的新战船。如此，便会有两艘战船竞相宣称自己是“忒修斯之船”，而令人困扰的是，我们无力做出裁决，尽管我们似乎对两位候选者都了如指掌。

“忒修斯之船”是一个著名的思想实验，它实际上可能并不存在，然而这个实验本身却具有特别的意义。对于哲学家，忒修斯之船被用来研究身份的本质。特别是讨论一个物体是否仅仅等于其组成部件之和。一个更现代的例子就是一个不断发展的乐队，直到某一阶段乐队成员中没有任何一个原始成员。这个问题可以应用于各个领域，对于企业，在不断并购和更换东家后仍然保持原来的名字。对于人体，人体不间断地进行着新陈代谢和自我修复。这个实验的核心思想在于强迫人们去反思身份仅仅局限在实际物体和现象中这一常识。

量子力学里有一个“全同原理”，说的是同类的粒子之间本质上是不可区分的。两个氢原子之间没有性质的区别。你用这个氢原子代替水分子中的那个氢原子，这个水分子的性质没有发生任何改变。那么，问题就来了：我们的身体都是由基本粒子构成的，而且从我们诞生的那一天起，一刻不停地进行着新陈代谢，新陈代谢的速度远比我们一般人想象的快得多。今天组成你身体的元素，与昨天有很大不同，与几年以前几乎完全不同。那么你还是原来的你吗？

重新回到最初的问题，我什么时候成为现在的“我”的？或者现在的我还是原来的我吗？人一生会发生巨大变化，一个姗姗学步的小孩与一位步履蹒跚的 90 岁老者之间，在生理和心理上，几乎毫无共同之处。他们是同一个人吗？如果是，又是什么让他们成为一个人呢？这可不是无稽之谈，因为他 70 年前做的某件事而惩罚这位 90 岁老者公正吗？如果他不记得了呢？如果这位 90 岁老人 40 年前说自己到 90 岁时就让医生把自己杀掉，现在他 90 岁了，医生应该那样做吗？

忒修斯之船可以引出很多思考，其中之一就是人的身份问题，这数千年来一直令哲学家感到困惑。什么使之成为你，这也许是个永远都难以回答的问题。

## 我是谁，我迷失自己了吗

翰森赤手空拳，艰苦奋斗，终于成为成功的金融家。

翰森只有威特一个儿子，翰森从小就给他创造了一个优越的环境，希望威特能成为一个卓越的人。

威特从入学起，他的成绩在学校就是出类拔萃的。威特在 6 岁时，就梦想着当一名糕点师，做出最棒的布朗尼蛋糕。

高中快毕业的时候，威特踌躇满志地报考了 3 所烹饪学院，可却因为他的考试成绩不理想而遭到各个学院的拒绝。这对从小就十分优秀的威特是个很大的打击，他把自己关在屋子里好几天。无奈之下，威特最终选择了哈佛大学。

几年以后，威特以优异的成绩从哈佛大学毕业，进了翰森的公司工作。威特凭借自己的能力不仅很快熟悉了金融业务，而且以他的才华很快崭露头角。

毕竟岁月不饶人，翰森病倒了，虽然不严重，但医生还是叮嘱他卧床休养。这天晚上，威特拿出自己烘焙好的布朗尼蛋糕递给翰森，棕色的糕体散发着巧克力香味，看上去松软可爱。威特捧着蛋糕，脸上洋溢着得意的笑容。那笑容是翰森很久不曾看见的，他记起儿子孩提时的理想。

翰森的眼睛湿润起来，他接过蛋糕，认真地问威特：“这么多年，你工作得并不快乐，对不对？”

威特怔了一下说：“可我一直干得很出色。”翰森低头咬了一口布朗尼蛋糕，咀嚼半天，说：“我一直为拥有一个出色的儿子自豪，但是吃了你亲手做的布朗尼蛋糕我才发现，原来拥有一个快乐的儿子更重要。”

说罢，翰森带着儿子到书房，从保险柜里拿出当年威特考取烹饪学院的成绩单，全是优秀记录——当时是他用金钱隐藏了真正的成绩。

第二天，威特就宣布辞去公司所有职务，正式经营一家糕点店。

一块美味的布朗尼蛋糕，不只是威特的梦想，而且也是他与自己的较量。

世界上最难认清的就是自己。一个人要想真正地认识自己，并不是一件简单的事，它要求我们必须从性格、爱好等各个方面全面分析自己。只有正确地认识自己，才能保持本色，找到适合自己的位置。认识自己，并且按自己的意图去办事，才能具有无穷的魅力。

我们都知道在德尔菲神殿上就刻着“认识你自己”这一行字，“德尔菲”是世界上著名的古希腊神殿，人们把阿波罗神殿视作一个解决人生谜题的神圣殿堂。德尔菲神殿中供奉的是阿波罗神，阿波罗神是希腊神话中的太阳神，他是光明、理性的代表。人生总是充满着困惑与不解，加之当时的教育又不够普及，当人们在迷惑不解时都会到德尔菲神殿去求签，请神殿中的祭司加以解释。

对希腊人来说，德尔菲神殿可以算是信仰的中心，而能够被刻在神殿上的语句一定是极其重要和特别的，而这句“人啊，认识你自己”正说明了古希腊人对于“自我实现”的重视。

“自我实现”，也即“自我观”，是决定人们各自行为方式的重要因素。每一个人，无论是聪明或愚蠢、贤良或奸诈，他的表现都是与其当时的“自我观”相符的行为。没有人会去做一件在当时他认为与自己的身份、年龄、性别、能力以及他本身任何一方面不相宜的事情。就像穿衣服，你会选择和自己的年龄、职业相称的服装，讲话时会选择和自己身份相称的词句，甚至外出吃饭也会选择与自己的社会地位、经济能力相称的场所……总而言之，每个人都会依照他的自我观来决定哪些事他可以做、哪些事不可以做，或是该怎样去做好一件事情。因此，别人也就能够根据他通常所表现的行为，对他有所了解和认识。

如果某一个人对于自己各方面的印象，都和实际情况颇为接近，也就是说，他有着比较正确的“自我观”，那么他所表现的行为，自然会很恰当。相反，如果一个人没有正确的“自我观”，就不能很清楚地表现自己独特的一面，而只是成为人群中的一分子，这个人的个人形象明显存在缺憾。缺乏“自我观”的人很难有引人注意的特质，当然更谈不上成功了。

下面这个例子可证明“自我观”的重要性。

厄文·柏林与乔治·杰许文初遇时，柏林已经成名，而杰许文则是一个正在奋斗中的青年作曲家，在亭盘巷里为着每星期 35 美元薪水而工作。柏林对杰许文的才能大为赞许，想请他做自己的音乐秘书，薪水是他当时所得的三倍。“不过还是别接受这个工作的好，”柏林劝道，“假使你接受了，你可能会发展成为二流的柏林。可是你坚持做自己，总有一天你会成为一流的杰许文。”杰许文记下了柏林的忠告，没有接受这份工作，果然日后成为美国当代著名的音乐家。任何人都应照着柏林对已故的杰许文所做的明智的劝告去做。

由此可见，当一个人具备了正确的“自我观”时，他至少成功了一半。如果没有正确的“自我观”，也就没有了自己的生活方式、思考方式，就会无法定位自我，别人一提意见，就会无所适从，惊慌失措。“自我观”决定生活方式，如果已决定了自己的生活方式，就不用在意别人的目光。不同的人有不同的生活方式，你没有必要努力想达到某个所谓的标准。

想成为成功者，不管怎样，都应当具备正确的“自我观”，认识自己的重要性。要相信由于自己的存在，能帮助许多人并使他们高兴。

人的一生如此短促，如此渺小。一些小小的成功，固然只需要付出很小的力量及很短的时间，但想要获取长久成功，一定要投入很大的心力及很长的时间。以一天为例子，只要集中心力有效利用这一天，日后还是会留有这一天努力的成果。而如果不立目标，人云亦云，改变了最初的打算和自己的生活方式的话，一天只是一天，在你生命中根本没有任何痕迹。一天如此，一周如此，一月如此，一年如此，一生都是如此。

别人的人生与自己的人生，自然是不同的。自己的人生，掌握在自己的手中，是“成功传奇”还是“人生悲剧”，全是自己的问题。不去做你永远不知道的事情。所谓“真理唯有实践能证明”，若能专心致力于自己的生活，一定会有期望的效果。

美国诗人道格拉斯·玛拉赫曾用一首诗表达了自己对“自我观”的看法：

如果你不能成为山顶上的高松，那就当一棵山乡里的小树。

——但要当棵溪边最好的小树。

如果你不能成为一棵大树，那就当一丛小灌木。

如果你不能当一丛小灌木，那就当一片小草地。

如果你不能当一只麝香鹿，那就当尾小鲈鱼。

——但要当湖里最活泼的小鲈鱼。

我们不能全是船长，必须有人也当水手。

这里有许多事让我们去做，有大事，有小事，但最重要的是我们身旁的事。

如果你不能成为大道，那就当一条小路。

如果你不能成为太阳，那就当一颗星儿。

决定成败的不是你尺寸的大小——而在于做一个最好的你。

## 认识自己是离苦得乐的唯一途径

斯芬克斯是希腊神话中狮身人面的怪兽，它坐在忒拜城附近的悬崖上，向过路人出一个谜语：什么东西早晨用四条腿走路，中午用两条腿走路，晚上用三条腿走路？如果路人猜不出，就将其吃掉。后来是俄狄浦斯猜中了谜底：人。斯芬克斯羞惭跳崖而死。

斯芬克斯之谜几乎难住了所有的凡人。是的，人生于世，如逆旅之过客，匆匆中，或奔波、或安享、或茫然、或奋进，真正认识自己的又有几人呢？

其实，俄狄浦斯对斯芬克斯之谜的解答是表象的、动物层面的，换言之，他并没有真正地解开斯芬克斯之谜。对于今天的我们来说，德尔菲神庙前石碑上镌刻着的“认识你自己”仍然是一个谜，仍是横亘在当代人类面前的一个严峻课题。

也许你会感到纳闷，难道我还不认识自己吗？我应该是对自己了解最清楚的人了呀？恰恰相反，我们感觉最熟悉的东西往往是最难认识的。人是万物的灵长，人是宇宙的奥秘。但“人是什么”这个问题也许比最艰深的数学原理都难以解释。

和“人是什么”这个问题一样，追问人生的意义同样是一个非常困难的问题。理性主义的哲学观认为，世界是一个有规律、有逻辑、有意义的客观存在，人是宇宙的精华，可以认识自己、认识世界，战胜自然，从亚里士多德到黑格尔莫不如是。

然而，伴随着工业文明的到来以及人类认识的进步，对理性主义的打击也纷至沓来——首先是哥白尼的日心说，发现主宰世界的人原来只不过是茫茫宇宙中一颗小行星上的尘埃；接着是达尔文的进化论，宣布人并非是由上帝创造的，而是由猿演变进化而来；继之以弗洛伊德的精神分析学说，声明人连自己都认识不了，更主宰不了自己。在三次沉重的打击之下，营造了千年的理性主义大厦轰然倒塌，令人目瞪口呆、惊心动魄。于是，叔本华、尼采、萨特等人进一步提出了荒谬哲学，认为人的存在并没有合理性，意义只是选择的结果。人的存在是偶然的，人有思想是偶然，那么我们是谁、我们的意义何在？经过数千年的争论，我们又回到了起点。

当然，我们并不是强调人生的偶然和无意义，但是哲学的思考确实会对我们认识自己有所裨益。在生活中也许你是一位成功人士，事业有成，家庭幸福。可是有一天，一阵莫名的空虚突然侵袭了你，你突然感觉自己无所依傍，从前所追求的一切突然都失去了意义。你忍不住问："我到底怎么了？"

也许你一直平平淡淡，毫不引人注目，平庸麻木的生活早已消磨掉你的锐气和志向。然而，当你看到那些成功人士时，仍然会心存茫然。你会忍不住问："我到底怎么了？"

正是对于"自我"的追寻，才能使你拨云见日，看到真正的自我，让生活充满意义。真正认识自己，是人生全部意义的正确出发点，是决定我们生命质量能否达到幸福境界的根本基石。

真正地认识自己，是一次永无止境的智慧升华和离苦得乐的生命之旅。我们应该清醒地认识到我们受苦的根源就是来自于我们不能清楚地认识自己是谁，而盲目地去攀附、追求那些不能代表我们的东西，从而使自己陷于痛苦不幸的深渊而无法自拔。要知道当死亡来临的时候，会把所有不能真正代表我们的东西席卷一空，而真正的你是不会随时间甚至死亡而改变的。

每个人都是独一无二的个体，都应该认识到自己的独特禀赋及价值。不要自以为是，高估自己，盲目骄傲，做出超自己能力之外的事；也不要低估自己，萎缩自己，不去打开自己生命特点禀赋的潜能。

当一个人知道了自己从何而来、将向何处去，他就不会迷失自我，反而能够尽善地妙用自己的角色，在现世确立清醒的生命方向，活出生命的意义及价值。这样，哪怕是辛苦操劳，却不是烦恼痛苦，同时也会给自己和大家带来仁爱、和谐、喜悦、幸福……

## 改变一切先从改变自己开始

在威斯敏斯特教堂地下室里，英国圣公会主教的墓碑上刻着这样的一段话：

当我年轻自由的时候，我的想象力没有任何局限，我梦想改变这个世界。

当我渐渐成熟明智的时候，我发现这个世界是不可能改变的，于是我将眼光放得短浅了一些，那就只改变我的国家吧！

但是我的国家似乎也是我无法改变的。

当我到了迟暮之年，抱着最后一丝努力的希望，我决定只改变我的家庭、我亲近的人——但是，唉！他们根本不接受改变。

现在在我临终之际，我才突然意识到，如果起初我只改变自己，接着我就可以依次改变我的家人。然后，在他们的激发和鼓励下，我也许就能改变我的国家。再接下来，谁又知道呢，也许我连整个世界都可以改变。

这段墓文令人深思。每个人都想让世界因自己而改变，殊不知这不过是徒劳。别说命运对你不公平，其实上帝为每个人都分配了美好的将来，只是看你有没有把握住自己的人生。

这个世界的诸多事物是我们无法改变的：太阳东升西落，一年有四季的更换。明天不会因为你我要洗衣服或是出游而停止下雨。我们控制不了这个世界的许多东西，但我们可以改变自己，我们可以日落而息、日出而作；我们可以选择在下雨的时候撑把伞，在刮风的时候戴顶帽。空空的木水桶在风来的时候会四处滚落，我们无法让风停止，却可以在木桶里面装满水。所以，当我们无法改变环境的时候，就要试着改变自己，倘若不愿做出改变，就只能自食恶果了。

有一位哲学大师曾在台上演讲关于时间管理的课题，一位女士将问题写在便条纸上，交给台上的哲学大师。

纸上这么写着："我每天上下班来回要花费 3 个小时的车程，虽然有座位可以坐，可是车子却摇晃不停，我没办法阅读或是听音乐，虽曾考虑过开车，可是很累。我也无法搬家，而且我热爱这份工作，更不可能离职。那么，我要怎么做才能省下每天浪费掉的 3 个小时？"

哲学大师在台上回复道："学习时间管理，首先要了解你的时间中有哪些是属于可控制性的，而哪些是属于非可控制性的。例如，车子摇晃是无法控制的，而自己可以掌控的就是换工作或搬家。"

女士接着说："可是我不想搬家，我又非常热爱这份工作。"

哲学大师答道："想和家人共居不想搬家，喜欢现在这份工作而不想换工作，这些都可以接受。不换工作、不搬家、不想开车，剩下可以改变的就比较少了，你可以试着少睡两个小时，好好利用这段时间，然后在车上补觉。”

那位女士又接着说：“我已经习惯了原来的睡眠时间，改变过来会不习惯的。”哲学大师说：“你每天晚上睡眠充足，第二天在车上发呆生气，又不愿意配合时间的掌控性来做调整，这样怎么能节省时间呢？”

一位著名的商人曾说：“我们这一代最伟大的发现是，人类可以由改变自己而改变命运。”有些时候，迫切应该改变的或许不是环境，而是我们自己。

要想获得，就要先舍弃。如果无法舍弃，就只能忍受。改变不了环境的时候，我们就要尝试着改变自己。学会变通一下处理事情，这也是取舍智慧的“真经”，同时也是我们的生存智慧。

也许我们不能改变别人、改变世界，但我们可以改变自己，只有先改变自己，才能够改变一切。

## 你真正的对手只有你自己

在尼采的著作《人性的，太人性的》一书中，尼采多次引用了“你的对手只有你自己”这一类的警句。尼采认为，我们对于他人给予自己的评价十分敏感，很容易受其左右。但实际上完全不必活得如此小心翼翼，我们所要做的，就是相信自己、把握自己、战胜自己。实际上也确实如此。一个人只要能够战胜自己，就不会输给任何人。

在动物世界里，弱小者真正的对手是自己。它要逃避死亡的追逐，首先就要战胜自己，它必须越跑越快，因为稍一松懈便会成为他人的战利品，绝无重赛的机会。

打遍天下无敌手，大概是每个武林豪杰所追求的最高境界。尤其是战胜旗鼓相当、势均力敌的对手，那才是真正为世人所称道的好功夫、硬功夫。但是，如果他不先战胜自己，又如何战胜对手呢？

美国拳王泰森曾经称霸拳坛，他战胜的对手无数，但最终他却战败在自己的面前，为什么呢？因为他行为放纵，控制不住自己，以致因罪入狱。泰森和霍里菲尔德这两大拳王的世纪之战，引起了全世界的关注。他们是处于同一水平线的超级拳手，大家都等着看一场好戏。可惜泰森这个浑小子，打不过对手竟动用了牙齿，至此背上了千夫所指的"世纪之咬"的骂名。这引起了美国各界的惊呼："拳王打倒了自己。"

与泰森相反，那些能够战胜自我的人，往往能够突破内在的局限，从而获得外在的成功。

有个名为琼斯的新闻记者，极为羞怯怕生。有一天，他的上司叫他去访问大法官布兰代斯，琼斯大吃一惊，说道："我怎能要求单独访问他？布兰代斯不认识我，他怎肯接见我？"

在场的一个记者立刻拿起电话打到布兰代斯的办公室，和大法官的秘书讲话。他说："我是明星报的琼斯（琼斯在旁大吃一惊），我奉命访问法官，不知道他今天能否接见我几分钟？"他听完对方回答，然后说："谢谢你，1 点 15 分，我按时到。"他把电话放下，对琼斯说："你的约会安排好了。"

事隔多年，琼斯提到："从那时起，我学会了单刀直入的办法，做来不易，却很有用。一次克服了心中的畏怯，下次就比较容易一点。"

在工作、学习和生活中，我们不仅往往会成为自己的障碍，而且进步的往往也是我们自己。有些人无论遇到大小困难，首先想到的就是"我不行"。却没有意识到就在这三个字频繁出现的同时，机遇也正在从我们的身边匆匆滑过。胜人先胜己，要战胜自我，就一定要建立自信心。有句名言说得好："一个成功者不在于他比你会干，而可能恰恰在于他比你敢干。”由此可见，目标、信念和勇气是战胜自己的最强有力的武器。因此，我们要树立宏伟目标，坚定必胜的信念，鼓起超越自我的勇气，战胜自我，做生活的强者，时代的强人。

一个人真正的对手不是别人，而是自己，只有通过战胜自己才能战胜世界。所以，我们要时刻视自己为对手，挑战自己、战胜自己、超越自己，这才是人生中最艰难的选择，也只有这样才能练就人生旅途中的最大胜利。

自己把自己说服了，是一种理智的胜利；自己被自己感动了，是一种心灵的升华；自己把自己征服了，是一种人生的成熟。大凡说服了、感动了、征服了自己的人，就有力量战胜一切挫折、痛苦和不幸。

受挫一次，对生活的理解就加深一层；失误一次，对人生的领悟就增添一阶；不幸一次，对世间的认识就成熟一级。从这个意义上说，要想获得成功和幸福，要想过得快乐和欢欣，首先要把失败、不幸、挫折和痛苦读懂。

有人把自己看作是生活的主角；有人把自己看作是生活的配角；有人把自己看作是生活的观众；而不屈服于命运的强者，却把自己看作是生活的编导。智者最善于通过生活中的很多能照出自己的真实的一切表象的镜子来剖析自己、调整自己、完善自己。

只有一种死，永远也不代表毁灭，那就是：自落的花，成熟的果，发芽的种，脱壳的笋，落地的叶。

《左传》中有句话：“畏首畏尾，身其余几。”这个世界上，还有什么比畏首畏尾的人生更加了无生趣？只要你能够认识到这一点，那就可以在人生之中相信自己、把握自己，享受到生活的喜悦。只有这样才能够在这日复一日、不断循环的日常生活中坚强地生活下去。从某种意义上来说，这也算是尼采所谓的一种“超人状态”了。

## 不要把生命浪费在思考别人上

马可·奥勒留，全名为马可·奥勒留·安东尼·奥古斯都，161年至180年在位的他是罗马帝国五贤帝时代最后一个皇帝，也是罗马帝国最伟大的皇帝之一。马可·奥勒留不但是一个很有智慧的君主，同时也是一个很有造诣的思想家，有以希腊文写成的著作《沉思录》传世。

奥勒留崇尚的是斯多葛派哲学，这种哲学特别重视整体，重视自己同整体的协调关系；试图在自然适应整体的规律而获得自身的最大限度的完善。在斯多葛学派的影响下，奥勒留特别注重做好自己的分内之事，关注好自己的心灵。在他的著作中，他曾告诉人们："除非你们的思想指向共同的公共福祉的某个目标，否则不要把你剩下的生命浪费在思考别人上。"不管是为了在背后琢磨别人，议论别人甚至在背后放冷箭、使绊子等，本质上都是出于自己的私人偏好，而不是出于对别人的关心，等于是把生命的时光浪费在别人的事情上。

不要思考别人，不是说人要各自打扫门前雪，而是不要胡乱琢磨别人，更不要在别人背后说三道四，如果一个人总是在思考别人，那他必然就没有多少时间来思考自己的问题，既无益于别人，也解决不了自己的问题。所以，最要紧的是，心无旁骛，管好自己的事。

不要总是琢磨别人在做什么，为什么做，他说什么，想什么，算计什么，如果把注意力分散在诸如此类的事情上，一来对别人无益，二来会妨碍我们专心关注自己的心灵。如亚里士多德所说："谈论别人的隐私是最大的罪恶。"流言比剑可怕，可以伤害一个人于无形，道听途说的人，等于是把自己无聊的快乐加在别人的痛苦之上。

其实，古人也曾说过："时时检点自己且不暇，岂有工夫检点他人。"

那些喜欢在背后议论他人、琢磨他人的人往往也是最可恶的人。其实，背后议论琢磨别人，议论别人并非好事，也不是正人君子的作风，做人就应该光明磊落，有话就当其面说，不要在背后胡思乱想。要知道，一味地去琢磨别人，非但浪费自己的生命，同时也会给自己带来不好的影响，让人看不起。

李威被公司升为企划科科长，而且事先没有一点升迁的征兆，对那些和李威在同一间办公室相处好几年的同事来说，真是一个极大的精神刺激。想到平日不分高下、暗中竞争的同事成了自己的上司，总让人有那么一点酸酸的感觉。企划科的其他几个同事就在背后琢磨开了："哼！他有什么本事，凭什么升他的官？"一百个不服气与嫉妒。而其中还有来企划科不久的大学生孟刚，或许是因为刚出校园的缘故，不光是想，还溢于言表，可偏有一个阳奉阴违的同事王某，一转身他就把孟刚的言行都告诉了李威。

李威想："别人对我不满，说我的坏话我可以理解，你孟刚一个乳臭未干的小子，才来公司几个月，有什么资格说我。"从此，李威对孟刚很冷淡，常常借故对他百般刁难。

可怜孟刚大学毕业，一身本事得不到重用，还经常受到李威的指责和刁难，成了在背后琢磨别人的牺牲品。

如果一定要去关注别人的事，那也不该学孟刚，而是要学着多往好处去看人家，学人家做得好的地方，要把别人的善良优点拿来和自己的不足比，"以人为镜，可以正衣冠"说的就是这个道理。

## 最聪明的人，是明白自己无知的人

苏格拉底有一句非常著名的话："我唯一知道的事情，就是自己一无所知。”据说当时有祭祀从德尔菲神庙得到神谕，说苏格拉底是全希腊最有智慧的人，苏格拉底有些不相信，于是就去拜访了当时希腊的许多智者，希望能够和他们讨论这个问题，结果，苏格拉底发现，几乎所有的智者都认为自己无所不知，于是，苏格拉底得出结论，说："或许正是因为自己能够知道自己的无知，所以才被认为是最有智慧的人吧。”

不过也有许多人认为这并不是苏格拉底在谦虚，而是他面对那些幼稚，或浮躁、或虚夸、或小有所得而沾沾自喜，动辄教训别人，甚至自以为“真理在手”、“无所不知”、“一贯正确”的“智者”时说出这样一句带有反讽、自嘲、幽默意味的格言——你自夸你知之甚多或真理在手、无所不知吗？那么我告诉你：“我只知道自己一无所知。”并且通过对话和辩论启发：必须敢于怀疑自己的认识、必须不断否定谬误而追求真知；知识无穷尽、真理无穷尽；现有知识里面可能包含错误，比起知识的无边海洋，我目前这点可怜的学问实在算不了什么。求知乃是不断自我提高、自我否定、自我认知的无穷过程。苏格拉底认为，从怀疑自己的知识开始的“自我认识”是认识美德的来源，可以说，苏格拉底的这句话是对“认识你自己”的最好注脚。

古希腊的另一位智者，被称为“悖论之父”的芝诺也曾经讲过一个类似的故事，来证明为什么越是智者就越是觉得自己一无所知。

有一次，芝诺的一位学生问他：“老师，您的知识比我的知识多许多倍，您对问题的回答又十分正确，可是您为什么总是对自己的解答有疑问呢？”芝诺并没有正面回答他的问题，而是顺手在桌上画了一大一小两个圆圈，并指着这两个圆圈说：“我们假设，圆圈内部面积代表的是已知的知识，圆圈外部面积所代表的是未知的知识，而组成这个圆圈的曲线代表我们对于未知知识的认知，大圆圈的周长比小圆圈长，因此，我对自己未知部分的接触的也比你们多。这就是我为什么常常怀疑自己的原因。”

在这个故事中，芝诺把知识比作圆圈，生动地揭示了有知与无知的辩证关系。可见，越是聪明的人，就越明白自己的无知；而相反，越是自以为了不起的人，其实就越无知，正如美国剧作家西蒙所说：“自夸聪明的人，有如囚犯夸耀其囚室宽敞。”

富兰克林早年为自己的一点成就沾沾自喜，他那种过分自负的态度，使别人看不顺眼。有一天，一个朋友把他叫到一旁，劝告了他一番，这一番劝告改变了他的一生。

“富兰克林，像你这样是不行的，”那个朋友说，“凡是别人与你的意见不同时，你总是表现出一副强硬而自以为是的样子。你这种态度令人觉得如此难堪，以致别人懒得再听你的意见了。你的朋友们觉得不和你在一起时，还觉得自在些。你好像无所不知、无所不晓，别人对你无话可讲了。的确，人人都懒得来和你谈话，因为他们费了许多力气，反而觉得不愉快。你以这种态度来和别人交往，不去虚心听取别人的见解，这样对你自己根本没有任何好处。你从别人那儿根本学不到一点东西，但是实际上你现在所知道的的确很有限。”

富兰克林非常惊讶，他从未想过，自己过于自负的种种行为已经在别人心中留下了这么差的印象。从此以后，他开始有意识地严格要求自己，把已经取得的成绩丢到一旁，过去的事情也不再提。他需要别人的意见和建议，借以完善和提高自己。

事实证明，当他不再自以为是、虚心接受别人的意见时，他发现了自己的许多不足。过去，把自己看得不同凡响，是多么愚蠢啊！

列夫·托尔斯泰也作了一个很有意义的比喻：“一个人就好像是一个分数，他的实际才能好比分子，而他对自己的估价好比分母，分母越大，则分数的值越小。”

不要自视过高，当你承认自己有多么伟大的时候，也许在别人心中，你早就成了无知与浅薄的代名词。你可能早已发现，夸大自己比正视自己容易多了，描述自己比改变自己容易多了。可是当你种下自负的种子，并任由它恣意生长的话，你就只能收获失败的苦果。

记住，无论何时，你一旦出现那些自负的用语，马上大声纠正自己。把“那就是我”改成“那是以前的我”；把“我一向是这样”改成“我要力求改变”；把“那是我的本性”改成“我以前认为那是我的本性”。任何妨碍成长的“我怎样怎样”，均可改为“我选择怎样怎样”。

不要做一个自负的困兽，冲出自制的樊笼，做一只翱翔的飞鹰吧，那样你才能知道天有多高。

## 做一片独一无二的树叶

戈特弗里德·威廉·凡·莱布尼茨是德国著名的自然科学家、数学家、物理学家、历史学家和哲学家，一位举世罕见的科学天才，和牛顿同为微积分的创建人。他的研究成果还遍及力学、逻辑学、化学、地理学、解剖学、动物学、植物学、气体学、航海学、地质学、语言学、法学、哲学、历史、外交，等等，被誉为“17 世纪的亚里士多德”。

莱布尼茨曾经担任过德国的“宫廷顾问”。据说，有一次莱布尼茨跟皇帝讲述了他的哲学观点：“万物皆有共性。”皇帝不信，叫宫女们去御花园找来一堆树叶，莱布尼茨果然从这些树叶里面找到了它们的共同点，皇帝很佩服。这时，莱布尼茨又说：“凡物莫不相异，天地间没有两个彼此完全相同的东西。”皇帝听了，又不信，于是莱布尼茨就建议皇帝去御花园去寻找两片完全没有区别的树叶，果然，虽然御花园有很多树叶，而且粗粗看来，树上的叶子好像都一样，但仔细一比较，却是形态各异，找不到两片一模一样的。

是的，世界上没有两片完全相同的树叶。而对于更为复杂的人来说，则有更多的不同之处。每个人都有不同的基因，不同的外貌，不同的智力体力，不同的出身，不同的朋友，即便是现代技术所创造的克隆人，也会有不同的经历，听过不同的音乐，走过不同的路，来自不同的试管——可以说，我们的人生都是无限时空上的一条线段，没有任何两个人的线段是重合的。既然如此，我们为什么要去模仿别人，企图让自己变成和别人一样呢?

可是有很多人不明白这个道理，而是习惯于模仿别人，在现代社会这样的人不在少数。那些年轻和缺乏经验的人，总是害怕自己与别人不同。但是他们总有一天会明白，嫉妒别人是没有用的，而模仿他人等同于自杀。

森林里举办百鸟音乐会，节目一个比一个精彩。百灵鸟清脆悦耳的合唱，夜莺婉转动听的独唱，雄鹰豪迈有力的高歌，大雁低回深沉的吟咏……博得了一阵又一阵热烈的掌声。

唯有鹦鹉不以为然，脸上挂着嘲讽的冷笑:“你们不过就那么两下子，有什么了不起?轮到我呀……哼!”

终于该鹦鹉上场了，它昂首挺胸地走上舞台，神气地向大家鞠了一躬，清清嗓子就唱了起来。第一支歌，它学百灵啼；第二支歌，它学雄鹰叫；第三支歌，它学夜莺唱；第四支歌，它学大雁鸣……它垂着眼皮唱了一支又一支，完全陶醉在自己的歌声里。

音乐会评奖结果公布了，鹦鹉以为自己稳拿第一，可是，它的名字竟排在名单的尾巴上。鹦鹉难过地哭了。它满腹委屈地找到评奖委员会主席凤凰说:“我……我难道还……还不如乌鸦吗?为什么把我排……排在最末一名?”凤凰诚恳地对她说:“艺术贵在独创。你除了重复别人的调子外，有哪一个音符是你自己的呢？”

鹦鹉的模仿能力不弱，百灵、雄鹰、夜莺、大雁，它都能学得惟妙惟肖，可惜这是百鸟演唱会不是模仿秀，没有自己特色的鹦鹉注定没有立足之地。同样，人生也不是模仿秀，你不能只一味地模仿他人。你尝试过像别人那样的生活吗？还是你一直保持着自己独特的味道以自己的方式生活着？一个乏味的人，潜能得不到最大的发挥，因此，乏味的人要走有味的路，创造自己的“味道”，你不必总和别人一样，你就做你自己，森林中独一无二的一棵树，而不是复制所得的人造盆栽。

什么是乏味的人？“乏味”是缺乏自己的味道，是心底对生命没有热情，是对自己没有自信，一味地追随他人的脚步，白白地让自己心中的那个英雄溜走，同时也带走自己对生命的热情与信心。卡耐基曾经问素凡石油公司的人事部经理保罗：“求职的人最常犯什么错误。”保罗的答案是：“不能保持本色，他们总不能以自己的面目示人。”从开天辟地至今，不可能有一个与你完完全全一样的人，不必浪费太多的精力在模仿他人身上，而忽视了如何利用自己身上的潜能。

只要你还在试图变得和别人一样，你最多也就只能当个复制品，说不定还是个差劲的复制品。这恰好就是让失败者陷入失败的恶性循环的行为，这也同样会阻止有才华的人成为卓越的人才。

许多潜在的因素有助于决定我们能取得多大的成功，以及对别人的影响有多大。但千百年来都是那些愿意冒险，想要与众不同，挑战现状并会激怒一小拨人的人才会使世界有大的改变。正所谓“真理往往掌握在少数人手中”。

任何重大成果都是由特立独行的性格造就而成的，它们在很大程度上与这个社会的步调都是不一致的。想想“嬉皮士资本家”布兰森，想想脱口秀女王温弗瑞，想想“苹果教父”乔布斯，如果你想成为这样的人，你就必须接受这样的观点：与别人过分一致是无法取得真正的成功的。特立独行的人大都在世上起到了重要影响，因为他们想要变得与众不同。

布兰森虽置身于名流社会，却一头披肩长发，终日休闲打扮，玩世不恭。这一切使他更像摇滚明星，而不是一个商业世界“穿着西装的绅士”。正是这样一位“嬉皮士资本家”，一手创建了“维珍”品牌，并让这个品牌在英国深入人心。布兰森被许多英国商业机构认为是个怪人——但你以为布兰森在意吗？然而不幸的是，多数人都力图和周围人保持一致，而不是愿意从普通人中脱颖而出。最大的问题就是，如果你自己不做到与众不同，是不可能在世上有所成就的。从你本身来看，要做一个特别的人是成功的唯一出路。也许会有人反感你，而且你肯定还会受到无数的批评。你的成就越大，受到的批判就越多。然而，人们也会为此而尊敬你，尤其是当你开始取得成功的时候。毫无疑问，你会变得更加有原则和力量，并受到更大的尊重。

与众不同甚至是独特不羁的人可以改变整个世界，而从众的人只能成为泛泛之辈，对世界没有丝毫影响。那么，你愿意成为哪一个呢？

世界上没有两片完全相同的树叶，也不会有两个相同的人，所以，一定要坚定地保持自我本色，如果我们一味地模仿他人，终将在人群中迷失，失去了自我。保持自我，可以让你发挥独特性，创造出属于自己的成绩。

# 已经到达极限，我无能为力了？

## ——超越，活出不设限的生命体验

### “来，我来教你们什么是超人”

查拉斯图拉来到最靠近森林的城市。发现市场上聚集着许多人。原来，有人预告，有一个走软索的人要来表演。

于是，查拉斯图拉对人群说：“我教你们什么是超人。人类是应该被超越的某种东西。到现在，所有生物都创造了高于自己的种类，难道你们愿意回归兽类，不肯超越人类吗？

“猿猴对人是什么？一个讥笑或是一个痛苦的羞辱。人对超人也是这样：一个讥笑或是一个痛苦的羞辱。

“你们跑完了由虫到人的长途，但是在许多方面你们还是虫。从前你们是猿猴，但是现在，人比任何猿猴还像猿猴些。

“现在，我教你们什么是超人！超人是大地的意义。让你们的意志说，超人必定是大地的意义！兄弟们，我祈求着：忠实于大地吧，不要信任那些对超越大地的希望的人夸夸其谈！无论有意还是无意，他们是放毒的家伙。他们是生命之轻蔑者、将死者，他们自己也是中毒者。

“从前侮辱上帝是最大的亵渎；现在上帝死了，因之上帝的亵渎者也死了。现在最可怕的是亵渎大地！

“现在，我教你们什么是超人！”

这是尼采的著作《查拉图斯特拉如是说》中关于超人的非常著名的一段话，尼采生活的时代是理性文化衰落、非理性文化崛起的时代。当时西方传统文明和价值濒于崩溃，市侩文化充斥一切场合，人的生命力和本能冲动为传统理性所压抑和扼杀。中古宗教文化把人类视为“被创造物”，近代国家主义又将人类化为集团分子，而科学文明则更把人类变成机械人，人类的地位愈显渺小而微不足道。

人们被禁锢在异己的甚至是彼岸的力量中，失去了创造性。物质技术虽有重大进步，人们的精神却日益贫乏，处于一种麻木、无目标、无标准的状态。尼采以敏锐的眼光觉察到了这个病态社会的症结所在，向其展开了猛烈的、颠覆性的攻击。尼采所宣称的“超人”就是在他对这些传统道德文化进行重估的基础之上，用新的世界观、人生观构建起来的新的价值体系。尼采塑造的超人具有不同于传统的和流行的道德的一种全新的道德，它不是一个新偶像，而是一种精神，一种要求人们打破偶像，从自己做起的自尊、自强、自爱的精神。尼采的“超人”学说树立起一种新型人生价值观。这种价值观主张人们把注意力重新返回到人类自身，尊重人的本能，重视现实世界，改变愚昧、懦弱而不可自拔的状况，以丰富、顽强的生命力来创造人生的价值。

这里的“超人”，不是指具体的人，“超人”也不是一个静止的概念，而是一个动态的过程，一种不断向上奋进的积极性。“超人”这个词开始时是没有内容的，而只是超出这个动作，它表明了一种在向外延伸中超出自我而又回归自我的死亡。因此，“超人”这个词也指作为一切有生命之物的基础循环结构。“超人”意味着人是要被超越的，意味着人必须不断地超越自己，超越传统道德观念的束缚。

在尼采看来，“超人”有以下三个特征：

第一，自身具有的超越性。在徐梵澄译本《查拉图斯特拉如是说》

中说道:“人便是一根索子，联系于禽兽与超人间——驾空于深渊之上。”“人之伟大，在于其为桥梁，而不是目的；人之可爱，在于其为过渡与下落。”在尼采看来，人生是一个充满荆棘、道路坎坷又不断向前发展的动态过程，犹如一根悬在深谷上的软索，人只能以极大的勇气、坚韧不可摧的毅力，才能创造出有意义的人生。

“人是桥梁”，是一座不断超越过去、通向未来的桥梁，人生的过程是变化不息的，人可以通过自己的行动，不断地自我肯定，自我超越，在进程上，不断地由过去走向未来。

在这里，尼采要强调的是，人并不听命于上帝的安排，不存在着什么既定的命运，命运掌握在自己手中，由自己创造，人的未来是在人的自我选择、自我奋斗中形成的。尼采想让人们告别那种在精神上萎靡不振，在肉体上孱弱不堪的“重负的骆驼”形象。现在，“上帝已死”，人的主体性得到了发挥，人必须学会超越自己，向更高的方向前进，完善生命。

第二，大地的意义。“超人便是大地的意义”，所谓“大地的意义”是想指责之前的传统主流文化“亵渎大地”，因为其否定了现实世界的美好价值。尼采为了强调超人的意义，采用了不同于以往的人的语言，他把“超人”这个概念追溯到了人类的感官上。感官既是精神上的，也是物质上的，是理智与情感、精神与肉体的统一，人变成了一个完整的人，不是一个精神与肉体相互分离的人。

第三，“超人”不是新偶像。尼采呐喊“上帝死了”、“打倒偶像”，并不是说超人就是我们的新偶像。虽然超人有着超出善恶观念之上的道德理想，但并不是说超人就是尼采塑造的另一个上帝。在尼采看来，上帝其实不是独一无二、无与伦比的个人，而是这个世界上的活生生的人将其赋予独一无二、无与伦比的意义，每个人都可以成为“上帝”，成为超人!

尼采在这里，实现了从人到“超人”的转变。但是人可以披上飞行的外衣，却依然无法摆脱重力的束缚。社会取向作为自然取向是不以人的取向为转移的，人的取向也终究无法摆脱社会的取向。尼采作为人当然无法改变其社会属性，他只是以抵抗社会价值为手段来实现其社会价值。所以，尼采是一个孤独的人，他在学术的道路上孤军奋战，显得那么无助。人永远脱离不开自己的种类，人群尽管压抑人，但离开了人群的人又会如何呢？超人在不断追求权力意志、不断超越的过程中，离人群也越来越远，只能独自一人去面对无法忍受的空无，只能和青山为伴，与河流为伍，没有人听到他的呐喊，更没有人为他欢呼，受伤了也只能在一个没有人烟的地方抚慰自己的伤口。

这种状态，无人能够忍受，尼采到最后疯了就证明了这一点。

## 不做“好人”做“强者”

《不做好人做强者》，这是一本尼采的书，这也是尼采的理论，曾经被法西斯利用，认为“超人”就是一种英雄崇拜。虽然这一结论颇有争议，但在社会中，也给了我们一个提示，那就是单靠做老好人是不够的，要做一个强有力的人，能做出正确的选择。

在尼采的书中，尼采这样形容好人与强者的关系：

言归正传，关于“好人”观念的另外一个起源，也就是仇恨者想象出来的那种好人，这个问题也需要有一个解：羊羔怨恨猛兽毫不奇怪，只是不能因为猛兽捕食羊羔而责怪猛兽。如果羊羔们私下里议论说：“这些猛兽如此之恶，难道和猛兽截然不同，甚至相反的羊羔不能算是好的吗？”那么这样一种理想的建立并没有什么可以指责的，尽管猛兽会投过讥讽的一瞥，它们也许会自言自语地说：“我们并不怨恨这些好羊羔，事实上我们很爱它们，没有什么东西比嫩羊羔的味道更好了。”要求强者不表现为强者，要求他不表现征用欲、战胜欲、统治欲，要求他不树敌，不寻找对抗，不渴望凯旋，这就像要求弱者表现为强者一样荒唐。

羊是弱者，狼是强者，所以我们总是有意无意地在我们的各种故事里把羊塑造成善良的好人而狼则成了吃羊的坏人，但狼吃羊难道真的是因为他“坏”吗？当然不是，因为他是强者，所以他必须吃羊，这是自然规律所决定的。

所以，尼采所谓的不做好人不是说要人摒弃道德，而是要告诉人，不要做一个逆来顺受、言听计从的弱者，而是要敢于反抗命运，做一个像狼一样的强者。

有一个叫力克·胡哲的澳大利亚青年，出生的时候就罹患有“海豹肢症”，天生没有四肢。但他的生命体验却令所有人都佩服不已，他是澳大利亚第一批进入主流学校的残障儿童，是他们中学第一位竞选学生会主席的残障者，是第一位登上《冲浪客》杂志的菜鸟冲浪客，他即会踢足球，又会打高尔夫，他创立的“没有四肢的人生”在五大洲超过25个国家举办了1500多场演讲，他出版过两套畅销全球的DVD，出演过一部为他量身定做的电影《蝴蝶马戏团》，他还出过一本畅销全球的书，这本书的中文版已经上市，叫作《人生不设限》。

这样一个没手没脚的青年，却诠释出了这样精彩绝伦的人生，究竟是什么原因让力克有了如此的生命体验？或许，《人生不设限》中的一句话可以充分地说明问题：“没手没脚，没有限制。”

是的，一个被命运逼到了墙角的人，除了反抗，他一无所有，但是，他的确是一个命运的强者，因为他最终战胜了自己的命运！这是他的顽强，让他终于从一无所有的残疾青年成长为一无所缺的“2005澳洲年度青年楷模”。

不做好人做强者，在这里仅仅指的是尼采对于人的主观能动性的一种肯定，而并不对社会有功利的价值，“强者”是一种自我评价，正如尼采赞许拿破仑，并不在于他驰骋疆场的赫赫战功，也不在于他用白骨堆成的皇座，而是正如黑格尔见到拿破仑时的赞语：“世界精神在马背上。”他那种惊人潜能的发挥，以及不屈不挠的精神，给予人类的鼓舞，正如同贝多芬和歌德。

所以，在尼采看来，人都是通过自己的行动而被造就的，没什么既定的标准。人应该自我立足的，面对现实；人应该重视的，是自己的未来。“强者”的可贵，就在于它深切了解人被抛入世界后的生命的艰难，短暂而可悲，但它仍能挺起胸膛，在饱受苦难之际，仍持有积极向上的人生态度。这种自强不息、积极奋斗的精神，才是“强者”的真正含义。

## 尼采精神三变：重构自我价值

谈论到尼采，人们一定会有这样的议论：“尼采，那是个疯子！”

尼采确实是疯了，只不过他是为了心目中的真理而疯，为重构一切价值的主张而疯。但尼采是一个伟大的人，无论是喜欢他的人还是不喜欢他的人，都毫无疑问地承认他的伟大。简单地翻阅西方近代哲学思想的历史，尼采的影响一目了然。他的勇敢、自信、聪慧甚至堕落，给西方现代哲学画上了一个极其清晰的起点。后期的实证主义、实用主义、现象学、存在主义，甚至弗洛伊德的精神分析等都受到尼采极其深刻的影响。

尼采经常会指责传统价值的虚伪、病态和堕落，因为传统价值削弱了“强力意志”，必须以新的、健康的、刚健的价值标准取代它。尼采认为生命本身就是价值标准。尼采的哲学观最重要的一点是哲学的使命就是要关注人生，给生命一种解释，给生命的意义一种解释，探讨生命的意义问题。而生命的意义便在于从骆驼到狮子到婴儿的“三变”。

尼采以骆驼、狮子和婴儿喻为人生精神阶段三境界。这是因为骆驼能吃苦负重，任劳任怨；狮子凶猛顽强，毫无惧怕；婴儿纯洁善忘，天天成长。尼采精神三变是指：一变为骆驼；二变为狮子；三变为婴儿。

骆驼有“沙漠之舟”的外号，能背负重担，忍受考验，毅然决然地向前走去。人在年轻的时候，都会像只骆驼一样接受父母师长的教导与指示，走上能成为圣贤的艰辛路。具体说来，就是听从父母师长对你说你应该如何。这时，他只是被动地接受命令，认真地奉行别人的指示。父母师长这样做的目的是害怕孩子走错路、走弯路，而孩子也确实是在做人生中的“骆驼”，可是这样是否能够真正保障孩子将来成为“狮子”呢？这是一个值得深思的问题。

骆驼要承受巨大的负荷，凡事听从他人指挥，所以，骆驼必须蜕变为狮子。狮子有“草原之王”的称号，抱有大无畏的精神，具有强劲的生命力与开创的勇气。狮子的比喻，是说任何环境都无法阻碍它的前进与开展。和骆驼相比，狮子的象征是：你对自已说“我要如何，我要如何”，这显然是从一个被动转变为主动了。人生成败的关键就是从被动到主动。骆驼若不变为狮子，则人的一生只不过是随人俯仰。

举例来说，孩子在面对选报哈佛大学还是耶鲁大学时，有些家长担心孩子不能慎重考虑，就代替孩子做出选择，那么，将来就有可能遭到孩子的抱怨，即使家长的选择是正确的，孩子也有可能因为这不是自已的选择而抱憾终生。明智的家长是不会代替孩子去作决定的，而是给他们自由选择的权力，因为这时的孩子已经具备独立思考、独立处世的能力，遇事完全可以自已做主。这样，孩子会在自我选择过程中建立起自我意识和责任意识，在做出抉择的那一刻他会感觉自己真的长大了，进而向成熟迈进。

三变为婴儿。婴儿代表新生命的开始，也是一切可能的开始。当婴儿降生下来的时候，父母会对其给予无限的期望，他们梦想着自己的孩子可以实现自己这一生都无法实现的宏愿。孩子的成长，给父母的人生增添了绚丽多姿的色彩，但是，孩子的成长过程也是父母希望幻灭的过程，每个孩子都会让父母或多或少地感觉到失望，就像父母曾经也让他们的父母失望一样，这就是人类亘古不变的循环过程。

婴儿的境界并不是说他无知、幼稚，而是代表重新回归原点，可以重新出发。这时，他能够安于眼前处境，踏踏实实地活好每一天、每一分钟。当一个人抵达到婴儿阶段的时候，他就不会再遭遇前面所列举的一系列问题了。

尼采的精神三变与王国维在《人间词话》中提到的人生三境界颇有着相似之处。

王国维认为“古今之成大事业者，必经过三种境界”，也就是第一境界：昨夜西风凋碧树，独上高楼，望尽天涯路。第二境界：衣带渐宽终不悔，为伊消得人憔悴。第三境界：众里寻他千百度，蓦然回首，那人却在灯火阑珊处。

而在尼采的精神三变，骆驼就是不怕苦地向前走去，恰似“昨夜西风凋碧树，独上高楼，望尽天涯路”。狮子就是施展他的抱负，恰似“衣带渐宽终不悔，为伊消得人憔悴”。而婴儿就是返璞归真，与世无争，恰似“众里寻他千百度，蓦然回首，那人却在灯火阑珊处”的境界。

在尼采的精神三变中，骆驼和狮子阶段会互相循环。在这一个阶段，你是狮子。下一个阶段你也许会成为骆驼。因为幸福不能固守，固守的幸福会腐化。几乎每样事物都有保鲜期，包括幸福。婴儿阶段，是“惯看秋月春风”的阶段，是一种繁华与沧桑过后的大度与无执。刚出生的孩子是婴儿，处于悲秋年纪的老人也是婴儿。

## 厌烦现状是超越自我的第一步

人类厌倦了爬行，所以学会了直立行走；人类厌倦了茹毛饮血的生活，所以发明了钻木取火；人类厌倦了赤身裸体，所以用衣服蔽体……

厌烦，是人类独有的情绪。笼子中的动物总是无精打采，踱来踱去，呵欠连天；它们在大部分时间里都在搜索敌人或食物，或同时搜索二者；它们有时交配，有时则设法取暖。但即使当它们不快乐时，它们也不会厌烦。动物是不会有类似厌烦的感觉的，因为这些动物从来没有做出过惊世骇俗的壮举。

然而，厌烦作为人类行为的一个因素，却远未受到人类应有的注意。厌烦是人生必不可少的组成部分。避免烦恼的愿望是天生的，任何人遇到机会都会表现出这种愿望。当野蛮人初次尝到酒的滋味时，他们发现自己终于能够逃避那由来已久的烦闷了，除非被干涉，否则，他们定会狂饮至死。战争、屠杀和迫害都已成了逃避烦闷的方法，甚至与邻居吵架也比无所事事要好过些。厌烦是道德家们所面临的主要问题，因为人类的罪恶至少有一半起源于惧怕苦闷。

厌烦并不是人类自然命数的一部分，而是可以避免的，方法是打破沉闷，寻求突破。打破沉闷意味着打破旧有的生活状态。我们需要有破旧的勇气，不要让不合宜的生活规律控制你的大脑。潜力的繁衍需要不断新生的空间。当在一切旧事物中找不到潜能的发生点时，独辟蹊径才能让你的人生创意畅通无阻。

有一条河流从遥远的高山上流下来，经过了很多个村庄与森林，最后到达一个沙漠。它想:“我已经越过了重重障碍，这次应该也可以吧！”

当它决定越过这个沙漠的时候，发现河水渐渐消失在泥沙之中，它试了一次又一次，可总是徒劳无功，于是，它灰心了，说:“也许这就是我的命运了，我永远也到不了传说中那个浩瀚的大海。”

这时候，四周响起了一阵低沉的声音:“如果微风可以跨越沙漠，那河流也可以。”原来，这是沙漠发出的声音。

小河流很不服气地回答说:“那是因为微风可以飞过沙漠，而我却不可以。”“因为你坚持原来的样子，所以你永远无法跨越这个沙漠。你必须让微风带着你飞过这个沙漠，到达目的地。你只要愿意放弃现在的样子，让自己蒸发到微风中。”沙漠用它低沉的声音说。

小河流从来不知道有这样的事情:“放弃我现在的样子，然后消失在微风中？不！不！”小河流无法接受这样的事情，毕竟它从未有这样的经验，叫它放弃自己现在的样子，那不等于是自我毁灭了吗？

“我怎么知道这是真的？”小河流这么问。

“微风可以把水汽包含在它之中，然后飘过沙漠，等到了适当的地点，它就把这些水汽释放出来，于是就变成了雨水。然后，这些雨水又会形成河流，继续向前进。”沙漠很有耐心地回答。

“那我还是原来的河流吗？”小河流问。

“可以说是，也可以说不是。”沙漠回答，“不管你是一条河流或是看不见的水蒸气，你内在的本质不会改变。你之所以会坚持自己是一条河流，是因为你从来不知道自己内在的本质。”

此时，小河流的心中隐隐约约地想起了自己在变成河流之前，似乎也是由微风带着自己，飞到某座高山的半山腰，然后变成雨水落下，才变成今日的河流。于是，它终于鼓起勇气，投入微风张开的双臂，消失在微风之中，让微风带着它，奔向它生命中（某个阶段）的归宿。

我们就像小河流一样，想要跨越生命中的障碍，达到某种程度的突破，向理想中的目标迈进，就需要有打破沉闷的决心。我们的人生创意总是在我们适应了一成不变的生活后失去了动力，我们的潜能也就像一架动力不足的机器无法前行，而守旧的大脑永远无法激起生命创意的火花。其实，只要稍稍改变生活的状态，便可改变一切。我们不能为自己确定一种永远适用的生活方式，要在每一刻都争取做最合时宜的事情。

生活就像万花筒，它能呈现什么样的色彩与纹饰，在于持筒之人掌握万花筒的角度。因此，得见生活万花筒之最精彩图样的人，必定是生活姿态最具创意之人。这样的人在面对生活时，总能拥有新颖、具创造性的想法。

## 要体验生命，必须站在生命之上

“要体验生命，你必须站在生命之上！为此要学会向高处攀登！为此要学会俯视下方！”这是尼采的一句名言，尼采想做超人，想成为太阳，所以他要努力攀爬，希望能够站到生命的顶峰。

而普通人也是如此，即使我们不想成为超人，不想超越人类，但是，站得越高，看到的世界就越大，同样的道理，要想使自己达到一个大境界，让自己获得更高的生命体验，我们就必须让自己站在高处，把自己的心域拉高拉远。

在《秋水》一章中，庄子讲了一个很有趣的寓言：

“秋水时至，百川灌河。泾流之大，两涘渚崖之间，不辨牛马。于是焉河伯欣然自喜，以天下之美为尽在己。”

河伯就是黄河的水神，河伯一看到黄河波涛汹涌河面宽阔，于是得意得不知所以，结果等看到了大海之后，河伯才知道山外有山，于是，很不好意思地向海神感慨地说:“我真是见识浅短啊。”

可是，海神却丝毫不认为自己有多大，而是对河伯说：

“我存在于天地之间，就好像一小块石子、一小块木屑存在于大山之中。我以为自身实在渺小，又哪里会自以为满足而自负呢？”

想一想，四海存在于天地之间，不就像小小的石间孔隙存在于大泽之中吗？再想一想，中原大地存在于四海之内，不就像细碎和米粒存在于大粮仓里吗？

号称事物的数字叫作万，人类只是万物中的一种；一个人比起万物，不就像是毫毛之末存在于整个马体吗？五帝所续连的，三王所争夺的，仁人所忧患的，贤才所操劳的，全在于这毫毛般的天下呢！

这是何等高远绝伦的境界，这是何等的气概。因此，一个人若达到这样高远的生命境界，人间的那些小小的矛盾和俗事，怎么能够羁绊得了他呢？

人生天地之间，若想不被凡尘琐事所干扰，达到幸福而圆满的人生境界，必须不断扩充自己的人生境界。如果你的眼睛里只有柴米油盐、只有蝇头小利，你又怎么能够获得内心的幸福呢？

晋代大书法家王羲之的字可谓冠绝天下，后世尊他为“书圣”。王羲之的字平和自然，笔势委婉含蓄，遒美健秀，后人评曰“飘若游云，矫若惊蛇”，他的行书字帖《兰亭集序》被宋代米芾称为“天下行书第一”。他的字为什么写得那么好？虽然与他平日勤学苦练不无关系，但是，他的字犹如神品却和他的人生境界的高远不无关系。

在《兰亭集序》中王羲之这样写：

“永和九年，岁在癸丑，暮春之初，会于会稽山阴之兰亭，修禊事也。群贤毕至，少长咸集。此地有崇山峻岭，茂林修竹；又有清流激湍，映带左右，引以为流觞曲水，列坐其次。虽无丝竹管弦之盛，一觞一咏，亦足以畅叙幽情。

“是日也，天朗气清，惠风和畅，仰观宇宙之大，俯察品类之盛，所以游目骋怀，足以极视听之娱，信可乐也。”

这是何等舒畅的情怀，又是何等开阔的生命境界！王羲之秉持这样的生命境界，把周围的山春草木和天、气、惠风、宇宙及品类全部都融合到自己的序中，如何不成就人间的神品呢？

生活在繁华都市中的人们，每天都为了生计而奔忙，很容易被各种各样的物欲迷住眼睛。在他们的眼里只有来往的车流、上司和周围人群的嘴脸、各式各样的楼层，有点时间休息时，也只是对着电视或者电脑。他们的心中根本没有周围的绿色植物、天空中不断游走的流云、夜晚灿烂的星光和月色，他们的心仅仅局限于都市中的那一个小小的片断。在这种狭窄的心灵空间生活久了，怎么能获得成功和幸福的感受，怎能不心生疾病呢？

把你的心域拉到无限远，让自己的心灵站在生命之上，俯视大地苍穹，你就能在繁华之中看见苍凉，在危急之时看见希望，在平凡之中看见伟大，在奔忙之中看见力量。这时你就会有一种“天高任鸟飞，海阔凭鱼跃”的感受，你的生命境界就会得到进一步的升华，你在现实生活之中就会体验到一种解脱的大自由。

## 追求不可能实现的事，即为疯狂

塞万提斯笔下的堂吉诃德是一个不朽的典型人物。这个瘦削的、面带愁容的小贵族，由于读骑士文学而入了迷，竟然骑上一匹瘦弱的老马“驽骍难得”，找到了一柄生了锈的长矛，戴着破了洞的头盔，要去游侠，锄强扶弱，为人民打抱不平。他雇了附近的农民桑丘·潘沙做侍从，骑着驴跟在后面。堂吉诃德又把邻村的一个挤奶姑娘想象为他的女主人，给她取了名字叫杜尔西内亚。于是他以一个未授正式封号的骑士身份出去找寻冒险事业，他完全失掉对现实的感觉而沉入了漫无边际的幻想中，唯心地对待一切、处理一切，因此一路闯了许多祸，吃了许多亏，闹了许多笑话。最后辗转回到家乡时，他一病不起。

堂吉诃德是一个“永远前进的形象”。堂吉诃德的名字已经变成一个具有特定意义的名词，成了脱离实际、热忱幻想、主观主义的同义词。

一个人要有远大的志向，但朝着目标迈进的时候要量力而行。志向远大而心神疲劳，任务重大而力量较小，往往做不成事，达不到自己的目标。

人的一生，要想走向成功，必须有自己的目标，如果没有目标，便犹如大海上没有舵的帆船或看不到灯塔的航船，就会在暴风雨里茫然不知所措，以致迷失方向，无论怎样奋力航行，终究无法到达彼岸，甚至船破舟沉。有的人一生忙碌，但一事无成，便是因为没有目标，导致人生的航船迷失了方向。

设定了目标，在实现梦想的过程中还要量力而行。如果在追梦的过程中心有余而力不足，便要审视自己的目标是否可行，自己的选择是否有所偏差。如果目标与方向没有错，就应该朝着既定的目标量力而行。人生的路有千百条，选择什么样的路，应当量力而行。要学会审时度势，学会扬长避短。只有量力而行的睿智选择才会拥有更辉煌的成功。

在人类科学史上，一直有人花费无数精力，希望能够研发出永动机。

永动机的想法起源于印度，1200 年前后，这种思想传到了西方。在欧洲，早期最著名的一个永动机设计方案是 13 世纪时一个叫亨内考的法国人提出来的。虽然被证明失败了，但之后，一直有人趋之若鹜。甚至连文艺复兴时期意大利的达·芬奇也造了一个类似的装置，当然，即便是天才如达·芬奇，也没有能够成功。

在达·芬奇之后，人们还提出过利用轮子的惯性、细管子的毛细作用、电磁力等获得有效动力的种种永动机设计方案，但都无一例外地失败了。从哥特时代起，这类设计方案越来越多。17 世纪和 18 世纪时期，人们又提出过各种永动机设计方案，有采用螺旋汲水器的，有利用轮子的惯性、水的浮力或毛细作用的，也有利用同性磁极之间排斥作用的。宫廷里聚集了形形色色的企图以这种虚幻的发明来挣钱的设计师。有学识的和无学识的人都相信永动机是可能的。这一任务像海市蜃楼一样吸引着研究者们，但是，所有这些方案都无一例外地以失败告终。他们长年累月地在原地打转，创造不出任何成果。通过不断地实践和尝试，人们逐渐认识到，任何机器对外界做功，都要消耗能量。不消耗能量，机器是无法做功的。这时，一些著名科学家如斯台文、惠更斯等都开始认识到了用力学方法不可能制成永动机。

“成功”二字固然充满风光，但绝不是每一个人都可以实现的，“心想事成”只不过是美好的愿望。有信心是重要的，但有信心不一定会赢，而没信心却一定会输。人生的学问，其实就是“量需而行，量力而行”。

要想获得快乐的人生，就不要行色匆匆，不妨停下脚步，暂时休息一会儿，想一想自己需要什么、需要多少。想一想有没有这样的情况：有些东西明明是需要的，你却误以为自己不需要；有些东西明明不需要，你却误以为自己需要；有些东西明明需要得不多，你却误以为需要很多；有些东西明明需要很多，你却误以为需要极少……

也许，我们平时会把某个目标定得很高，不过真正实行起来还是要量力而行，不能为了所谓的面子或其他原因勉强自己，这样做的结果多半会让自己后悔不迭。在明知自己可能做不到的情况下还固执地前行，这不是执着，而是愚蠢。一件事情遇到困难该坚持的时候，你放弃了，而距离成功只有一步之遥；另一种是方向错了，明明早就该“弃暗投明”，你还是不撞南墙不回头，这是固执的愚蠢，不是执着的坚定。

我们都不是天才，更不是能力挽狂澜的伟大人物，绝大多数人可能只是普通的人，许多事超过我们的能力范围，我们当然不能做一个不自量力的人。心有余而力不足，这其实算不上什么特别难堪的事情，就算是大人物也一样会有自己解决不了的事。量力而行是一种智慧，是对自己与周围环境的了解，是用最少的力量取得最大的成绩。

## 人的无限潜能：唤起心中的巨人

20世纪初，美国著名的心理学家和哲学家威廉·詹姆斯断定，普通人只用了他们全部潜力的极小部分。詹姆斯把这当作自己最重要的发现之一。“与我们应该成为的人相比，我们只苏醒了一半。我们的热情受到打击，我们的蓝图没能展开，我们只运用了我们头脑和身体资源中的极小一部分。”由于某种原因，当时的精神病学家和行为科学家都没有注意到这一重要的论断。以至于在后来的五六十年里，几乎没人致力于研究人的潜力及如何发展这种潜力。正如曾在这一领域成为先驱的社会心理学家赫伯特·奥托博士说：“近50年来人类潜力这一课题完全被社会科学家和行为科学家所忽视，根本没有被他们当作一个中心课题来研究。”

直至美国人本主义心理哲学家马斯洛发展出了他的“动机理论”，他关于人类动机的普遍理论的一个很重要的方面就是相信人类具有大量尚未加以利用的潜力。他相信，所有的或几乎大部分的婴儿，生而具有心理发展的潜力和需要。

为此，马斯洛引用了一个例子。

马斯洛年轻时想进田径队参加比赛。那时在4分钟之内跑完一英里被认为是绝对做不到的事。结果，人所“不能”的事成了可能的事，因为新的奥运世界纪录一次又一次地证明了人的潜能是可以无限突破的。

人的潜能是永远挖掘不尽的，就像一座永远也挖不尽的金矿，你可以从这座金矿取得所需的一切东西，如果能唤醒这种潜在的巨大力量，往往会出现奇迹。

约翰是一名学音乐的学生，这天，他和往常一样走进了练习室，在钢琴上，摆着一份全新的乐谱。

“超高难度……”他翻着乐谱，喃喃自语，感觉自己对弹奏钢琴的信心似乎跌到了谷底。已经3个月了！自从跟了这位新的指导教授之后，约翰不知道教授为什么要以这种方式整人。他勉强打起精神，开始用自己的十指奋战、奋战、奋战……琴音盖住了教室外面教授走来的脚步声。

指导教授是个极其有名的钢琴大师。授课的第一天，他递给约翰一份乐谱。“试试看吧！”他说。乐谱的难度颇高，约翰弹得生涩僵滞，错误百出。“还不成熟，回去好好练习！”教授在下课时，如此叮嘱约翰。

约翰练习了一个星期，第二周上课时正准备让教授验收，没想到教授又给他一份难度更高的乐谱。“试试看吧！”上星期的课教授也没提。约翰再次挣扎于更高难度的技巧挑战。第三周，更难的乐谱又出现了。

这样的情形持续着，约翰每次在课堂上都会被一份新的乐谱所困扰，然后把它带回去练习，接着再回到课堂上，重新面临难度更高的乐谱，怎么都赶不上进度，一点也没有因为上周的练习而有驾轻就熟的感觉，约翰感到越来越不安、沮丧和气馁。

像往常一样，教授走进了练习室。约翰再也忍不住了，他必须向钢琴大师提出这3周来何以不断折磨自己的质疑。教授没开口，他抽出最早的那份乐谱，交给了约翰：“你来弹弹这份乐谱吧！”

不可思议的事情发生了，连约翰自己都惊讶万分，他居然可以将这首曲子弹奏得如此美妙、如此精湛！教授又让约翰试了第二堂课的乐谱，约翰依然有超高水准的表现……演奏结束后，约翰怔怔地望着老师，说不出话来。

“如果我不这样训练你，可能你现在还在练习最早的那份乐谱，也就不会有现在这样的程度……”钢琴大师缓缓地说。

每个人都拥有一座潜能的宝藏。我们每个人都蕴藏着巨大的潜在力量，等待着我们去发现、去认识、去开发。这种力量一旦引爆，将带给你无穷的信心和能量。没有人知道自己到底具有多大的潜能，因而没有人知道自己会有多么伟大，所以我们应该找寻内心真实的自我，激发自己无穷的潜能。

在每个人的身体里面，都潜藏着巨大的能量。只要你能够发现并加以利用这种力量，便可以实现你的理想。

## 完美的标准，就是没有标准

总是有人说“我是一个完美主义者”，说这句话的人，带着些许无奈、带着些许自得，但当你问他“究竟怎么样才是你要的完美呢”，十有八九的人会沉默，因为他们根本无法描述出自己想要的完美，非但无法描述，甚至他们心里都不知道什么才是完美。因为这个世界上根本就找不出一个真正的，所有人都能认可的完美的人或事物。

有一位画家想画一幅人人都喜欢的画。经过几个月的辛苦工作，他把画好的作品拿到市场上去，在画旁放了一支笔，并附上说明：亲爱的朋友，如果你认为这幅画哪里有欠佳之笔，请在画中标上记号。

晚上，画家取回画时，发现整个画面都涂满了记号——没有不被指责的地方。画家心中十分不快，对自己的画技深感失望。他决定换一种方法再去试试，于是他又带着一张同样的画到市场上展出。可这一次，他要求每位观赏者将其最为欣赏的妙笔都标上记号。结果是，一切被指责过的地方，如今全又换上了赞美的标记。

最后，画家不无感慨地说："我现在终于明白了，无论自己做什么，只要使一部分人满意就足够了。因为，在有些人看来是丑的东西，在另一些人的眼里恰恰是美好的。"

是的，这个世界上没有绝对的完美。在你的一生中，你绝对不可能让所有人都满意，绝不可能达到至善至美的境界。

荷兰理性主义哲学家斯宾诺莎曾经提出过一个著名的命题："肯定即否定。"在斯宾诺莎看来，实体是在自身内并通过自身而被认识的东西。换言之，形成实体的概念，可以无须借助于他物的概念。从实体的定义可以看出，实体不被他物所产生或创造；实体不依赖于他物而独立存在；实体不用借助于他物而得到说明。

因此，在斯宾诺莎看来，任何形式的规定或肯定，都是一种限制，因为当我们对事物做出某种规定时，也就抹杀了事物在规定之外的存在。

斯宾诺莎的这一哲学思辨告诉我们，真正完美的东西是不能被规定标准的，因为一旦被规定，就排除了它成为其他东西的可能性，那么，它也就不再完美了。斯宾诺莎的这一思想确实深刻，它不仅揭示了肯定和否定之间的辩证关系，而且还在一定意义上暴露出了人的认识和语言的局限性。一方面，我们通过否定来肯定一个事物，比如苹果之所以是苹果，是因为它不是香蕉，也不是汽车，另一方面，当我们肯定苹果是苹果的时候，也就意味着苹果不是牛奶不是驴子，所以说，肯定就是规定，规定就是限制，反过来说也成立，否定其实也是一种肯定。

斯宾诺莎的这一理论和中国道家始祖老子的"道可道，非常道；名可名，非常名”颇有异曲同工之妙，这句话的大致意思是说，如果“道”这个东西能够被精确地描述出来，那它就不再是至大无形的道了，因为语言已经给了它某些限制；如果一个“概念”如果能够被描述出来，也就不是真正的“概念”了，因为在描述的过程中已经有了某些规定。所以说，如果这个世界上真的有完美的东西，那么它也只存在于柏拉图的“理性世界”中，我们根本不可能通过实际的描述来对其进行认知。这就是为什么有那么多人总是在追求完美，结果却一事无成，因为他们根本就不可能知道什么是完美，因为所有能够想象到的完美标准，都只指向“不完美”。

有这样一个笑话，讽刺那些追求完美的人。

有这样一位老人，他的外表虽然狼狈，却有着一双炯炯有神的眼睛，无论是行走或躺卧，他总是仔细而专注地观察着来来往往的人。

老人的外貌与双眼组合成了一个极不统一的画面，吸引了所有人的目光，人们窃窃私语：这不是普通的旅人，他一定是一个特殊的寻找者。

但是，老人到底在寻找什么呢？

一些好奇的年轻人忍不住问他：“您究竟在寻找什么呢？”

老人说：“我像你们这个年纪的时候，就发誓要寻找到一个完美的女人，娶她为妻。于是我从自己的家乡开始寻找，一个城市又一个城市，一个村落又一个村落，但一直到现在都没有找到一个完美的女人。”

“您找了多长时间？”一个年轻人问道。

“找了 60 多年了。”老人说。

“难道 60 多年来都没有找到过完美的女人吗？会不会这个世界上根本就没有完美的女人呢？那您不是找到死也找不到吗？”

“有的！这个世界上真的有完美的女人，我在 30 年前曾经找到过。”老人斩钉截铁地说。

“那么，您为什么不娶她为妻呢？”

“在30年前的一个清晨，我真的遇到了一个最完美的女人，她的身上散发出非凡的光彩，就好像仙女下凡一般，她温柔而善解人意，她细腻而体贴，她善良而纯净，她天真而庄严，她……”

老人边说，边陷进深深的回忆里。

年轻人更着急了：“那么，您为何不娶她为妻呢？”

老人忧伤地流下眼泪：“我立刻就向她求婚了，但是她不肯嫁给我。”

“为什么？”

“因为，因为她也在寻找这个世界上最完美的男人！”

那个女人真的完美吗？恐怕不是，至少她有一个缺陷：她不喜欢这个年轻人。可见，寻找完美的人，永远都不可能找到自己想要的东西。

生活中，许多人就像这位老人一样，终身都在寻找一位最完美的伴侣，寻找一份完美的工作，寻找一种完美的生活，然后日子就在这种寻找中如白驹过隙般流走了。追求完美是人类正常的渴求，也是人类最大的悲哀，因为世界上本无完美的标准，如果你一味地将追求完美的茧一层一层地套在身上，那么你最终也会死在这重重的包裹之中，最后留给我们的只是遗憾和痛苦。

人应该学会超越，但只需要超越自己，而不用去苛求所谓的完美。否则，就等于是在追逐虚无。

# 我想要怒放的生命！

## ——生命的价值，只能用深度来衡量

### 为生命的价值寻找答案

生命的意义究竟在哪里？这似乎已经是一个过时的问题了，这个时代很少会有人去探讨这个问题，即便是对于当代的哲学家来说，也是个平淡又乏味的问题。

但无论如何，只要这个世界上还存在着会思考的生活，它就是一个无法规避的问题。2400多年前，古希腊人就已经试图回答这个问题，虽然当时没有任何直接、合适的解释，但他们至少已经提出了一个相似的问题：幸福在哪里？哪里多一些，哪里少一些？

在古希腊之后的无数哲学家都通过自己的方式，尝试直接或者间接地寻找这个问题的答案。

新时代的哲学家们不去研究这个题目，比如笛卡儿。对于他们来说，世界一般意义的问题不该是属于人类的问题，而是上帝给出了答案的问题。生活在中世纪文艺复兴和巴洛克时期的人，也用不着去考虑生命意义的问题。教堂告诉他们，只要上帝的旨意和观点与他们同在，就是好的。直到8世纪末19世纪初，人们用意识来代替上帝所规划的世界秩序作为世界中心的这一变革才直接引起人们对于意义的追问和思考，开始研究生命的意义。

德国哲学家康德认为，生活的目的在于履行他的道德义务。但这种力量相当微薄。而法国哲学家卢梭则认为，生命的意义在于能够或者被允许按照自然天性生活——这一点与中国的庄子非常相像。

而对功利主义哲学家杰里米·边沁而言，生命的意义在于最大程度为自己和他人创造更大的快乐，因此，人们不必做那些他们不想做的事情。CBS之父威廉·佩利则认为，人类生命的意义在于尽可能多地创作“有用的作品”。

到了19世纪中期，关于这个问题的讨论迎来了它的繁荣时期。康德、费希特和黑格尔等大师的接班人，不知所措地站在前辈树立的里程碑前，显得无所适从。之前哲学宣称自己是多么强大，解释了世界的一般规律，一切生活生命的问题都可以借此解释清楚，但是人们很难从中得知，什么才是成功的生活。

19世纪一大批璀璨的思想巨星，如亚瑟·叔本华、索伦·克尔凯郭尔、路德维希·费尔巴哈以及以卡尔·马克思都以自己的方式尝试重新回答这一问题，其中马克思使用了间接方式。叔本华提出的重点是，人们存在是为了变得幸福。因为他是个人意志的不守规矩的奴仆，于是美好高尚的意义就没有太大的空间了。一些艺术，尤其是音乐，可以给人们带来很大的乐趣。弗里德里希·尼采和西格蒙特·弗洛伊德也着手研究这个问题。对于他们而言，生命的意义已经是身体和精神弱点的一个表达。一个健康的人不需要更高的生命意义了。为了幸福，他所需要的是音乐（尼采）或者爱和工作（康德）。对于恩斯特·马赫来说，生命的意义随着自我的发展而解决。如果蝴蝶和毛虫有不同的自我，孩子和老人也有不同的自我，那么就没有意义再去追问一个共同的生命意义。真正重要的问题——马赫称之为“思维经济”，其实只是围着“生命的意义”这个问题又绕了一圈。

这个问题发展到了20世纪，但20世纪的哲学家似乎对此并不买账，因为是由于他们拒绝给出清晰的答案，而且宣称自己不对任何领域负责。一个简单的例子就是路德维希·维特根斯坦。他认为，“生命的意义”这样的追问属于毫无意义的问题。从问题的本质来看，不可能产生积极答案。因为就算人类经过长期怀疑之后终于明白了生命的意义，也不能说出，意义存在于哪里。萨特却认为生命的意义在于在实践中实现自我。因为这个世界整体是没有意义的，我有自由去书写自己的生命意义。生命的意义是半成品，它停留在单个人类的个体上，并且和这个个体一起消亡。彼得·辛格却觉得这是反社会交往的。他认为，生命的意义在于将美好的基石向前推进，并且把这个世界推向更美好的地方。

除了哲学家之外，进化生物学也愿意掺和进这个话题中来，美国生物哲学家丹尼尔·邓奈特认为“适应和突变”这两条进化规律适用于所有人类文化：自然的意义等于生命的意义。这对于社会学家尼克拉斯·鲁曼就没有意义，因为他认为，“意义”首先产生于交流。人类并不是简单的生物，否则人类也就不能利用科学技术去毁掉自己的生活基础——这对于生物学关于适应是一般生命原则的理论是个很明显的反证。

脑研究学科同样不能回答生命的意义，这是显而易见的。“意义”不是一个学术整体，不是一个物理或电子的心理过程。意义是看不见的。正如一句谚语所说的，天平称不出它自己的重量。

那么，生命的意义究竟是什么呢？在英国科幻小说《银河系漫游指南》中，一个智慧族群为了探索“宇宙终极问题的终极答案”制造了一台超级计算机，这台计算机经过一百万年的演算，得出了这一问题的终极答案：42。

难道生命的意义也只能以如此讽刺的方式来回答？ 42或者21？

事实上那个关于生命意义的问题，永远没有一个客观的答案，它只能被主观地去回答：在“我”看来我的生命意义何在？原因很简单。意义不是世界或者自然的特质，而是典型的人类特征。“意义”是我们脊椎动物的需求和观点。这样看来，我们无法在这个世界上找到一个意义，而是我们必须赋予自己一个意义。那么意义的问题就是一个人类的问题。就算有大自然里的客观意义，那么也是根据人类的设想而来。这取决于我们的意识，也就是所谓的人类逻辑和语言。

意义的问题是一个说不清、道不明的问题，像所有的人类认知一样，它取决于个人经验。所以我们最多也只能找到自己的生命意义。认为生命必定有某个意义，这样的设想可能不是个好想法。对于生命意义的寻找，在各个不同的生命阶段常常会发生变化。人们年轻时可能还在寻找一个生活目标，一个主观的生命意义，那么到了年老的时候，人们会问自己：“我的生命有过意义了吗？”换句话说：“我活得对吗？”“意义”这个问题丢失了它巨大的认知要求。

从哲学方面考虑，还是应该在质疑的情况下，作个心理总结来为自己辩解。那就不是在于“意义”本身，而在于去实现它：我生命里做了什么当时让我十分开心，并且一直都让我十分开心的事情了吗？

## 止于至善：人生的终极目标

《诗经》当中有这样一句诗：“缗蛮黄鸟，止于丘隅。”意思是“那只叽叽喳喳叫的黄鸟啊，栖息在小山丘上。”本来这是一句很普通的“起兴”，远不如“关关雎鸠，在河之洲”有美感。但是在《大学》中，孔子却对这句诗情有独钟，专门挑出来，讲了一番道理：“《诗》云：‘缗蛮黄鸟，止于丘隅。’子曰：‘于止，知其所止，可以人而不如鸟乎？’”

这里提到一个概念：“止”。

从字面上理解，“止”就是停止、站立的意思，宋代大儒朱熹对这个“止”字的解读是：“必至于是而不迁之意”——一个人必定要到达，并且到达之后再也不能更改的地方。

这个“止”字，是《大学》的核心思想。《大学》的“大学”，并不是清华北大的那个大学，它指的是做人做事的“大学问”。在儒家看来，这门大学问最核心的问题，就是知道自己应当止于何处，用现在的话说，就是应当有自己的人生目标。

并不是每个人都有自己的人生目标，做一天和尚撞一天钟的人也不在少数。所以孔子说，你看《诗》里那只叽叽喳喳的黄鸟，尚且知道要找一个小山丘作为自己安身立命的地方，现在的人却不知道给自己的人生找一个目标。

但是在儒家的观念中，光有“止”还不够。一个人还需要知道止于何处。因为儒家思想是一种人生观、价值观、世界观，它告诉我们的是，一个有高度的人生，应当有一个怎样的目标。

这个问题的答案就是《大学》的开篇语：“大学之道，在明明德，在亲民，在止于至善。”人的一生应当所有止，止于哪里？止于至善！

儒家认为，人活一世，应该有一个至高无上的理想作为我们的目标。要把最远大的理想作为自己的人生追求。

把人生目标定得高一点，再高一点。追求吃饱穿暖，固然也是一种“止”，但是对于一个人来说，还不够。苏格拉底说：“人吃饭是为了活着，但活着不是为了吃饭。”跟儒家思想有异曲同工。有理想才有动力，有人生的目标才有奋斗的方向。一个人若是没有远大的理想，一生就只能是等吃、等睡、等死的“三等公民”，不可能取得多大成就。

美国哈佛大学对一批大学毕业生进行了一次关于人生目标的调查，结果发现，27%的人，没有目标；60%的人，目标模糊；10%的人，有清晰而短期的目标；3%的人，有清晰而长远的目标。

25年后，哈佛大学再次对这批学生进行了跟踪调查，结果是：那3%的人，25年间始终朝着一个目标不断努力，几乎都成为社会各界的成功人士、行业领袖和社会精英；10%的人，他们的短期目标不断实现，成为各个领域中的专业人士，大都生活在社会中上层；60%的人，他们过着安稳的生活，也有着稳定的工作，却没有什么特别的成绩，几乎都生活在社会的中下层；剩下27%的人，生活没有目标，并且还在抱怨他人、抱怨社会，抱怨社会不给他们机会。

历史上，凡是伟大的人物，都有远大的人生目标。有理想，才有奋斗，才能取得更大的成就，获得更大的成功。

但是，远大的理想不仅仅能够让人更加成功，还是人生境界的重要表现。一个有远大理想的人和一个混吃等死、及时享乐的人，所表现出来的人生境界是截然不同的。

南北朝名将宗悫，在很小的时候有人问他有什么志向，小宗悫大声地回答："愿驾长风，破万里浪！"长辈们都觉得这个小孩将来肯定不简单。

比宗悫早一些的晋朝名将祖逖也是如此。

祖逖年轻的时候和好友刘琨一起在司州当秘书，当时的西晋王朝正好处于"八王之乱"的前夕，贾后乱政，朝野乌烟瘴气。祖逖对这种局势充满了担忧，常常和刘琨议论朝廷大事到深夜。

一天半夜，祖逖睡下没多久，就听见院子里的公鸡开始打鸣了，突然心有所思，起床叫醒了刘琨，说："你听见这个公鸡打鸣声没有？这可是个好声音啊！以后我们每天早上听到公鸡叫就起来练武如何？练就一身好武艺，如果将来天下乱了，我们便去杀敌报国，成就一番大事业！"

刘琨被祖逖说得热血澎湃，一拍即合，从此，每天天不亮，两人就跑到院子里去练剑。这就是成语“闻鸡起舞”的来历。

果然，几年后，“永嘉之乱”爆发，洛阳沦陷，衣冠南渡。祖逖也随着王室来到了江南。但是，当其他贵族都在忙着求田问舍、兼并土地的时候，祖逖却毅然挥师北伐，带着几千将士连战连捷，击溃了北方的豪强石勒，收复了黄河以南的大片领土。可惜的是，就在准备渡河的前夕，祖逖病危，农历九月，病死在了河南雍丘，终年五十六岁。

出师未捷身先死，长使英雄泪沾襟。祖逖的一生，是为理想而奋斗的一生。那些声色犬马的东晋士族理解不了祖逖，因为祖逖所追求的人生目标远远超过了他们的境界。因此祖逖的人生价值，也就远远高于那些腐朽的贵族。

人活一世，草木一秋。既然有幸能来这个世界走一遭，总该做出一番像样的事业，活出点精彩留给后人。一个没有远大抱负、没有崇高理想的人，一辈子庸庸碌碌，一无所成。而有些人的人生，在漫长的历史中也如电光火石一般，留不下任何痕迹。

## 生命有所坚持，生存随遇而安

在《知北游》一篇中，庄子曾经借孔子的口提出了一种人生价值观：“仲尼曰：古之人外化而内不化，今之人内化而外不化。”

从字面意义上理解，“外化而内不化”的意思是说，外表随物变化，而内心有所坚持，凝静不变。

确实，人类社会有着自己的运行规则，人是社会中的一员，想要在社会中生存下去，就要顺应其规则，遵从其法度，与人交往也是如此，每个人都是为自己而活的，想要与人和谐地交往，就要学会改变自己，顺应他人——这一切，我们都可以叫作外化。

但是，一个人之所以成为他自己，正是在于自我的独特性，独特的价值观、独特的风格，和内心的秉持构成了一个个独立的人，一个人在表面上可以非常随和、非常融通，但他的内心一定要保持住自己的独特坚持，这就叫作“内不化”。

也就是说，生命应该有所坚持，而生存可以随遇而安。

面对外在的世界，则应该通达和顺应；而人的内心应该坚持自己的秉性而不要随波逐流。

一个人如果能够做到处世八面玲珑，而内心却始终固守着最初的人生观、价值观，那么他已经达到了一定的人生境界。外事外物无法动摇他的初心。历史上不乏谙于此道的智者，在两千年前的魏国大殿里，上演了这样一幕：

魏王攻陷了一座城池，大宴群臣。宴席之上，魏王问文武百官：“你们说我是明君呢，还是昏君？”

百官多是趋炎附势之徒，纷纷说：“大王是一代明君。”正当魏王飘飘然时，问到任座，正直的任座却说：“大王是昏君。”

魏王如被泼了一盆冷水，问：“何以见得？”

任座说：“大王取得了城池，没有按顺序分给您的弟弟，而是分给了您的儿子，可见您是昏君。”

魏王恼羞成怒，令手下把任座赶了出去，听候发落。接着问下一个臣子，这位大臣说：“大王是明君。”

魏王心中暗喜，忙问：“何以见得？”这位大臣说：“臣曾听说明君手下多出直臣。现在大王手下有像任座这样的直臣，可见大王是明君！”

听罢，魏王赶快把任座重新请进来赴宴。

这是《资治通鉴》中记载的一段旧事，那些趋炎附势的大臣说魏王是明君，完全是出于保全自己与升官发财的私心，是圆滑，起到的作用只能是使魏王更加昏庸。任座敢于不畏权势，直言进谏，非常了不起。可是因为不能包容魏王的作为君王的颜面心理，不但没起到作用，反而自己被赶出去了。而后一位大臣显然有更大的智慧。他心里能够明辨是非，非常清楚魏王是昏君，但为了使魏王能够纳谏，他顺从了魏王的心态，先说他是明君。因为这位大臣的心是为了帮助魏王的，所以他说出这句话与那些趋炎附势之徒有本质区别，起到的作用也就不同。然后他在解释中婉转地告诉了魏王他就是个昏君，明君应该如何做。结果起到的作用不但使魏王纠正了昏君的所为，而且还解救了任座。

这位大臣对问题的认识已经跳出了事情表面与当时的真与假，而更看重其人其事向什么方向去发展。他并不急于宣泄自己的认识，而是考虑到对方的接受能力。虽然魏王当时不是明君，但这位大臣说他是明君，并告诉他明君是什么样，就把对的东西、明君的作为在魏王面前确立了下来，起到了劝善的作用，引发了魏王真正向善的心，于是魏王自然就变好了。这也就是把方圆拿捏到位的力量。

故事中第一种人一心曲意逢迎，为人过于圆滑，失其筋骨；而任座过于刚正，险些因之获罪；最后一位大臣，柔中带刚，既使魏王喜悦，又救了人，是最上乘的处世之道，即“外化而内不化”之道。

人应该为了某种理想和追求活着，但无论为何种理想、何种追求而活，生存都是第一要务，只有生存下去，取得了别人的认同，取得了社会的接纳，才能够更好地实现自己的追求，如果做不到这一点，便是空有一腔热血，没有舞台挥洒又有什么用呢。

## 人是唯一能追问自身意义的动物

面对汹涌而来的无限时空，人类究竟扮演着怎样的角色呢？在把目光转向那玄妙不可知而又必然不可免的命运时，人类在面对物质世界的雄心勃勃和不可一世，是否还能剩下什么？人活着究竟是为什么呢？

“我为何而生？”古往今来，人类何止千百次地这样追问过自己。我们究竟为什么而活着，这个问题太简单又太复杂。有人碌碌一生，未及思考就已经成为人间的匆匆过客；有人皓首穷经，苦思冥想，终其一生也未能参透其中玄机。

茫茫的宇宙中，人类是唯一能够追问自身意义的动物，这是人类的伟大，也是人类的悲壮。

人生意义之所以成为一个问题，前提是生命的一次性和短暂性。在具体的人生中，每一个人对于意义问题的真实答案很可能不是来自他的理论思考，而是来自他的生活实践，具有事实的单纯性。

人生的意义永远是不确定的。用萨特式的存在主义的观点看，活着本身是荒谬的，是没有人跟我们商量过就胡乱将我们抛掷在这个世界上。

人的一生，说白了就是上演一场悲剧。人，在自己的哭声中、在亲人的笑声中走来，又在自己的无言中、在亲人的哭声中离去。那最初的一哭，就是人生悲剧的开幕；那最后的一哭，就是人生悲剧的谢幕。也许那最后的哭声的多寡与大小就是现世人生的意义所在吧。

有些人是正因为看到了人生的终极意义的虚无，在经历了人世冷暖、艰难苦恨、富贵荣华、获得世人称赞活得有意义之后，选择了放荡不羁、遁入空门，离开了这个世界。庄子为妻子的死鼓盆而歌；陶朱公、范蠡散尽巨富隐逸而终；国学大师王国维留下一句“五十只欠一死”跳湖了；欧洲中世纪哲学家奥古斯丁抛弃情人和未婚妻，做了修道士……

我们是否也该效仿前人的“英雄壮举”？不，你我都没有资格。只有最聪明、最勇敢的和最愚蠢、最怯弱的人才够格！正因为他们使我们一眼看到了人生的尽头，让我们头脑清醒，才能达观地对待身边的人和事。

人生的意义的珍贵之处不在意义本身，而是寓于对人生意义的寻求的过程之中。英雄探宝的故事之所以吸引人并不是因为最后能够找到宝物，而是探宝途中惊心动魄的历险情境。寻求人生意义就是一次精神领域的探宝过程，寻求的过程中使我们感到生存是有意义的、有价值的，从而能够使我们充满信心地活下去。很多艺术家都视创作为生命，不创作就活不下去。如果超出这一点去问贝多芬为何热爱音乐，梵·高为何要画画，他们肯定说不出一个所以然来。人类迄今所创造的灿烂文化如同美丽的云景，把人类生存的天空烘托得极其壮观。然而，若要追究云景背后有什么，那我们就只能堕入无底的虚空里了。

所以说，生命的终极意义问题是没有答案的。无论我们怎样殚精竭虑，只要不是自欺欺人，我们在这方面就绝不可能有新的收获。

人来到世上，无非就是为了活一场罢了，生命本身并没有什么目的可言。这样，“为什么活着”这个问题就悄悄转化为另一个问题“怎样活着”。于是，我们为生命设置了目的：信仰、事业、爱情、幸福，等等，实际上都只是我们用以度过无目的的生命的手段而已，而生命本身则成了目的。

人生中的很多大问题都是没有答案的，但是，人类唯有通过思考这些问题才能真正拥有自己的生活信念和生活准则。

## 人生的价值，只能用深度去衡量

人生不是古董，时间越长越有价值。正如俄国大文豪列夫·托尔斯泰曾经说过的那样：人生的价值，并不是用时间，而是用深度去衡量的。

雷锋说得好：“人的生命是有限的，可是，为人民服务是无限的，我要把有限的生命投入到无限的为人民服务之中去。”只有这样，才算是实现了人生的深度。

现代诗人臧克家有一首非常著名的诗——《有的人》，这首短诗表现了诗人对人生意义的深刻思考：

有的人活着，他已经死了；有的人死了，他还活着。有的人骑在人民头上：“呵，我多伟大！”有的人俯下身子给人民当牛马。有的人把名字刻入石头，想“不朽”；有的人情愿做野草，等着地下的火烧。有的人他活着别人就不能活；有的人他活着为了多数人更好的活。骑在人民头上的人民把他摔垮；给人民当牛马的人民永远记住他！把名字刻入石头的名字比尸首烂得更早。

这首诗是 1949 年 11 月 1 日为纪念鲁迅先生逝世 13 周年而写的，因此副标题是《纪念鲁迅有感》。他热情地歌颂了鲁迅先生甘愿“俯下身子给人民当牛马”、“甘愿做野草，等着地下的火烧”的伟大精神，有力的鞭挞了“骑在人民头上”、“他活着别人就不能活”的人，深刻地展示出了生命的真谛——只有活出了深度的生命才有价值，否则，即便是活着，也是毫无意义的存在。

在现实生活中，也有许多人，他们的生命虽然短暂，却在有限的生命中活出了无限的价值。

叶欣，1956 年 7 月 9 日出生于广东湛江市徐闻县。1974 年被招进广东省中医院卫训队。1976 年毕业时，因护理能力测试成绩名列前茅被留院工作。1983 年，被提升为广东省中医院急诊科护士长。2003 年 3 月 4 日中午，被确诊染上了非典型肺炎，后因抢救无效于 3 月 24 日凌晨逝世。

叶欣的父母皆是医生，其外祖父也是医生，可谓医生世家。1984 年，叶欣因为业务能力突出，被提升为广东省中医院急诊科护士长，是该院最年轻的护士长。在分秒必争的急诊科，叶欣无时不在与死神赛跑，抢夺生命的希望，这一干就是 19 年。

2003 年，抗击“非典”的战斗打响后，叶欣默默承担起最危险的工作。当遇到危急重症“非典”病人时，她与急诊科主任张忠德一起尽量包揽病人的检查、抢救、治疗、护理等工作，把其他的护士挡在身后，不让或少让同事受病毒感染。

但是，病魔却没有放过她。经确诊，叶欣染上了非典型性肺炎，她不得不住进了她为之工作了 27 年的省中医院总部。每当医护人员前来检查和治疗，她总是再三叮嘱他们多穿一套隔离衣，多戴几层口罩。院领导前来探望，她首先讲的不是自己的疾患，而是检讨自己的不足，责怪自己不慎染病，给医院和领导添了麻烦。她甚至询问自己科室的医生有没有工作可以让她在病床上完成。

随着时间的推移，叶欣的病情始终没有好转。多少人的努力和呼唤，都没能挽留住叶欣匆匆离去的脚步！2003 年 3 月 25 日凌晨，叶欣永远离开了她依依不舍的战斗岗位。按照叶欣的心愿，她的丈夫张慎请医院为叶欣穿上一套护士服，送她走完人生的最后一程。

平日里，叶欣只是一位默默无闻的医务工作者，是平凡而极其普通的女人，但当灾难骤然降临在中华民族这块大地上时，她所表现出的主人翁意识和勇往直前、甘于奉献、勇于牺牲的精神值得整个中华民族儿女为之折腰！她是英雄，新时代和平时期的战斗英雄，在她身上集中展现了中华儿女优秀的传统品质。她是无愧的天使，燃烧了自己，点亮了别人。中华儿女都为她骄傲、为她自豪！

人在天地之间，如流星一般短暂，无论是八十高寿还是三十而夭，在数十亿年寿命的宇宙之间又算得上什么呢？既然如此，何不让自己像流星一样，在短暂的生命中闪烁出灿烂的光芒，在宇宙中留下自己生命的痕迹。

## 人生没有意义，只能自己活出意义来

人生的意义究竟何在？无数智者和统治者都希望能够为我们的人生意义找到一个标杆，告诉我们人的一生应该怎样度过，而我们也乐此不疲地希望能够从别人的观点中寻找自己人生的意义，盼望着有人能够来告诉我，人生的意义何在。

然而，20世纪的存在主义哲学家却告诉我们，“存在先于本质”，人类并非被某种本质所支配的存在，没有任何人或者神给我们的人生规定了意义，我们只能凭借自己的能力来开辟人生的道路。正如法国存在主义哲学家萨特在《存在与虚无》一书中提到的，人类通过判断，赋予事物存在的理由与意义，与此同时，人作为改变这个世界的主体，也创造着自己的命运。

的确，大多数时候，我们都生活在别人为我们规定的“人生意义”中，例如成功、财富、欲望的满足，等等，所以我们的内心都为外物所遮蔽、掩饰，浮躁的心情占领了人的灵魂。生下来，因不能为所欲为而号啕大哭；上了学，因不能痛快玩一场而屡屡大发脾气；上班了，因为不能发迹而唉声叹气；到老了，一事无成却贪生怕死。每过一天，我们很少会想到如何让自己来创造生活的意义，而是周密而细致地盘算，权衡着可能有的各种收益与损失，于是，别人成了我们生命的标准，我们总是渴望着成为别人，渐渐地失去了自我。殊不知，他人的生命再精彩，也不过是我们眼中的烟花，在别人的话语中我们不会得到更好的生存经验，丢失的只是自己的时间而已。

人的生命只属于自己，于他人而言，只存在羁绊的关系，任何人也无法替我们自己来决定我们的命运，占有我们的生命。所以，原本属于自己的生命，何须将主动权拱手送人？

一天，龙王与青蛙在海滨相遇，打过招呼后，青蛙问龙王："大王，你的住处是什么样的？""珍珠砌筑的宫殿，贝壳筑成的阙楼，屋檐华丽而又气派，厅柱坚实而又漂亮。"龙王反问了一句，"你呢？你的住处如何？"青蛙说："我的住处绿藓似毡，娇草如茵，清泉潺潺。"

说完，青蛙又向龙王提了一个问题："大王，你高兴时如何？发怒时又怎样？"龙王说："我若高兴，就普降甘露，让大地滋润，使五谷丰登；若发怒，则先吹风暴，再发霹雳，继而打闪放电，叫千里以内寸草不留。那么，你呢？青蛙！"青蛙说："我高兴时，就面对清风朗月，呱呱叫上一通；发怒时，先瞪眼睛，再鼓肚皮，最后气消肚瘪，万事了结。"

人活在世上都要扮演一定的社会角色，或者是"龙王"，或者是"青蛙"。龙王有龙王的人生价值，青蛙有青蛙的生命意义，不要一味地羡慕别人，"青蛙"们也有自己存在的价值观，而这些生活"龙王"们不一定能具备呢！当然，反过来，也别一厢情愿地以为龙王的生命价值就不如青蛙，因为人生本来就没有先验的意义，每个人生命的意义都要靠自己去活、去体验。

是的，你就是你，这个世界上独一无二的生命，你才是生命的主宰者，你主宰着生命的繁华与清净、优雅与从容、美满与幸福。别人不能替你而活，不能替你过日子，更不能替你承受死亡之苦，一切的决定权都在你。

一位佛学大师说，我们生来难道就是为了和世间的人相聚团圆的吗？难道就是为了在出生的时候听到他人的欢喜大笑，在死的时候听到别人为自己痛哭流涕吗？不是。来到这人世间，我们是要发挥自己的价值，投入到人群当中，融入到社会当中，发挥着自己的热量。虽然与整个世界相比，“我”是如此微薄，但人的爱却可以贡献无限的力量，因为爱和慈悲能够传染。

人有“来”的一日，必有“去”的一天，生死是逃不了的两重关卡，但生命的意义却由人自己定义。

曾经有这样一个故事，说两个好朋友，一个在北京，年薪几十万，每天加班到很晚；另一个在丽江，没有工作，每天睡到自然醒，然后出去拍几张照片卖钱。那么这两个人谁才是真正实现了人生的价值呢？这是一个没有答案的问题，因为人生本来就没有特定的意义，没有人规定人生的意义就一定是飞黄腾达、富贵盈门，也没有人规定人生的意义就一定是晒太阳、发呆、睡到自然醒。你想要什么样的生活，就可以过什么样的生活，不用因别人的意见而惶惑，只有你自己才能创造人生的意义。

第五章

# 我想要自由飞翔，我想要无拘无束！

## ——渴望自由，可一旦失去束缚又会感到困惑

### 不能承受的自由之重

由日本漫画家车田正美创作的《冥王神话》中记载了这样一个故事：

阿斯普洛斯和德弗特洛斯是一对孪生子，德弗特洛斯似乎注定要成为哥哥的影子。小时候的德弗特洛斯因为没有身份，终日戴着面罩不能见人而在圣域受尽欺凌，全靠哥哥阿斯普洛斯的保护才得以生存下来，而他自己也暗暗下定决心，要向哥哥看齐，拥有和哥哥一样的力量。可是没想到，自己的哥哥为了教皇之位竟不惜谋反。哥哥用从禁地星楼偷学来的魔拳操纵试图阻止自己谋反的弟弟。弟弟德弗特洛斯在处女座阿释密达的引导下，挣脱哥哥魔拳的控制，并且亲手杀死了他。自己也因此继承了双子座黄金圣斗士的圣衣及身份。

德弗特洛斯自幼就尾随哥哥，在圣域备受欺凌。若不是哥哥的恶行激怒了自己，他也许永远也不会反抗哥哥而甘心做哥哥的影子，那么，他就永远也无法获得自由。

自由，同样为人类所渴望，但人类却在追求自由的过程中为自由所奴役。我们这个时代因此沦为一个悖谬的时代：一个自诩自由的时代，却造成最大的专制主义奴役；一个高度文明的时代，却被文明的武器所杀戮；一个机器自动化时代，人却被异化成机器的奴隶；一个拥有无尽

财富的时代，却被财富所奴役。特别是金钱的奴役，已经渗透到生活的每一个角落，于是，焦虑、空虚、荒诞、无意义等情绪像魔鬼一样遍地游行，吞噬着每一个残弱的生命个体。人，因此失去了自身，成为空心人。

面对这样的生活、这样的奴役，人们在寻找出路，妄图用自己的头颅去撞开一条自由之路。无数的智者在构建着各种学说和思想，试图来打开一扇自由之门。

但是，这样的承担却又十分的艰难。当上帝被人类弃绝后，自由便抛给了人类，人必须选择，你也许可以躲避困难与灾难，但却无法躲避自由，即便你不选择，那也是你的选择。然而，个体的能力是有限的，他无法参透未来，甚至连明天也无法把握，这又叫他如何去承担“选择”的重负呢？

在一个无人的沙漠，尽管有无数的道路可供选择或开拓，但没有罗盘的指引，再多的选择自由也是枉然，绿洲只能成为一个海市蜃楼。其实，并不是世界上缺乏道路，而是道路太多，让人无从选择。而这选择的困境让人陷入深深的焦虑，焦虑是一种“自由”短暂获得后的彻底瓦解，这几乎成了21世纪的普遍心态，折磨着现代人。人们的步履如此匆忙，但内心却陷入空虚与迷茫之中；人们的追求如此执着热烈，但生活的意义已在其中逃脱了；人们的眼睛贪婪地在挖掘着每一个角落的隐私，但内心却从未有所保留。这就是我们这个时代的悲哀所在。

于是，人类做了最后的垂死挣扎。人们用自己的肉身极限来表达自由，在肉体颠倒反复的可能性中实现自由，在欲望的洪流中麻痹敏感的神经。人们实践了所有的自由的可能，因为无法忍受自由的炙烤，甚至去吸毒、自杀，他们在毒品中寻找短暂的虚幻自由，以自杀来躲避选择的艰难，并声称自己实现了最后的自由。自由，由此走向了它的反面，自由地走进了奴役的绳索，无法解脱。这就是所谓的“自由者”的境况。

迷惘的人群依然四处游走在神性光芒隐去的黑暗世界里，在人生的每一个十字路口，他们四处观望，无路可走。他们不知道该如何去选择自己的未来，于是只有消极的逃避，或是麻木的沉沦。正如萨特所感叹的，“人只是一堆无用的热情而已”。

## 消极自由和积极自由

什么才是真正的自由？在回答这个问题之前，我们先来设想这样一个场景：

一个人一手拿着一包烟，一手哆哆嗦嗦地从里面抽出一支烟来。这个人是个烟鬼，他知道抽烟对身体不好，对健康的损害特别大，说不定会因此得肺癌害死自己，而且，他身边的人也会因此抽上他的“二手烟”……但他却无法自制。最后，他终于伸出颤抖的手，把烟举到了自己的嘴边，点上了火。

没有人拿枪对着他的头逼他抽烟。没有强迫，也没有阻碍，没人让他必须抽烟，也没人阻挡他抽烟。他可以自己随心而为。那么请问，在这个过程中，他自由吗？

这一类问题或许会难倒很多人，但是难不住20世纪的哲学家赛亚·伯林——他和他的理论把自由分成了积极自由和消极自由。

所谓的消极自由，就是我们通常意义上所理解的自由：没有外在的限制或压制，只要没有任何障碍阻止你做想做的事，你就是自由的。

伯林之所以说这是“消极”的自由，是因为该定义是由行动者缺少了某种东西而定的，这种东西即任何形式的约束或外部干涉。

从这个意义上说，上例中的烟鬼完全自由。但他无法自制，即便他知道如果不抽烟便可以更好地维护自己的健康。但他仍必须抽烟，他并不完全是自己的主宰，他的自由不完全掌握在自己手里。从他被自己强迫抽烟来看，他没有选择，所以并不自由。

因此，烟鬼缺少的是伯林所说的“积极自由”。消极自由是没有来自外部干涉的自由，而积极自由通常被定性成达到某种目的的自由。说它积极，那是因为它的定义由行动者需要具备什么而定，需具备自我控制、自主，使行动符合理性考量以最有利于自己的能力。在此意义上，烟鬼显然并不自由。

积极自由作为一种授权形式，使个体可以发挥潜能，完成某个角度的自我实现，达到个人自立和自制的状态。

公元前 99 年，骑都尉李陵率五千士卒随二师将军李广利，出居延千余里追击匈奴。李广利一遇敌打仗，便大败而输，然后就逃之夭夭，把李陵的几千步兵，孤零零地扔给了十几万的敌骑。李陵陷入重围，他不惧不屈，接连奋战九天，宰杀敌骑五六千，终因众寡悬殊，粮尽矢绝而被迫投降。时为汉帝武刘彻天汉二年。消息传出，朝野震荡。好大喜功的刘彻勃然大怒，把李陵妻儿老小悉数逮入死牢。

满朝文武，无不附和皇帝，纷纷指责李陵的不是。唯独太史令司马迁出来为李陵辩解，说他之所以不死而降，可能还另有原因。刘彻自然不悦，于是把司马迁也关入大牢，并以“诬上”的罪名，被定了死罪。按照汉旧例，有两种情况可以免去死罪：一是拿钱赎，二是被处宫刑。

于是，司马迁面临三种选择：接受死刑，用钱买命，被处宫刑。花钱买命，当时需要五十万钱，相当于五个“中产之家”的财产，司马迁是一个穷“太史”，根本付不出；受死，司马迁不是没有想到，并想到“人固有一死，或重于泰山，或轻于鸿毛”，但他想到了父亲的遗命，想到了毕生的使命还未完成，他不能就此去死；那么只剩最后一条路——

接受宫刑。这可是奇耻大辱，过去说，“刑不上大夫”，更何况是宫刑呢！但为了自己的事业，司马迁忍辱偷生。出狱以后，刘彻还封他为“中书令”，名义上比“太史令”职务要高，可那是宦官担任的职务！

就是在这样忍辱负重、生不如死的环境下，司马迁付出了超常的努力，完成了被鲁迅称之为“史家之绝唱，无韵之离骚”的《史记》。

那么，司马迁自由吗？如果从消极自由的角度讲，司马迁无疑是不自由的，他先被关入了大牢，又被处以宫刑，只能在奇耻大辱中度过余生，何来自由！但是，他在这样的环境下做出了自己的选择，咬紧牙关忍辱负重完成了自己的心愿，写出了流芳百世的《史记》，那么，他无疑是自由的——他享有的是积极的自由。

因此，可以说，消极自由在本质上是关于人际关系的，存在于人与人之间的关系之中。而积极自由则相反，是内省的，在个体中发展、培育。正如在烟鬼内心理性的一面与基础的食欲这两者之间的冲突一样，自由的积极概念一般以将自我分为较高部分与较低部分为前提。在道德和理性上，更好更高的自我胜利，标志着自由的实现。

## 选择面前，人注定要受自由之苦

在电影《勇敢的心》结尾，华莱士临死之前大声怒吼：“自由！自由！自由！”自由，曾是无数人渴望的奢侈品，文艺复兴时期的人文主义者曾多么兴高采烈地强调人的自由与独立。

但是，在存在主义哲学家萨特看来，人的自由却是一种诅咒。他说：“人是注定要受自由之苦的。因为他并没有创造自己，但却是自由的。因为一旦被扔进这个世界里来，他就必须为他所做的每一件事负责。”

因为这种自由使我们注定一生中要不断地做选择。世上没有我们必须遵守的永恒价值或规范，这使得我们的选择变得更加困难。是的，如果人只能生活在一种状态下，别无其他选择，那么，他只能生活在一种不自由的状态中。但是，如果选择太多，没有了限制，又会如何呢？人的选择多了，受的限制少了，自由度也就增加了。但是，这并不能代表人活得就轻松了，相反，人的选择越多，人活得就会越沉重、越痛苦，特别是人必须在众多选择中做出抉择的时候，人需要承担的是对自己命运的责任。

当你面前摆着很多条路，而你却只能选择其中的一条时。问题就会随之而来，困惑也会随之而来，因为一旦你选择其中的一条路就无法选择其他路了，而你在事情发生之前又无法比较选择哪条路会对你更有利。两难选择往往让人很难受，但选择太多了，也未必是什么好事，因为在自由面前，你必须为自己的选择承担代价与责任。所以，自由并不是一个轻松的字眼，在古希腊，“自由”一词本身就有“刑罚”的意思。

当代法国存在主义哲学家萨特认为，人的存在先于人的本质。他的意思是说，人生下来的时候，并没有什么本质，其本质是在生存的过程中呈现出来的——先存在，后本质。那么，所谓本性，是在生活过程中逐渐形成的，这个形成过程的关键是个人自由的选择。在每一次选择中，每个人的本质就出现了。

第二次世界大战中，德国占领了法国，有个法国青年前来请教萨特，因为他不知道该如何选择自己的人生。这个年轻人面临着两个选择：是选择参加抵抗运动，离开自己年迈的、需要照顾的母亲，还是选择留在母亲的身边，而听任德国人在法国肆虐。二者只能选择其一，一经选择，这个青年就会走上完全不同的道路，因此希望萨特能给他指点迷津。

听完青年的陈述，萨特给他分析了两种选择的后果：如果选择抵抗运动，他就成了面对侵略奋起反抗的英雄，但失去了做一个孝子的可能；

相反，如果留在母亲身边，他就可以服侍母亲，全尽孝道，但却成为没有血性的懦夫。然后，萨特说，这两种选择没有什么高下之分，完全是不同的选择而已，选择不同就是不同的人生，他就成为不同的人——英雄或懦夫，孝子或不肖。最后，萨特说："你是自由的，所以你自由选择吧。"

萨特的自由选择强调人在选择面前的自由，坚持不屈服于传统、权威和说教，无疑具有巨大的解放作用。但是，每一种人生选择都是选择，都有其理由，都是人的本质形成的过程，那么，杀人越货与舍生取义在实质上都是一样的，没有好坏之分，因此，想干什么就干什么吧！显然，这种自由选择在现实生活中有时是行不通的。

自由选择之后呢？萨特说，每个人都要对自己的选择负责，因为选择是自由的，没有人逼迫你选择。这样一来，无论一个人的人生出现什么情况，都不能抱怨。企图抱怨是荒谬的，因为没有任何陌生的东西决定过我们感觉到的和体验到的东西，或者决定过我们所谓是的东西。这种绝对的责任不是从别处接受的，它仅仅是我们的自由的结果的逻辑要求。

萨特认为，在人的生命中，没有事故可言，也没有真正能免除一个人的自由的东西，因而每一个人对生命中的每一个事件都负有不可推卸的责任。正如被迫卷入战争的人们也并非是无辜的，他们必须对战争和战争的后果负有责任。因为人们本身是自由的，他们可以选择参加战争，也可以选择不参加战争。如果他们真的厌恶战争，他们可以选择逃跑甚至自杀。

萨特的这种观念是个人英雄主义的，同时也是冷酷无情的。按照这种逻辑，人世间的不幸都是个人造成的，社会就没有任何责任了。一个人出生的时候，父亲是酒鬼和小偷，母亲是妓女，他从小在妓院长大，社会抛弃了他……最后他成了一个罪犯——难道悲剧的所有责任都该由这个可怜的人来负吗？如果是这样，“各人自扫门前雪，莫管他人瓦上霜”，社会对个体的帮助，比如慈善活动、公益事业甚至包括政府履行的社会救助职责都不需要了。实际上，个人问题也是社会问题，不能把所有的责任归结到个人的身上。从某种意义上说，萨特的自由选择是对资本主义社会问题的逃避。

## 真正的自由人只关注生的沉思

“自由人最少想到死，他的智慧不是关于死的默念，而是对于生的沉思。”17 世纪的荷兰哲学家斯宾诺莎认为，如果一个人总是受制于外，那么他必将始终处于被奴役状态，而只有和自然达成一致，与天地共往来，才能摆脱外在因素的约束，克服恐惧而获得相对的自由。所以，真正自由的人，他关乎的不是终有一死的苦闷，而是如何生得精彩的沉思。

毫无疑问，史铁生是当代中国最令人敬佩的作家之一。他用残缺的身体说出了最为健全而丰满的思想。史铁生体验到的是生命的苦难，表达出的却是存在的明朗和欢乐，他睿智的言辞照亮了我们日益幽暗的内心。他的作品风格清新、温馨，富有哲理和幽默感。在他的作品中，我们所看到的常常是思考着生与死、残缺与爱情、苦难与信仰、写作与艺术等重大问题，并解答了“我”如何在场、如何活出意义来这些普遍性的精神难题。史铁生是个对生活和生命有着绝对思考力的人，他虽然居住在自己的内心，但仍旧苦苦追索人之所以为人的价值和光辉，仍旧坚定地向存在的荒凉地带进发，坚定地与未明事物做斗争，这种勇气和执着，深深地唤起了我们对自身所处境遇的警醒和关怀。

史铁生多年来与疾病顽强地抗争，创作了大量优秀的广为人知的文学作品。他为人低调，严于律己，品德高尚，是作家中的楷模。

史铁生的作品文字清新隽永，思考深刻，贴近生活。其中，很多有哲理性的文字都广为流传，字里行间透着他对生命的思考。例如："微笑着，去唱生活的歌谣。不要抱怨生活给予了太多的磨难，不必抱怨生命中有太多的曲折。大海如果失去了巨浪的翻滚，就会失去雄浑；沙漠如果失去了飞沙的狂舞，就会失去壮观，人生如果仅去求得两点一线的一帆风顺，生命也就失去了存在的魅力。"又如，人生如梦。生命从无到有，又从有走向无，生生死死，构成社会和世界。从人生无常这一点来说，人生有如梦幻。因此，一个人只有活得有声有色、有滋有味，才不枉到这世界上走一回。"浮生若梦"，"人生几何"，从生命的短暂性来说，人生的确是一场梦。因此，如何提高生活的质量、怎样活得有意义，便成了人们的一个永久的话题；"青山依旧在，几度夕阳红。"与永恒的自然相比，人生不过是一场梦。他对生的思考发人深省，见解独特，往往富有一种积极的催人向上的力量。但是，对于死，他同样抱有一种乐观豁达的态度，其中最著名的一句话就是："死是一个必然会降临的节日。"由此可见他对人生抱有着多么大的勇气！

在这里，要提到的另一位对生积极思考的人便是写就《沉思录》的古罗马唯一一位哲学家皇帝马可·奥勒留。这本有关他自己与自己的十二卷对话的书的内容大部分是他在鞍马劳顿中写就的，但这本书却成为斯多葛派哲学的一个里程碑。《沉思录》的内容主要写的都是作者对身羁宫廷的自身和自己所处混乱世界的感受，并试图追求一种摆脱了激情和欲望、冷静而达观的生活。马可·奥勒留对生命的积极思考在书中体现在灵魂与死亡的关系，个人的德行、个人的解脱以及个人对社会的责任等主要方面。他所追求以及提醒世人的是要常常自省以达到内心的平静，要摒弃一切无用和琐屑的思想，要正值地思考。而且，不仅要思考善、思考光明磊落的事情，还要将思考的结果付诸行动。

身居闹市，却能在生命的长河中对生的意义及价值等不断地做触及灵魂的思考，这本身就是一种思想的驰骋和遨游。这种驰骋和遨游体现的无疑是一种精神上的追逐性的自由。生的沉思，让生命充满了自由的光芒。

## 不懂得克制自己的人不会获得真正的自由

毕达哥拉斯是古希腊数学家、哲学家，“勾三股四弦五”的“勾股定理”又称“毕达哥拉斯定理”，就是他发现的。也是毕达哥拉斯最早悟出万事万物背后都有数的法则，无论是解说外在物质世界，还是描写内在精神世界，都不能没有数学！也就是说，在毕达哥拉斯看来，数学是哲学的根。

除了对于数字的推崇，毕达哥拉斯非常注重自我克制，他曾经说过：“不能制约自己的人，不能称之为自由的人。”毕达哥拉斯的这句名言揭示了一个非常深刻的道理：自由并不是像我们想象的那样不受限制，为所欲为。只有肉体欲求上受到限制，心灵上才能谋求更大的自由。

在毕达哥拉斯所创立的毕达哥拉斯学派内部，就有很多规矩戒律，据说，每个新入学的学生都得宣誓，严守秘密，并终身只加入这一学派。谁也不准将知识传播到学派之外，否则，将受到极其严厉的惩罚。除此之外，毕达哥拉斯学派还有很多匪夷所思的禁忌，比如，不拾捡掉落下来的东西，不吃豆子，不掰碎面包，不触摸白公鸡，等等。可见，毕达哥拉斯学派为了探索数学奥秘、追求心灵自由的同时，对自己的生活做出了种种的限制。

当然，我们在现实生活中并不用做到像毕达哥拉斯学派那样严守戒律，但是，如果我们不懂得克制自己的欲望，我们就无法享受到真正的自由，因为我们永远都只能是欲望的奴隶。

走私贩特鲁西，由于警方追捕得很紧，一时无处藏身。于是，他灵机一动，带着所有的走私货，躲到一家破旧的教堂中，并且请求教堂里的老牧师答应他把这些走私品藏到教堂的阁楼里。他想警方一定想不到这些东西藏在教堂中。这位虔诚的牧师立即拒绝了特鲁西的要求，并且要此人马上离开，否则就报警处理。

“我给你一笔钱，以报答你的善行，你看 20 万元怎么样？”特鲁西一再地拜托着。

老牧师坚定地说：“不！”

“那么 50 万呢？”

老牧师依旧拒绝。

“100 万元？”特鲁西仍不死心。

老牧师突然大发雷霆，用力把那人推到外面去，说道：“快给我滚出去，你开的价钱，已经快接近我心里的数目了。”

这个故事中的老牧师就是不自由的，所以只能通过把走私贩赶走这种方式来让自己免于被欲望奴役，试想，如果他能够真正地克制自己，何须赶走走私贩呢？他完全可以自由地面对他而无须担心。

不过，这个老牧师终归还是用特殊的方式抑制住了自己的欲望，所以，比起那些彻底沦陷的人，他是自由的，试想，如果当时老牧师包庇了走私贩，那么，即使他的后半生不在牢房中度过，也有可能一直在惴惴不安中度过，自由全无。

可见，最容易奴役人心的，不是别的，正是人的欲望，能够克制住欲望的人，才能真正地实现自由。

## 人生而自由，却无往不在枷锁中

在卢梭的名著《社会契约论》的开篇，卢梭就用振聋发聩的语调说道："人生而自由，却无往不在枷锁中。好些人自以为是主人，其实比起别人来，还有更大的努力。""人生而自由，却无往不在枷锁中"，这是卢梭对于王权专制论者"人是生而不自由"的命题而发，也是卢梭民主哲学的理论基础。

卢梭所说的自由并非行为上的不受限制，而是一种意志的自由。在卢梭看来，世上不自由的一种状态就是奴役的状态，但其存在本来就是在强力之下的强者的胁迫和弱者的屈服。向强力的屈服，只是一种必要的行为，而不是一种意志的行为，即便是天生的奴隶，他的意志是生而自由的。

但卢梭遗憾地宣称，人又"无往而不在枷锁中"，这里的枷锁是什么？是文明。人是社会的动物，是社会关系的总和。人在应付大自然的斗争中，摆脱了愚昧的生活，建立了制度，培养了情感，有了文明，开始了专属于"人"的生活。于是，人和动物有了区别，人不能再像以前那样自由自在和无拘无束了。他们必须扮演好自己在社会中的各种角色，遵循社会的各种制度和规范，必须按照理性去思考，按照社会所许可的所谓文明的方式行动，因为你一出生，就已经属于人类这个整体了，必须接受属于文明的一切东西。比如说，从你睁开幼稚的双眼，父母就开始教育你——不管你懂不懂；后来，小学教师、中学教师、大学老师一个接一个地在教育你。每一个教育者都希望你永远牢记他们的教导，而这些教导可能是养分，也可能是枷锁——思想的枷锁。

由此可见，人类的枷锁在人类摆脱野蛮、走向文明的时候就已经存在于自己的身上，而且还是人自己心甘情愿地给自己戴上的，等到自己终于感到不适想摘掉这个枷锁的时候，钥匙却已经找不到了。毕竟，除非已经无法忍受，人是不会和枷锁同归于尽的。而且，即使人打破了一个枷锁，又会心甘情愿地给自己套上另外一个枷锁，这也证实人类最可悲的地方。

因此，当人类步入了“文明时代”，其实也就等于进入了“枷锁时代”。人类可以自由地选择这一个枷锁或者那一个枷锁，但却不能完全抛弃枷锁本身。正如卢梭所说的，人是生而自由的，但一生下来，就会被戴上枷锁。

马克思把这种枷锁下的不自由称之为“异化”，他说：“随着文明而产生的社会为自己所建立起来的一切机构，都转变为它们原来的目的反面。”因此，在马克思眼里，“文明”是异化的最大根源，比如在原始社会，人们自由自在，无拘无束，饥则食，渴则饮，尽管物质上有许多限制，但至少他们的意志是自由的，但是进入文明社会人后，人们便不得不用后天的理性准则来规范自己的行为，压抑自己的本性，从而把那种最初支配人们感性行为的原始而真实的驱动力压抑到意识底层，以至于形成了那种暂且屈服于理性，但又随时准备释放“本我”的潜在心理力量。就像今天，我们这些所谓已经开化了的文明人，在无人看管的时候，都愿意褪去披在身上的虚假外衣，抛弃所谓的现代理性，做一个真实的自我。

也正因为这个原因，卢梭对现代文明极其反感。正如他在《爱弥儿》中所写的那样：“一切出于自然的创造者皆好，一经人手却变坏了。”“我们所有的智慧，都摆脱不了奴隶的偏见。我们所有的习惯都在奴役我们、束缚我们、压制我们。文明人从生到死都脱不了奴隶的羁绊。”

卢梭对现代文明的痛恨、对原始社会的羡慕，已经到了无以复加的地步了。难怪伏尔泰嘲笑他说：“我还没见过谁要花这么大力气使人退回到四肢爬行的时代。”其实，卢梭也知道人类根本没有回头路，也不可能退回到四肢爬行的时代，只能在思想和精神的枷锁里越陷越深，苦苦挣扎。虽然卢梭的观点看起来有些偏激，但这并不妨碍他的深刻，和同时代的其他哲学家相比，卢梭所起的作用已经不仅仅是启蒙了，他走得更远，看得更远，也正因为如此，他的学说看上去也显得更加悲观。

不错，人是生而自由的，我们刚来到这个世界上，心灵就是一张白纸，没有任何先入为主的成见。这一点和动物不同，动物靠遗传生存，它们一出生可能就有了生存的基本本领。而人是靠文化和经验生存，我们必须从我们的先辈那里继承所谓的是非、善恶、真假等观念，否则，就不能称之为“人”。也正是如此，这些观念渗透到我们的身体里，融化到我们的血液中，成了影响我们思想和行动的枷锁，而我们却已经意识不到了。正是在这个意义上，卢梭说现代人是奴隶，因为他们已经被关入了文明的牢笼，丧失了自由的意志。

## 心灵自由的至境：逍遥无所待

中国先秦的道家哲学家庄子曾在《逍遥游》的开篇气势恢宏地描写了一种庞大的生物：鲲鹏。

北冥有鱼，其名为鲲。鲲之大，不知其几千里也。化而为鸟，其名为鹏。鹏之背，不知其几千里也；怒而飞，其翼若垂天之云。是鸟也，海运则将徙于南冥。南冥者，天池也。

《齐谐》者，志怪者也。《谐》之言曰：“鹏之徙于南冥也，水击三千里，抟扶摇而上者九万里，去以六月息者也。”

这一段文字读下来实在是令人心潮澎湃，翅膀一挥便是“水击三千里，扶摇九万里”，“背负青天，而莫之夭阏”，也算是天地之间一种自由自在的境界了。

但是，在庄子看来，这种自由与幸福还只是相对的。因为即使是鲲鹏的幸福，依然是“有所待”的，它要依靠大风的力量才能展翅高飞，一旦没有了风，也就没有了大鹏的自由了。

所以，庄子认为一个人还可以获得比相对幸福层次更高一层的幸福，那就是庄子在逍遥游中所提到的“无所待”。

所谓“无所待”，就是超越任何外物的束缚和依凭，实现纯心灵的自由，只有自由的心灵才能释放身体的束缚。

所以，《逍遥游》中庄子又提到了一个叫作宋荣子的人：

“且举世誉之而不加劝，举世而非之而不加沮，定乎内外之分，辩乎荣辱之境，斯已矣。彼其于世，未数数然也。”意思是世人都赞誉他，他却并不会因此而更加奋勉；世人们都非难他，他也不会因此而更加沮丧。他清楚自身与物的区别，辨明荣誉与耻辱的界限，至此而止。他在世间，没有追求。

没有什么能够束缚宋荣子的心灵，没有什么能够影响他的心境，这样的人可以算是更高层次的自由了吧？

不过在庄子看来，依然还是差了一点点，毕竟宋荣子依然能够感觉到内外和荣辱，他只是学会了挣脱这些外界的束缚，却还没有学会彻底超越这些。

那么，什么样的人才能算真正的绝对自由，什么样的人才能真正地超越人世间一切对心灵的束缚呢？

在《逍遥游》中，庄子给出了他的答案：“若夫乘天地之正，而御六气之辩，以游无穷者，彼且恶乎待哉！故曰：至人无己，神人无功，圣人无名。”如果能够顺应天地万物之性，而驾驭六气的变化，遨游于无穷无尽的境域，那又需要凭借什么呢？因此说，道德修养高尚的“至人”能够达到忘我的境界，精神世界完全超脱物外的“神人”心目中没有功名和事业，思想修养臻于完美的“圣人”从不去追求名誉和地位。

只有让自己彻底融入“大道”的运行中，实现无己、无功、无名的境界，才是真正的大自由，如果心存自我、心存功名，即使能够像宋荣子一样通过内心的修养来让自己避开这些东西的束缚，依然不能够算是真正的绝对自由。所以，相对的自由是“有所待”的自由，而“无所待”的自由，才是绝对的自由。

自由，是每个人内心的渴望，自由的权利可以通过抗争去获取，自由的心灵却只能通过“放下”来得到，只要能够放下心中的“自我”，放下心中的“成败”，放下心中的“名利”，我们也能够像庄子一样“逍遥游”。

## 赫胥黎的预言：自由在欢愉中消逝

赫胥黎的《美丽新世界》，是20世纪最经典的反乌托邦文学之一，与乔治·奥威尔的《1984》、扎米亚京的《我们》并称为“反乌托邦”三书，在世界思想界影响深远。

在乔治·奥威尔的反乌托邦小说《1984》中，奥威尔为我们构建了这样一个的世界：

1984年的世界被三个超级大国所瓜分——大洋国、欧亚国和东亚国，三个国家之间的战争不断，国家内部社会结构被彻底打破，均实行高度集权统治，以改变历史、改变语言、打破家庭等极端手段钳制人们的思想和本能，以具有监视功能的“电幕”控制人们的行为，以对领袖的个人崇拜和对国内外敌人的仇恨维持社会的运转。

故事中主人公所在的国家大洋国只有一个政党——英格兰社会主义，简称英社。社会也根据与党的关系被分为核心党员、外围党员和无产者三个阶层。政府机构分为四个部门：和平部负责战争，友爱部负责维护秩序，真理部负责文化和教育，富裕部负责经济。分别简称为和部、爱部、真部、富部。

在大洋国“真理部”从事篡改历史工作的外围党员温斯顿因为在工作中逐渐对其所处的社会和领袖“老大哥”产生怀疑，并与另一位外围党员裘利亚产生感情，因而成为思想犯，在经历了专门负责内部清洗的“友爱部”的思想改造之后最终成为“思想纯洁者”。

这是一个可怕的世界，你的一举一动都在被监视之中，“老大哥在看着你”，在1984的世界里，毫无自由可言。

而在《美丽的新世界》中，赫胥黎构建的乌托邦似乎更加美妙些。

赫胥黎为我们描绘了虚构的福帝纪元632年即公元2532年的社会。这是一个人从出生到死亡都受着控制的社会。在这个“美丽新世界”里，每个人都被改造过基因，从胎儿阶段就接受心理暗示教育，每天都在各种感官的快乐中放弃了思考的能力。

婴儿完全由试管培养、由实验室中倾倒出来，完全不需要书、语言，不须负责任的性爱成为人们麻痹自己的正当娱乐，有情绪问题用“苏麻”（一种无副作用的致幻剂）麻痹，所谓的“家庭”、“爱情”、“宗教”……皆成为历史名词，社会的箴言是“共有、统一、安定”。

一直以来，人们都更加害怕奥威尔《1984》叙述的世界，没有谁愿意生活在这样一个社会当中，然后，1984过去了，1994过去了，奥威尔的乌托邦终于没有降临，于是人们开始欢呼雀跃，以为自己终于自由了。

可是，《娱乐至死》的作者，美国思想家尼尔·波兹曼却认为，就在人们的欢呼中，赫胥黎的乌托邦已经不知不觉地降临了，在人们因为科技的发展，各种娱乐带给人们无穷乐趣的时候，美丽新世界降临了，因为娱乐消解了人类思考的自由。

在《娱乐至死》一书的序中，尼尔·波兹曼是这么说的：

人们一直密切关注着1984年。这一年如期而至，而乔治·奥威尔关于1984年的预言没有成为现实，忧虑过后的美国人禁不住轻轻唱起了颂扬自己的赞歌。自由民主的根得以延续，不管奥威尔笔下的噩梦是否降临在别的地方，至少我们是幸免于难了。

但是我们忘了，除了奥威尔可怕的预言外，还有另一个同样让人毛骨悚然的版本，虽然这个版本年代稍稍久远一点，而且也不那么广为人知。这就是奥尔德斯·赫胥黎的《美丽新世界》。即使是受过良好教育的人们也不会料到，赫胥黎和奥威尔的预言截然不同。奥威尔警告人们将会受到外来压迫的奴役，而赫胥黎则认为，人们失去自由、成功和历史并不是"老大哥"之过。在他看来，人们会渐渐爱上压迫，崇拜那些使他们丧失思考能力的工业技术。

奥威尔害怕的是那些强行禁书的人，赫胥黎担心的是失去任何禁书的理由，因为再也没有人愿意读书；奥威尔害怕的是那些剥夺我们信息的人，赫胥黎担心的是人们在如海的信息中日益变得被动和自私；奥威尔害怕的是真理被隐瞒，赫胥黎担心的是真理被淹没在无聊烦琐的世事中；奥威尔害怕的是我们的文化成为受制文化，赫胥黎担心的是我们的文化成为充满感官刺激、欲望和无规则游戏的庸俗文化。正如赫胥黎在《重访美丽新世界》里提到的，那些随时准备反抗独裁的自由意志论者和唯理论者"完全忽视了人们对于娱乐的无尽欲望"。在《1984》中，人们受制于痛苦，而在《美丽新世界》中，人们由于享乐失去了自由。简而言之，奥威尔担心我们憎恨的东西会毁掉我们，而赫胥黎担心的是，我们将毁于我们热爱的东西。

这本书想告诉大家的是，可能成为现实的，是赫胥黎的预言，而不是奥威尔的预言。

娱乐带给我们的是身心的愉悦，可是身心的愉悦让我们忘记了思考。尼尔·波兹曼认为，电视这一媒介形式的出现，使得出版阅读时代的深度思考方式被消解，取而代之的是对于热闹的画面、紧张的戏剧冲突、令人神经放松的闹剧这些的推崇，而人们在收看这些节目的时候，是不会进行深度思考的，这些节目的提供商也不会给观众以任何深度思考的机会。

这个时候，人类的自由就不知不觉地丧失了，人是一根思考的芦苇，那么没有了自由思想的人，便只是一根一边看电视一边傻笑的快乐的芦苇——无比愉悦，却没有自由。

# 我该用怎样的心态来面对生活？

## ——人不能选择生活，但能选择生活的态度

### 有悲观垫底的执着是一种超脱

让我们做个实验。拿起一枚硬币，想象它代表你正在执着的东西。握紧拳头抓住它，伸出手臂，掌心向下。现在如果你打开或松开手，你将失去你正在执着的东西。这就是为什么你要握住它的原因。

执着是一切问题的根源。世间没有恒久不变的人和事，可是我们还是死命地执着。我们害怕放下，事实上是害怕生活，因为学习生活就是学习放下。这就是我们拼死拼活去执着的悲剧和嘲讽的所在：过度的执着不仅做不到，反而会带给我们最想要避免的痛苦。

执着背后的动机也许并不坏，但我们所执着的东西，本质上是执着不了的。就像人们在突然失去伴侣的时候，才了解自己是爱他们的，然后人们就更执着了。当一方越执着，另一方就越想逃避，彼此之间的关系也就变得越脆弱。人们总是把执着误以为是爱。即使拥有良好的关系，由于不安全感、占有欲和骄傲，爱也被执着所破坏了。一旦失去了爱，你所面对的，就只剩下爱的“纪念品”和执着的“疤痕”。

一味执着也和一味悲观一样，同智慧相去甚远。悲观的危险是对人生持厌弃的态度，执着的危险则是对人生持占有的态度。

所谓对人生持占有的态度，并不是专指那种唯利是图、贪得无厌的行径。占有的人生态度体现在学习、阅读、交谈、回忆、信仰、爱情等一切日常生活经验中。凡是过于看重人生的成败、荣辱、福祸、得失，视成功和幸福为人生第一要义和至高目标者，即可归入此列。因为这样做实质上就是把人生看成了一种占有物，必欲向之获取最大效益而后快。

但人生是无法占有的。人生只不过是侥幸落到我们手上的一件暂时性的礼物，到了一定期限我们必须按时交还。与其让过分急切的追求和得失之患占有了我们，不如怀着从容闲适的心情玩味它。在人生中还有比成功和幸福更重要的东西，那就是凌驾于一切成败福祸之上的豁达胸怀。从终极的意义上来看，人世间的成功和失败、幸福和灾难，都只是过眼烟云，彼此并无实质的区别。如果我们能够这样想，那么，我们就会和自己的身外遭遇保持了一个距离，反而和我们的真实人生贴得更紧了，这真实人生就是一种既包容又超越身外遭遇的丰富的人生阅历和人生体验。

人生有两大悲剧，一个是没有得到你所执着追求的东西，另一个是得到了你所执着追求的东西。一个人的占有欲未得满足的痛苦和已得满足的无聊是一样的悲剧。对于一个占有欲极强的人来说，得不到自己想要的东西必然会受到痛苦的折磨；而一旦得到了自己想要的东西后，又会觉得无聊，于是又会有新的欲求，进而产生新的痛苦。

有的人因为喜爱花儿的美丽，就把它摘下来，放在手心。我们常常这样，喜爱一个人或是一件东西时就会想方设法地占为己有，以为这样就可以占有了它的美。人们误以为把事物据为已有，就可以占有它的意义。可是，意义是不可占有的，一旦你试图占有，它就不在了。无论我们和自己所钟情的人或物多么亲近，他的美始终在我们之外，不是在我们的占有中，这种美始终存在于在人们对其的欣赏和倾倒中才会有意义。正如海涅，他终生没有娶到一个美女，但他把许多女人的美变成了他的诗，因而也变成了他和人类的财富。

既然如此，我们怎么做才能克服执着呢？

唯一的途径是了解人生的变化性。只有切实地体会变化，才可以让我们慢慢解脱执着的观念，以及错误的永恒观和盲目的追逐。慢慢地，我们就会恍然大悟，因为我们执着不可能执着的东西，而产生痛苦，这是没有必要的。也许在开始体会变化时，会是一件痛苦的事，因为这种经验是如此生疏。只要我们不断省察自己，我们的心就会有所改变。“放下”就会变得越来越自然，越来越容易。也许要花上一段时间才能让我们的愚痴沉没，但我们反省得越多，就越能够深刻体会放下的必要性。那时候，我们看待一切事物的方式就会改变。

我们可以眷恋生命，执着人生。但一定不要忘记收拾好行装，随时准备和人生告别。人世再深，也不忘它的限度。这样一种执着有悲观垫底，就不会走向贪婪。有悲观垫底的执着，实际上是一种超脱。

## 安全感只来自充分体验不安全感

安全感是一个力量强大的主子，它用一个看不见的牢房来囚禁它的奴隶们，这个房间用恐惧做墙，用恶毒的信念做水泥。寻求安全感，其实不是坏事情。动物为了安全地度过冬天，会收集很多食物；一个贫寒的家庭为了寻求安全感会省吃俭用地积蓄钱。寻求安全感是必须的、有益的。但是，如果安全感阻碍了我们人生的可能性，那就得不偿失了。一个人一旦沦为安全感的奴隶，那么，他将永无重生的机会。

《搏击俱乐部》是一部以死亡为主题并且具有社会警示作用的文学作品。黑塞尔辍学后在一家报摊工作，对生活没有任何激情，庸庸碌碌地过日子。突然有一天，一支手枪对准了他的后脑勺，有人告诉他只有几分钟的时间可活。而这一切，都是泰勒的精心策划。他想进行一场所谓的“生存教育”实验，以对死亡的恐惧来唤醒黑塞尔对生活的重新认识。把枪从黑塞尔脑袋上拿开后，他一边走一边想：“黑塞尔啊，今天的晚餐将会是你尝过的最美味的盛宴，而明天则会是你有生以来最灿烂的一天。”

危险是有力的当头棒，能够将我们从迟钝麻木中唤醒。没有人一生下来就能够拥有安全，安全可能需要人们毕生为之奋斗。安全最多是一种幻想，太多的安全就会成为危险。在很多情况下，最大的冒险可能就存在于事事求安的举动之中。

一般情况下，对于能激起恐惧情绪的事物，我们都是避而远之。我们都有一种趋势，即使面临着许多令人不快的情况，也能在现有的条件下舒适地生活。在工作场所，我们忍受着没有前途的工作、不喜欢的职业，以及因误解我们而产生的抱怨。我们拒绝改变，因为我们害怕那些未知的情况。

但令人奇怪的是，对于危险事物的思考，却能给我们带来愉悦。原因在于，我们是在经历“他人代理的恐惧”——虚构的或实在的他者身陷绝境，而我们则是以局外人的身份体验到了某种恐惧。换句话说，虽然没有真正面对危险，我们却有机会体验一种极端的场景，感受到日常生活中罕见的一些情绪。我们同时承担了两个角色：在某种程度上，我们就是小说、电影或游戏中的人；但又置身于事外，随时可以合上书或关掉电视，回到现实世界。也就是说，我们可以控制整个事态的发展。

现实生活中，有人喜欢实地体验虎口脱险的刺激。他们选择了参与者的角色，而非仅仅作壁上观。一个典型的例子就是所谓的“极限运动”。虽然每种运动都有一定的危险性，但极限运动的不同之处在于，危险性正是其魅力所在。似乎情况越是危急，得到的乐趣就会越多。轻则身体受伤，重则性命不保，这种危险能带来全新的生命感受。但更为重要的一点是，参与者必须有一种自主感，不会觉得是命运在掌控一切。从这个意义上说，进行一场极限运动，就像是完成一次死亡之旅。我们从容不迫地接近了死神的领地，然后成功地返回现实生活，感觉到自己的人生真正完满了。如果没有危险的因素存在，这种体验便无法给人带来满足感，其关键就在于亲身的生理感受与体验。

人生就是一种冒险。你投入的越多，经受的风险也就会越大。我们一生要经历数以千计乃至百万计的风险，而最大的风险则来自于自我的成长，即走出童年的朦胧和混沌状态，迈向成年的理智和清醒。这是一次了不起的人生跨越，它相当于跃向前方的奋力一跳，而不是随意迈出的一小步，很多人终其一生都未实现这种跨越。

成长的过程是极为缓慢的，心智的成熟不可能一蹴而就。心智的成熟，就是要敢于追求独立自主，实现完整的自我，获得心灵的独立。而这种独立自主就是通过对人生不安全感的充分体验而获得。只要不断地尝试新鲜未知的区域，安全感自然会有所提高。体验永远是真实的，对于危险的恐惧来自于事情发生之前，当危险的事情发生的时刻，其实是没有恐惧的。

不安全感根本上就是习惯了熟悉的区域。我们在成年之后，就没有了童年那种未知和无畏，没有了对未知的好奇和探索。而且过去的经验和认知总是在提醒我们，前面会有危险，这既是对自我的保护，同时也如同绳索一般束缚了自己，人就是这样作茧自缚。安全的背后是退缩和逃避，但是停留在自我设置的“安全区域”，内在的自我是永远不会满足的，内心生命的动力，永远在驱使自己，而头脑中的经验，又在束缚着探索的行为。跨不出去，就是自我的挣扎，是人生永远的矛盾。

所以，一颗真正理性的头脑，是可以指导自己的行为，不顾过去的经验所提示的危险，如同婴儿般无知且无畏发去探索。当然，也会避开真正的危险。

对于“未知的未知”的不断发现，就是人生潜能不断释放的过程，人生的意义和快乐就是潜能释放所产生的激励。

## 恐惧，向我们的心灵浇灌有毒的情感

2012年12月，地球各地突然出现极其反常的气候变化，而这一切与已经消失的玛雅文明里关于世界末日的预言不谋而合。根据玛雅文明中的预言，2012年的12月21日，末日将会到来，世界将会陷入永无止境的黑暗之中，而滔天的洪水会淹没整个地球。全人类的恐慌、骚乱在各地时有发生，一个名为挪亚方舟的计划开始浮出水面……

这是由罗兰·艾默里奇导演的电影《2012》，自这部电影放映以来，人们便更加热衷于谈论“世界末日”之类的神秘主义话题，甚至在少数人群中造成了一定的恐慌，各大媒体、网站也都对此进行相应的报道与研究。当然，看完电影后，沿着电影里神秘主义的话题继续讨论，这很自然，也常能令人愉快，也不至于有多大害处。可是你若因为恐慌而改变你对生活的预期和安排，则大错特错。

恐惧，是《圣经》中提到的最初的人类情绪：夏娃吃了智慧树上的果子后，发现自己赤裸着身体，所感觉到的恐惧比羞耻之心更为强烈。在生活中，恐惧几乎无处不在，社会上几乎已经找不到不被其染指的领域了。

2005年，诺斯塔特对生产安全器材的西门子公司进行了一项调查。问卷列出了各种现象，要求1000名被调查者回答：近年来是否对这些现象产生了更强烈的恐惧感。结果是：51%的人对暴力犯罪感到更恐惧，47%的人对交通事故感到更恐惧，36%的人对恐怖事件感到更恐惧，26%的人对火灾感到更恐惧，而19%的人对自然灾害感到更恐惧。

今天的社会，比人类历史上任何一个时代都要安全。但是，在这样一个安全的社会里，却诞生了这样的一种恐惧文化，这很大程度上要归于人类自身的原因。恐惧具有极大的危害性，它浇灌了人类有毒的情感，损害了人类的自由。

恐惧也是极具传染性的。一个人如果对某事物感到了恐惧，这种恐惧立刻会传染给周围的其他人，紧接着就会大面积扩散开来。即使起初的恐惧毫无来由，这种扩散依然会发生。那么，即使很多人都对某物感到恐惧，我们也不能以此断定该事物确实就是可怕的。

恐惧文化是一种信任缺席的文化，而这会严重影响人们之间的相互关系。恐惧能让人对所害怕的事物望而却步，因此我们倾向于避免接触这些不同肤色的人。这样的话，我们便不会有机会知道：其实他们并不危险。这在一定程度上就会阻碍人类的相互交流，而这种交流本来是可以减轻恐惧、消除恐惧的。在恐惧文化中，信任几乎无立足之地，恐惧能吞噬信任，而一旦信任退守，恐惧的疆界就会无限延伸。

有这样一个关于恐惧的笑话：

伦敦的一位学者站在门口抛撒玉米粒，恰好走过一位英国人，问他为什么这么做。

这位学者答道：“为了赶走老虎。”

英国人听了更吃惊，说：“这里没有老虎呀。”

学者得意扬扬：“那正说明它起作用了。”

恐惧所能说明的，更多的是我们自身，而不是恐惧的对象。我们对某物感到恐惧，但这种恐惧很可能是不应该、不必要的。我们唯一应该感到恐惧的，就是恐惧本身。

恐惧究竟能在生命中发挥多大的作用，还取决于我们自身的意志。我们可以试着去对抗恐惧，也可以尽力以希望来取代恐惧。希望是高于恐惧的，其原因在于，希望是乐观的、信任的、主动的、自由的；希望不会消极，也不会堕入虚无，它会令我们升华；希望能开阔人们的心胸，而非限制他们的视野。

今天比以往大多数时候都进步了许多。如果我们可以自由决定生活在历史的任何一刻，那么，当下的时代也仍然是我们最好的选择。我们的恐惧，不过是奢侈生活的附属品：过于安逸之后，空想出了无数对实际生活毫无影响的危险。当然，这个时代也面临着许多严峻的挑战，比如贫穷、饥饿、气候变迁、环境恶化、政治与宗教冲突……我们所需要做的就是对我们人类自身能力的信任。相信自己能逐步解决这些问题，从错误中吸取教训，进而创造一个更加美好的世界。

## 唯一值得恐惧的是恐惧本身

最广为流传的关于恐惧的论述，可能要算富兰克林·罗斯福 1933 年演讲中的一句话。那时正值经济大萧条的最低谷，罗斯福谈到：“我们唯一应该感到恐惧的，就是恐惧本身。”鉴于整个国家已陷入深不见底的危机，这句话确实是真实的描述。尽管它不是罗斯福的原创——在蒙田和梭罗等人那里，我们已经能看到类似的表述。无论如何，道理是对的。我们应该对恐惧本身感到恐惧，因为它损害了生活中很多真正重要的东西。

所以，我们需要战胜的，其实是恐惧本身。无论有什么障碍和困难挡在你前进的道路上，我们都不应感到惧怕。鲁迅先生曾说：“人生的旅途，前途很远，也很暗。然而不要怕，不怕的人的面前才有路。”在工作中，当我们遇到困难时，唤醒心中的勇气，会让我们找回自己。伊尔文·本·库柏是美国最受尊敬的法官之一，他成长的经历给了我们许多启示。

库柏在密苏里州圣约瑟夫城一个准贫民窟里长大。他的父亲是一个移民，以当裁缝为生，收入微薄。为了给家里取暖，库柏常常提着一个煤桶，到附近的铁路边去拾煤块。库柏为自己必须这样做而感到困窘。他常常从后街溜进溜出，怕被放学的孩子们看见。

但是，那些孩子还是时常能看见他，特别是有一伙孩子常埋伏在库柏从铁路边回家的路上袭击他。他们常把他的煤渣撒到街上，以此取乐。库柏流着眼泪回家，他总是生活在或多或少的恐惧和自卑中。

后来，库柏读了一本书，内心受到了鼓舞，从而在生活中采取了积极的行动。这本书是荷拉修·阿尔杰著的《罗伯特的奋斗》。

在这本书里，库柏读到了一个像他一样的少年奋斗的故事。那个少年遭遇了巨大的不幸，但是他以勇气和道德的力量战胜了这些不幸，库柏也希望具有这种勇气和力量。

库柏读了他所能借到的每一本荷拉修的书。他读得很认真，整个冬天都坐在寒冷的厨房里阅读勇敢和成功的故事，不知不觉地吸收了很多知识。

在库柏读了第一本荷拉修的书之后的几个月，他又到铁路边去拣煤，他再次遇到那些坏孩子。他最初的想法是转身就跑，但很快他记起了他所钦佩的书中主人公的勇敢精神，于是他把煤桶握得更紧，一直大步向前走去，犹如荷拉修书中的一个英雄。

这是一场恶战。3 个男孩一起冲向库柏。库柏丢开铁桶，使劲挥动双臂，进行抵抗，让 3 个恃强凌弱的孩子大吃一惊。库柏的右手猛击到一个孩子的鼻子上，左手打到了胃部。这个孩子便停止打架，转身溜掉了，这也使库柏大吃一惊。另外两个孩子扑上来对他拳打脚踢。库柏推开了一个孩子，把另一个打倒，用膝部猛击他，而且发疯似连击他的胃部和下颚。现在只剩下一个孩子了，他是领头的。他突然袭击库柏的头部，库柏设法站稳，被拖到一边。这两个孩子站着，相互凝视了一会儿。然后，这个孩子一点一点地向后退，也溜掉了。库柏拾起一块煤，投向那个退却者，这是在表示他的愤怒。

直到那时库柏才发现他的鼻子在流血，由于受到拳打脚踢，他的身上青一块紫一块。在库柏的一生中，这一天是一个重大的日子。因为他克服了恐惧。

库柏并不比一年前强壮，攻击他的人也并不是不如以前那样强壮。不同的地方在于库柏自身的心态。他已经不再害怕，能够面对危险了。他决定不再听凭那些恃强凌弱者的摆布。从现在起，他要改变他的世界，他后来也的确是这样做的。

库柏给自己定了一种身份。当他在街上痛打那3个恃强凌弱者的时候，他并不是作为受到欺侮的、营养不良的库柏在战斗，而是作为荷拉修书中的人物罗伯特·卡佛代尔那样大胆而勇敢的英雄在战斗。

约翰·穆勒说：“除了恐惧本身之外，没有什么好害怕的。”“如果你是懦夫，那你就是自己最大的敌人；如果你是勇士，那你就是自己最好的朋友。”美国最伟大的推销员弗兰克也如是说。而维特革斯坦亦说：“勇气通往天堂之途，懦弱往往叩开地狱之门。”懦弱是人性中勇敢品质的“腐蚀剂”，时时威胁着我们的心灵。只有在生命中注入勇气，才能帮助你斩断前进途中缠绕在腿上的蔓草和荆棘。

吉姆·伯克晋升为约翰森公司新产品部主任后的第一件事，就是要开发研制一种儿童所使用的胸部按摩器。然而，这种产品的试制失败了，伯克心想这下可要被老板炒鱿鱼了。

伯克被召去见公司的总裁，出人意料的是，他受到了意想不到的接待。“你就是那位让我们公司赔了大钱的人吗？”罗伯特·伍德·约翰森问道，“好，我倒要向你表示祝贺。你能犯错误，说明你勇于冒险。而如果你缺乏这种精神，我们的公司就不会有发展了。”数年之后，伯克本人成了约翰森公司的总经理，但他仍牢记着前总裁的这句话。

充满勇气，你就能比你想象的做得更多更好。在勇于挑战困难的过程中，你就能使自己的平淡生活变成激动人心的探险经历，这种经历会不断地向你提出高标准，不断地奖赏你，也会不断地使你恢复活力和满怀创造力。

## 等待戈多：于无望中等待希望

为什么在我们年轻时，我们面前的生命之路总是显得无比漫长呢？

因为我们不得不找寻空间塞满我们无限的希望。希望带来美好，美好的希望更是让人激动，让人无限向往。希望是人们生活的动力和依靠，它会让思考的生命去奋斗、去拼搏，让人生变得有意义。

有两个流浪汉：戈戈和狄狄，他们出现在一条空荡荡的村路上。只有一棵光秃秃的树做背景。他们自称要等待戈多，可是他们却不清楚戈多是谁？他们相约何时见面？但他们仍然苦苦地等待着。他俩在等待中闲聊，始终不见戈多出现，却最终来了主仆二人，波卓和幸运儿。幸运儿拿着行李，被主人用绳子牵着，唯命是从。流浪汉终于等来了一个戈多的使者，他告诉两个可怜的流浪汉：“戈多今晚不来了，但明天晚上准来。”

同一时间，同一地点，狄狄和戈戈仍然在等待戈多。为了打发烦躁与寂寞，他们继续说些无聊的话，做些荒唐可笑的动作。这时候，波卓和幸运儿又出现了，只是波卓的眼睛瞎了，幸运儿成了哑巴。最后又等来了那个使者，他告诉狄狄和戈戈，今天戈多不会来了，但他明天准来……

这是爱尔兰剧作家塞缪尔·贝克特的荒诞派戏剧《等待戈多》中的情节，这部戏剧为我们提出了一个深刻的命题：在无望中寻找希望。

有人说，流浪汉等待的戈多是上帝，有人说戈多根本不存在，甚至有人说戈多象征着人类的“死亡”。当有人问作者贝克特的时候，他苦笑着说：“我要是知道，早在戏里说出来了。”然而，这一回答正好启示我们，人对一切都是无知的，无论是生活着的这个世界还是我们自己的命运。等待是生活本身，它真实地存在于每个人的人生经历中。戈多是希望，戈多是不幸的人对于未来生活的呼唤和向往，戈多是人们对于明天的希望。

西西弗斯是科林斯的建立者和国王。他甚至一度绑架了死神，让世间没有了死亡。最后，西西弗斯触犯了众神，诸神为了惩罚西西弗斯，便要求他把一块巨石推上山顶，而由于那巨石太重了，每每未上山顶就又滚下山去，前功尽弃，于是他就不断重复、永无止境地做这件事。

诸神认为再也没有比进行这种无效无望的劳动更为严厉的惩罚了。然而对于西西弗斯来说，自己却是幸福的，因为诸神能够惩罚的只是他的肉身，而他对于生活的希望与激情并未泯灭。这种希望与激情是他继续生活的动力，即使承受着肉体上的痛苦。

每个人都应该有希望，离开了希望，我们的世界将会失去颜色。凡是各界的领袖，都是那些怀有希望的人。另外，还有现在的工业巨子、商界巨擘，他们也大都是怀揣希望的人。

只要你相信一个较好的明天会到来，则今天的痛苦对你就算不了什么。对于那些怀揣希望的人，甚至铁窗石壁也不是牢狱。能够将自己从一切烦恼痛苦的环境中拯救出来，而沉浸于和谐、美满、幸福的氛围中的能力，真是无价之宝。这种能力便是希望。假如从我们的生命中去除希望的能力，我们中间还有谁有勇气、有耐心，而热诚地继续着生命之战斗？

怀揣希望的人，无论怎样贫苦、怎样不幸，他总有自信，甚至自负。他藐视命运，他相信好日子终会到来。正是这种希望，这种期待着好日子来临的心态，使我们可以维持勇气，可以减轻负担，可以扫清我们的路障。

无望的是结果，希望的是过程，正如鲁迅所说，“希望之为虚妄，正与希望相同”。而我们所能做的和正在做的便是在无望与希望之间——继续等待。

这种等待不是消极的等待，这个等待的过程也是无比丰富的。希望是存在的，但是要实现希望又是未知的。无论“戈多”是否会来，生活中的人们应该相信，总有一天他会出现。毕竟他是人类生存下去的勇气。没有了“戈多”，等待就意味着幻灭。尽管如此，人类还应该明知不可为而为之。

因此，即使人类不断地受苦、被生活折磨，但是心中总应该留有可贵的希望，只有这样，才能对自我进行激励。在死亡以前，希望永远存在，人生也充满了美好的希望。至今，它一直是人类生活动力的来源，因为它带给人类无穷的希望，不管遭遇何种困境，它是人类一切不幸中唯一的安慰。在无尽的等待之中，人类生生不息。

## 危难面前，保持镇定

“皮浪主义”的开山鼻祖皮浪，是古希腊怀疑派哲学家，他出生于希腊城邦爱利斯，早年是画匠，后改学哲学，曾随亚历山大东征队伍去过印度。皮浪生前无著述，但以其独特的生活方式赢得了同时代人的尊重。在哲学史上，甚至有人把他与苏格拉底并列。

皮浪有一个非常著名的观点，“聪明人应该像猪一样不动心”。据说有一次，皮浪坐船在海上航行，突然遇上大风暴雨，船随时都可能倾覆。人们都惊慌失措，只有皮浪斜倚船舷若无其事地轻声哼着小曲。人们问他为何如此无畏，皮浪含笑指着船舱里一头正安安静静进食的小猪，对他们说：“小猪在这种情况下是多么平静呀！智慧之人起码应该做到像猪那样临危不惧，面对风浪毫不动心才对！”

之所以会有这样的反应，是和皮浪的哲学理论分不开，皮浪认为，我们感受外在世界的唯一通道是我的自己的感觉，但感觉又是不真实的。所以，感觉并不能告诉我们什么是真理、什么是错误。皮浪并不否认现象的存在，他承认感觉，把它看作感官印象的必然结果。但他否认现象的真实性，认为我们不能说它“是”，只能说它“显得如何”、“看来如何”。由于所有的事物都是变化的、不确定的，因而也是不真实的。事物之间没有固定的差异。因为，对于每一个命题，我们都可以提出一个相反的命题与之对立，而且两者都有同样的价值和效力。据此，他认为，我们的感觉和意见并不能告诉我们真理或错误，我们一点也不能相信它们，只能保持不介入、无意见、不动摇，对任何一个东西都只能说它既不是也不非，既可以同为是和非，又可以不同为是和非。为此，他还提出了一个著名的口号：“不作任何决定，悬搁判断。”这个口号体现在生活中，就是皮浪主张的“不动心”。

皮浪对于感觉和真理之间的论述我们先不加以深究，但他在危机情况下的镇定确实值得我们学习。

事实上，人生总有平坦与危难交错的时候，一时的顺意并不代表永久都是坦途；然而，一时不顺的情况下，如果我们不能调整心态，就很可能会被暂时的挫折打败，一时乱了手脚，甚至灰心绝望，自我放弃，那便是真应了老子的那句话：不知常妄作凶。

每个人都会在生活和工作中遇到这样那样的困难，只有在困境中保持镇静，才能找到方法。

故事发生在20世纪初的印度。一对英国殖民地官员夫妇在家中举办了一次丰盛的宴会。地点设在他们宽敞的餐厅里，那儿铺着明亮的大理石地板，房顶吊着不加任何修饰的椽子，出口处是一扇通向走廊的玻璃门。客人中有当地的陆军军官、政府官员及其夫人，另外还有一名美国学者。

午餐中，一位年轻女士同一位上校进行了热烈的讨论。这位女士的观点是如今的妇女已经有所进步，不再像以前那样，一见到老鼠就从椅子上跳起来。可上校却认为妇女们没有什么改变，他说："无论碰到什么危险，妇女们总是一声尖叫，然后惊慌失措。而男士们碰到相同情形时，虽也有类似的感觉，但他们却多了一点勇气，能够适时地控制自己，冷静对待。可见，男士的勇气是最重要的。"

那位美国学者没有加入这次辩论，他默默地坐在一旁，仔细观察着在座的每一位。这时，他发现女主人露出奇怪的表情，两眼直视前方，显得十分紧张。很快，她招手叫来身后的一位男仆，对其一番耳语。仆人的双眼惊恐万分，他很快离开了房间。

除了美国学者，没有其他客人注意到这一细节，当然也就没有人看到那位仆人把一碗牛奶放在门外的走廊上。

美国学者突然一惊。在印度，地上放一碗牛奶只代表一个意思，即引诱一条蛇。也就是说，这间房子里肯定有一条毒蛇。他首先抬头看屋顶，那里是毒蛇经常出没的地方，可现在那儿光秃秃的，什么也没有；

再看饭厅的4个角，前三个角落都空空如也，第四个角落站满了仆人，正忙着端菜；现在只剩下最后一个地方他还没看，那就是坐满客人的餐桌下面。

美国学者想到的第一反应便是向后跳出去，同时警告其他人。但他转念一想，这样肯定会惊动桌下的毒蛇，而受惊的毒蛇最容易咬人。于是他一动不动，迅速地向大家说了一段话，语气十分严肃，以致大家都安静下来。

“我想试一试在座诸位的控制力有多大。我从1数到3000会花去5分钟，这段时间里，谁都不能动一下，否则就罚他500卢比。预备，开始！”

美国学者不急不缓地数着数，餐桌旁的人全都像雕像似的一动不动。当数到288时，学者终于看见一条眼镜蛇向门外有牛奶的地方爬去。他飞快地跑过去，把通向走廊的门一下子关上。蛇被关在了外面，室内立即发出一片尖叫。

“上校，事实证明了你的观点。”男主人这时叹道，“正是一个男人，刚才给我们做出了从容镇定的榜样。”

“且慢！”美国学者说，然后转身朝向女主人，“女士，你是怎么发现屋里有条蛇的呢？”

女主人脸上露出一抹浅浅的微笑：“因为它从我的脚背上爬了过去。”

不敢想象，如果女主人和美国学者不能镇静地面对突如其来的危机，会出现什么样的后果。镇静，是一种良好的心理机制，为找到方法、解决困难赢得了主动，每个人都应该培养这种处变不惊的智慧。

在危难面前，保持一分镇定，就能让我们在车马喧嚣之中多一分理性，在名利劳形之中多一分清醒，在奔波挣扎中多一分尊严，在困顿坎坷中多一分主动。世俗多艰险危难，所以需要锻炼自己处世泰然的气度，关键时候要保持冷静，切莫妄动，这是一种风度，更是一种智慧。

## 骄傲的人总在骄傲里毁灭自己

《骄傲的将军》是 1956 年上海美术电影制片厂推出了一部脍炙人口的美术片，它讲的是一个常胜将军在骄傲中走向失败的故事。

从前，有个将军得胜归来，在庆功会上受到文武百官的赞扬。他扬扬得意，随手举起几百斤重的铜鼎，抛向空中，又轻轻接在手里，面不改色。接着，他又扯满强弓，对准飞檐下的风铃，连发连中，观者个个喝彩。一个善于阿谀奉承的食客恭维说："凭将军这身武艺，敌人还敢来送死吗？"从此，将军不再练武，整天花天酒地，吃喝玩乐，过着纸醉金迷的生活。早晨号兵吹号，将军用靴子打他。公鸡报晓，将军又把它塞进酒坛里。数月后，将军已大腹便便，一百多斤的石担，他也举不起来，拉弓射雁时，箭到半空就飘落下来，将军完全退化了。但是，在他过生日的时候，门人、食客们还给他送来"天下第一英雄"的金匾。正当大家给他祝寿之际，敌兵进攻了，将军慌忙应战，可是他的枪已经锈了，箭壶也成了老鼠窝，他手下的官兵也都跑光了。敌兵很快攻进城来，将军只好束手就擒。

这个将军不是被敌人打败的，而是被自己的骄傲打败的。

在莎士比亚的剧作《特洛伊罗斯与克瑞西达》中，莎士比亚借剧中人物之口说出了这样一番话："一个骄傲的人，结果总是在骄傲里毁灭自己，他一味对镜自赏，自吹自擂，遇事只顾浮夸失实，到头来只是事事落空而已。无论一个人的天赋如何优异，外表或内心如何美好，也必须在他们德性的光辉照耀到他人身上发生了热力，再由感受他的热力的人把那热力反射到自己身上的时候，才会体会到他本身的价值的存在。"

骄傲的人总在骄傲中毁灭自己，确实，在人类的诸多心态中，骄傲是当中最不可饶恕的“坏孩子”之一。

每个人总是把自己看得很重要，但事实上，少了他事情往往可以做得一样好。所以，自大历来就是成事不足，败事有余。我们要切记这样一个道理：自大是失败的前兆。

自大往往不是空穴来风，自大的人总有一些突出的地方作为资本。这些突出的资本，使他们较之别人有一种优越感。这种优越感达到一定程度，便使人目空一切，欣欣然，不知天高地厚。

一只乌龟常常羡慕老鹰可以在天空中自由翱翔，于是，它要求老鹰带它一起飞上天，老鹰答应了它。

于是，老鹰要乌龟用嘴紧紧地咬住它的脚，而且不可开口说话，当它们飞到天空时，引起地上许多动物啧啧称奇，不但有羡慕的眼光，更有赞美的声音，乌龟听了很得意。

这时候，它听见有人问：“是谁这么聪明，想出这个好方法？”

此时，乌龟心花怒放，完全忘了老鹰的交代，它迫不及待要告诉别人这是它想到的方法，刚要开口，便从空中摔了下来。

骄傲易招致败坏，得意就容易忘形。骄傲让人常栽跟头。《圣经》上说：“骄傲在败坏之先，狂心在跌倒之前。”历史人物当中，骄傲自大的为数不少，看着他们的事迹，对你一定有所启发。

关羽的忠勇刚强，在当时天下闻名。他屡建奇功，当世罕有能敌者。但是，“颇自负，好凌人”却是他致命的弱点。

刘备在益州时，马超从关中来降，关羽写信给诸葛亮，询问马超的才能。诸葛亮回信道：“马超文武双全，雄烈过人，一代俊杰，是黥布、彭越一类的人物，可以和益德并驾齐驱，然而不及美髯公的超群绝伦。”关羽得到书信后很高兴，并把此信给宾客将吏们观看。

刘备称汉中王后，拜关羽为前将军，张飞为右将军，马超为左将军，黄忠为后将军，当时费涛受命将任命送往樊城前线，但关羽看不起黄忠，勃然大怒说：“大丈夫决不与老兵同列。”再三不肯接受印绶。后来，因费涛极力劝说，关羽才接了前将军的印绶。

关羽之骄在襄樊之战初期达到了登峰造极的地步。

这一年，樊城地区一连下了十几天雨，汉水暴溢，将樊城团团围住，驻扎城外的曹军营屯尽被淹没。关羽乘战船猛攻曹军，将曹操派来驻守樊城的大将于禁俘获，又擒杀曹军大将庞德。关羽除了猛烈围攻樊城之外，接着派兵围困襄阳。曹操所置荆州刺史、南厂太守，都投降了关羽；许都以南也纷纷响应，遂造成关羽“威震华夏”的声势，以致曹操也曾想将都城迁往黄河以北，以避关羽之兵锋。

关羽在这时本应加倍警觉，保持审时度势的清醒头脑。但他由于骄傲自负，不能很好地团结部众，而麻痹轻敌。而东吴大将吕蒙就针对他的这一弱点，设下了一套袭取荆州的计策。关羽先是被曹操大将徐晃战败；继而吕蒙渡江袭取江陵、公安，他的南郡太守糜芳和将军傅士仁，兵不血刃便投降了，以免受关羽曾扬言的回师后的严惩。之后，由于蜀军刘封、孟达都拒绝救援他，关羽最终败走麦城，被吴军活捉杀身。

因此，做人一定要远远躲开骄傲的心理，相反，要多为自己树立“空杯心态”。

南隐是日本明治时代著名的禅师，有一天，一位学者特地来向南隐问禅，南隐以茶水招待，他将茶水注入这个访客的杯中，杯满之后他还继续注入，这位学者眼睁睁地看着茶水不停地溢出杯外，再也不能沉默下去了，终于说道：“已经溢出来了，不要倒了。”“你的心就像这只杯子一样，里面装满了你自己的看法和主张，你不先把你自己的杯子倒空，叫我如何对你说禅？”南隐意味深长地说。

南隐禅师教导的“把自己的杯子倒空”，真是人生的至理名言。一个人如果自满，觉得自己什么都会，就必然导致什么都装不下，什么都学不进去，就像茶水溢出来一样，再也不可能学习到更新、更多的知识了。

苏联军事家伏龙芝元帅曾经说过：“有一个错误不可放过，那就是夸夸其谈的过分自信。宁肯谦虚些，但要扎实些。”自信是一种美德，但是发展到了骄傲，就是一种自我毁灭的心态。

## 虚荣不是恶行，但恶行因它而生

1859出生于法国巴黎的哲学家亨利·柏格森父母均为犹太人。柏格森的哲学著作，不仅表达了他对当时产生巨大影响的哲学思想，而且表达的方式也充满诗意，显示了卓越的技巧。在对他颁发诺贝尔文学奖的授奖词中，当论述到他的代表作《创造的进化》时，即说：“他创作出了惊人宏伟的诗篇……可以毫不费力地从中获得巨大的美感。”他的著作采用的不是哲学界通行的概念法或抽象法，而是在风格上不仅具有严谨和简洁，还充满了色彩和比喻，辞藻华丽，文体优美。

“虚荣心很难说是一种恶行，然而，一切恶行都围绕虚荣心而生，都不过是满足虚荣心的手段。”这句文采斐然的哲理名言便是出自柏格森之口，在柏格森看来，虚荣是一切恶行的根源，人类的所有问题，归根到底都是围绕虚荣而生。

当然，诗意的语言往往不会太严谨，但虚荣心对于人心的腐蚀，确实是有目共睹的。

小彦是一个爱打扮的女孩，但家庭经济条件不好，无法满足她的要求。离她家不远有一家小商店，她发现商店老板放钱的抽屉从来不上锁，于是就以找老板的女儿玩为借口，常常到小商店里去，趁老板不注意的时候，就从老板放钱的抽屉里偷钱，每次少则几十元，多则上百元。就这样，5个月下来，小彦一共从老板那偷了将近一千块钱。小彦一直窃喜她神不知鬼不觉的行为，可是丑行终究是要败露的。一天，正当小彦再次从老板抽屉里偷钱的时候，被老板逮了个正着，老板看她年龄尚小，就没有声张她偷钱的行为，只是向她父母要回了她从商店偷出来的钱。看到父母无奈又责备的眼神，小彦这才后悔不已……

小彦的悲剧起源于她的虚荣心。外表美并不在于穿得花哨。作为依靠家长生活、求学的学生来说，衣着朴素整洁、言行文明礼貌，这才是真正的美。我们不反对家庭条件好的学生穿戴得漂亮一点，但是作为青少年学生，在衣着打扮上不应该有过高的追求。华丽的外表无法掩饰空虚的心灵，很难想象一个爱慕虚荣的人将来能有多大的成就。由于虚荣心具有许多负面的影响，是一种扭曲的人格，它多半会遭到他人的反感和敌意，甚至攻击，因此要尽量克服它。

虚荣心的产生与人的需要有关。人类的需要分生理需要、安全需要、归属和爱的需要、尊重的需要和自我实现的需要，其中尊重的需要包括成就、力量、权威、名誉、地位、声望等方面。一个人的需要应当与自己的现实情况相符合，否则就要通过不适当的手段来获得满足。在条件不具备的情况下，过分地在意自尊心就形成了虚荣心。因此，有的人说“虚荣心是一种歪曲了的自尊心”是有一定道理的。

生活中面子问题让许多人变得虚荣，也因此为日后的生活和工作埋下了隐患和祸根。而人们在刚刚开始时，就疏忽了这一种完全可以导致病态的心理现象，当然适度的虚荣不会带来很大的危害甚至会推动人的前进，但是凡事都讲求过犹不及，虚荣也有度，超过了界限虚荣的危害就显而易见了。事实上，许多悲剧和社会问题皆源于此。

现代人都追求漂亮的外表和美丽的面容，“爱美之心，人皆有之”，这也许无可厚非。然而，现代社会却流行一种“整容”的时尚。鼻子塌平可以变得挺直，小眼睛可以整成大眼睛，脸庞儿方的可以整成极有棱角。

有一位女青年为了见面时让男友大吃一惊，便跑到整容院做了满脸的腮红。可是，她原本想要的是“白里透红，与众不同”的效果，谁知手术做完后，期望值远远低于她的想象，她发现这些腮红的面积很大，跟羞红了脸没多少区别。但若想去除，却已经不可能了。一气之下她就把这家美容院告上法庭，而后她便整天忙着用各种证据压倒对方，男友也不想见了。这难道不是虚荣造成的悲剧吗?

更可悲的是，一些年少无知的孩子十分注重衣服首饰以及哥们间的吃喝玩乐，但家长又不给太多的钱任其挥霍，于是他们便开始了小偷小摸，起初偷父母的、同学的、老师的，最后甚至走上抢劫的邪恶之路。

由此可见，虚荣心一旦形成后，伴随而来的诸多不良的心态、习惯和行为便会相应而生，它会让人们只看到眼前的利益，而成功却与之相去甚远。

虚荣会让人变得自负，错误地以为自己的能力很强。所以你应该明白，自己的能力在什么样的范围和程度之中。也许私下你常常窘迫不已，但还是拼命地想出风头，也许最终你将什么也得不到。一旦失败到来，你只有无地自容，厌恶自己，从而让自己失去信心，放弃使自己变得更有价值的机会，到头来虚荣带给你的只是失败。

因此，虚荣只是一种令人沮丧的游戏，一场注定要失败的竞争，你将变成一个固执己见的小小的独裁者，你将处处碰壁，神经紧张，最终一事无成。

戒除虚荣心是有方法可循的，只要你平心静气地观察一下自己，不要贪婪地盯着成功，先成为自己的良友，然后成为别人的良友，对任何人都坦诚相待，这样，你便于无形之中远离了虚荣。

第七章

# 我究竟在为什么而烦恼？

——本来无一物，何处惹尘埃

## 远离贪疾，不在欲海沉浮

世人之贪，莫过于酒、色、钱、权，而以色欲为甚，《四十二章经》中说道："爱欲莫甚于色。色之为欲，其大无处。"贪之心没有比纵情欲更害人的了。若纵情于女色之中，其祸害没有更大的了。

自古以来，因为贪恋美色、沉溺色欲而招致国破家亡、丧身送命的人不在少数，"红颜祸水"等成语也因此而生。殷商的纣王因为贪恋妲已的美色，纵身色欲而亡国；春秋时期吴国的夫差由于沉溺西施的美貌，最终为越国勾践所灭；三国时期的吕布和董卓经受不住貂蝉的美色诱惑而彼此厮杀，终致灭亡……

《红楼梦》中的贾瑞也正是因为自己内心不断滋生的色欲而丧命。在他病重之时，如果他能遵从跛足道士之言，每天坚持观看风月宝鉴背面的白骨骷髅像，身体必能恢复健康。但他却沉溺于风月宝鉴正面的美人像，纵情色欲，最终丧命。他的死完全是咎由自取，怎能怪及他物，正如风月宝鉴哭骂的："谁叫你们瞧正面了！你们自已以假为真，何苦来烧我？"如果人们不贪恋红颜，不起色心，不纵色欲，红颜只是红颜，而不会是祸水。

孔子说："吾未见好德如好色者也。"侧面指出人好色的天性难除。

正如有人曾说的，淫欲是人类最难游过的河，难割难舍又难断，如胶似漆又像丝。

除了色欲，财欲也是让人陷入烦恼之中的主要凶手。贪图财利的人如同进入了火坑，承受着火烧火燎的苦痛。只要去除贪财牟利之心，烈焰就能变成平静的池水，你就能远离痛苦，重新赢回生活的平和与欢乐。

宋代文学家黄庭坚曾在《赠别李次翁》一诗中写道：“利欲熏心，随人翕张。”短短几个字，就把一个人贪财图利的欲望迷住了心窍的样子，生动形象地刻画了出来。在《仙佛奇踪》一书中，有这样一段关于利欲、福祸的警句：“人生祸区、福境，皆念想造成，故释氏云：利欲炽然，即是火烧……一念清静，烈焰成池……念稍异，境界顿殊，可不慎乎？”意思是说，人所处的祸之区、福之境地，其实都是由人们自己的所想所思造成的。所以佛祖释迦牟尼说：贪图财利的火烧火燎，就是进入了火坑……然而一旦念头清静，烈焰就会变成平静的池水……人的念头稍微有差异，心底的境界就会出现巨大的差别，人能不警惕自己的思想念头吗？

然而，在这个世间，哪个人不喜欢财？哪个人不希望自己富有多金？尽管人们知道有钱不是万能的，但却对“没有钱是万万不能的”这句话更有深切的体会。但古语有云：“君子爱财，取之有道。”通过正当的途径得来的钱财能带给人们欢乐，而通过不正当的途径得来的不义之财却带给了人们烦恼和苦痛：牢狱之灾、家破人亡、丧身失命……

什么是不义之财？比如，用偷、骗、杀生等不合法行为所挣来的钱，都是属于不义之财，这是犯了盗戒。偷税漏税等行为严重损害了国家利益，是一种极其恶劣的偷盗行为。偷盗里面还有一种，譬如你有权有势，逼着别人不得不贿赂你、巴结你，这也是偷盗的行为。因为送礼不是他甘心情愿的，你所得到的，是你不应该得到的，你得到了，这就是偷盗。

佛经上说“不盗得大富”，我们自己想得大富，我们就要不偷盗。意在劝诫人们断利养心，不羡横财，不为不义之财所动，才能远离众多烦恼的纠缠，寻得人生的欢乐境界。

## 灭掉心头火，可得心底清凉

后秦鸠摩罗什翻译的古印度佛学著作《成实论》里说：“恶口骂辱小人不堪，如石雨鸟；恶口骂詈大人堪受，如华雨象。”人心惶惶，社会不安，世界纷扰，都是由于众生嗔心重而来。真正欲得世界和平，社会安宁，人心喜乐，首当从治嗔心起。

在日常生活中，许多人由于喜怒无常、常发脾气而害人害己，辛苦了一辈子的成绩，很有可能是因为说了一句狠话而使得前功尽弃，令自己悔恨痛苦不已。因此，如果一个人能够很好地自控内心，就能排除外界的一切干扰，获得心灵的安宁。

从心理学角度来讲，人的情绪中有两大暴君，即愤怒和欲望与单枪匹马的理性抗衡，感性与理性在对心理的影响上呈相反的效果，人的激情远胜于理性。在生活中，经常动怒生气的人被视为器量狭隘，不讨人喜欢，而“泰山崩于前而色不变”的人则备受人们喜爱。

愤怒是一种常见的消极情绪，一个人对客观现实的某些方面不满，或者个人的意愿一再受到阻碍时产生的一种身心紧张状态。在人的需要得不到满足、遭到失败、遇到不平、个人自由受限制、言论遭人反对、无端受人侮辱、隐私被人揭穿、上当受骗等多种情形下人都会产生愤怒情绪，愤怒的程度会因诱发的原因和个人气质的不同而有不满、生气、愤怒、恼怒、大怒、暴怒等情绪。发怒是一种短暂的情绪紧张状态，往往像暴风骤雨一样来得猛、去得快，但在短时间里会有较强的紧张情绪和行为反应。

一般而言，生气时可归类为下列几种：

（1）当你因某种因素感到受挫、受胁迫或被他人轻蔑时。

（2）当我们着实受到严重伤害，但为了掩饰自己的脆弱，于是代之以愤怒，以求自卫。

（3）当某种情境或某人的行为勾起我们昔日某种不堪的回忆时。

（4）当我们觉得自己的权利受到剥夺，或遭到某人误解时。

（5）当我们受到惊吓或处事不当时，自己生自己的气。

莎士比亚说："不要因为你的敌人燃起一把火，你就把自己烧死。当你发怒的时候，怒火也许会烧及他人；但一般情况下，它是向内烧——烧的是发怒者个人的身心健康。"

看过影片《勇敢的心》的人们一定记得片中一段关于英格兰国王临终前的景象：由苏菲·玛索饰演的王妃因求情也未能救下华莱士，而对老国王心怀恼恨，在国王不能行动也不能说话之际，靠在他的身边，轻轻地说了一句话，就将老国王置于死地。那么王妃说的是什么呢？她只是平静地报复他，说了她怀的孩子是华莱士的，而非王子的。国王一命呜呼是由于愤怒的情绪。

人们时刻都要管理好自己的情绪，尤其在人生的一些关键时刻。在每次要发脾气前，先冷静问问自己：别人不会为我的坏脾气埋单，我自己可以吗？如果你自己也不想这么做，那么还是收起你的怒气吧。所谓的性格，都是情商的表现。当我们生气的时候要冷静下来确实有点难度，但如果不控制怒气，只会损失过多。

1943年，"二战"著名将领巴顿在去战后医院探访时，发现一名士兵蹲在帐篷附近的一个箱子上。巴顿问他为什么住院，他回答说："我觉得受不了了。"医生解释说他得了"急躁型中度精神病"，这是第三次住院了。

巴顿听罢大怒，他痛骂了那个士兵，用手套打士兵的脸，并大吼道：“我绝不允许这样的胆小鬼躲藏在这里，他的行为已经损坏了我们的声誉！”

第二次到医院，巴顿又见一名未受伤的士兵住在医院里，他顿时变脸，问：“什么病？”士兵哆嗦着答道：“我有精神病，能听到炮弹飞过，但听不到它爆炸（炸弹休克症）。”巴顿勃然大怒，骂道：“你这个胆小鬼！”接着打他耳光：“你是集团军的耻辱，你要马上回去参加战斗，在这太便宜你了，你应该被枪毙。”说着抽出手枪在他眼前晃动……

很快，巴顿的行为传到艾森豪威尔耳中，他说：“看来巴顿已经达到顶峰了……”

狂躁易怒的性格，使本来很有前途的巴顿无法再进步，面对有心理障碍的士兵，他不是认真了解情况，加以鼓励，而是大打出手，完全失去了一个指挥官应有的风度和修养，破坏了自己在人们心目中的形象，因此失去了攀上顶峰的机会。

愤怒容易让人失去理智。愤怒的人把一点小事看得像天一样大，过于认真让他们夸张了自身受到的伤害。他们以为愤怒可以让自己在别人眼中更具有权力，其实不是这样的。他们不仅不会因为愤怒而被认为拥有权力，反而会被认为缺乏理智，难成大气候。怒气会让你失去别人对你的敬意，人们会认为你缺乏自制力而更加轻视你。

学会制怒是让自己心态平和最关键的一步，只有情商较低的人才不懂得控制怒火，成为怒气伤害的对象。对于怒火要学会自我疏导，而非一味克己忍让，只有让它用一个合适的渠道发泄才会不致伤人伤己。情商的高低与人们对自我情绪的管理能力有莫大的关系，它将决定一个人成就的大小。

生气，是一种毒药！我们不能让自己的情绪只停留在问题的表面，我们必须学习“转念”、“少点怨，多点包容”、“多洒香水、少吐苦水”，让负面的思绪远离，而用乐观的正面思绪来迎接人生。

## 以平常心看淡无常事

“人不能两次踏进同一条河流”，这是古希腊自然哲学家赫拉克利特的名言，一直广为流传。赫拉克利特此语，道出大千世界、人间万相不断变化的规律，也是其哲学思想的精髓。他用这句话说明：“万物都是流动的，没有什么是永恒的。”他还说：“我们踏不进同一条河，我们存在又不存在。”世界上的万事万物生生灭灭，就像奔腾不息的河流，都处于快速流动变化之中，这个世界上没有一成不变的事物。正如孔子面对滚滚奔腾的大河高声感叹：“逝者如斯夫！”

流动变幻的世相告诉我们，美貌青春、辉煌荣耀、失落遗憾、悲喜爱恨等转瞬间就会逝去，你想永远抓住它们，是绝无可能的。恰如佛经告诉我们：

一切有为法，
如梦幻泡影。
如露亦如电，
应作如是观。

既然如此，不如保持一颗平常心，去面对这无常的世界。

因此，面对人生的成败得失，能够做到“得意不忘形，失意不失态”，时刻保持一颗平常心，这样才是真正赢家的心态。

古今中外，无论是官场、商场，抑或情场，都仿佛人生的剧场，将得意与失意、荣宠与羞辱演得一清二楚。诸葛亮有一句名言:“势利之交，难以经远。士之相知，温不增华，寒不改弃，贯四时而不衰，历坦险而益固。”意在鞭策我们要以平常心看待无常事，得意失意皆不忘形，宠辱不惊。

孙叔敖原来是位隐士，被人推荐给楚庄王，三个月后做了令尹(宰相)。他善于教化，因而使楚国上下和睦，国家安宁。

有位孤丘老人，很关心孙叔敖，特意登门拜访，问他:“高贵的人往往有三怨，你知道吗?”

孙叔敖回问:“您说的三怨是指什么呢?”

孤丘老人说:“爵位高的人，别人嫉妒他；官职高的人，君王讨厌他；俸禄优厚的人，会招来怨恨。”

孙叔敖笑着说:“我的爵位越高，我的心胸越谦卑；我的官职越大，我的欲望越小；我的俸禄越优厚，我对别人的施舍就越普遍。我用这样的办法来避免三怨，可以吗?”

孤丘老人很满意，笑着离去。

孙叔敖严格按照自己所说的行事，避免了不少麻烦，但也并非一帆风顺，他曾几次被免职，又几次被复职。有个叫肩吾的隐士对此很不理解，就登门拜访孙叔敖，问他:“你三次担任令尹，也没有感到荣耀；你三次离开令尹之位，也没有露出忧色。我开始对此感到疑惑，现在看你的心态又是如此平和，你的心里到底是怎样想的呢?”

孙叔敖回答说:“我哪里有什么过人的地方啊，我认为官职爵禄的到来是不可推却的，离开是不可阻止的。得到和失去都不取决于我自己，因此才没有觉得荣耀或忧愁。况且我也不知道官职爵禄应该落在别人身上呢，还是应该落在我的身上。落在别人身上，那么我就不应该有，这与我无关；落在我身上，那么别人就不应该有，这与别人无关。我的追求是顺其自然，悠然自得，哪里有工夫顾得上什么人间的贵贱呢？”

孙叔敖在险恶的仕途风浪中始终不惊不惧，只因他心中淡定，在古人看来，有人之所以能做到宠辱不惊，其根本在于将安危放在自己身上来承担，以行仁义为人生追求，不趋利避害，不自以为是，以坦荡的胸怀看人世浮沉。这样的人往往阅世已深，知生之艰难，为人不易，是看透后的豁然开朗，即是“明理者”。明理者不在于一事一物的纠缠中，而在于包容宽厚，不以一己心胸衡量别人的喜恶，既然知道什么是宠、什么是辱，自然处变不惊。一如古语所言，需经历一番风雨，方才洞悉大千。淡泊自然并非躲进小楼成一统，而是显示了放达眼光，不与他人一般见识的博大情怀；与范仲淹的不以物喜、不以己悲实在是异曲同工，更颇有魏晋人物的旷达风流。

从来圣贤皆寂寞，是真名士自风流。淡看昔日富贵，笑对人生沉浮，人才能活得潇洒惬意。

62 岁的苏轼被朝廷贬到海南时，天空正下着绵绵细雨，斜风吹打在身上，透出一丝凄凉。虽然居陋室，食粗饭，但苏轼并不以为苦，倒是经常和当地士绅、百姓共叙桑麻乐事。他也不以文豪自居，入乡随俗，身披当地衣冠，走街串巷，享受难得的快慰。

一次，苏轼来到一座山头，惹来一个黎山樵夫的善意笑声。虽然语言不通，但苏轼也看得出，他是一个身居山林的高人，出于对他的好感，苏轼慷慨地送了一匹布，好让他抵御寒冷的海风。

苏轼和周围邻居的关系也非常融洽，左邻右舍常送饭食给他。当人们听他说起往事的时候，苏轼的脸上总是乐呵呵的，并没有伤感怅然之色，笑称“昔日富贵，一场春梦”。

而事实上，苏轼在海南的谪居生活是十分困顿的。岭南天气湿热，地气蒸溽，尤海南为甚，这对于年老的苏轼无疑是难以适应的。但是苏轼去世前自题画像却将贬官黄州、惠州、儋州看成是自己的平生功业。苏轼对苦难并非无动于衷、麻木不仁，对政敌的迫害也不是逆来顺受，而是以一种全新的人生姿态来对待接踵而至的不幸，从而蔑视丑恶，消解痛苦，蕴涵着坚定、乐观的精神。

这就是为什么林语堂把苏轼称作是“无可救药的乐天派”。

被贬到杭州，苏轼说：“我本无家更安住，故乡无此好湖山。”

被贬到黄州，苏轼说：“长江绕郭知鱼美，好竹连山觉笋香。”

被贬到惠州，苏轼说：“日啖荔枝三百颗，不妨长作岭南人。”

被贬到儋州，苏轼说：“九死南荒吾不恨，兹游奇绝冠平生。”

《菜根谭》里说：“宠辱不惊，闲看庭前花开花落；去留无意，漫随天外云卷云舒。”为人做官能视宠辱如花开花落般的平常，才能“不惊”；视职位去留如云卷云舒般变幻，才能“无意”。“闲看庭前”大有“躲进小楼成一统，管他冬夏与春秋”之意；“漫随天外”则显示了目光高远，不似小人一般浅见的博大情怀，一句“云卷云舒”又隐含了“大丈夫能屈能伸”的境界。

## 本来无一物，何处惹尘埃

西方学者曾经评出“东方三大圣人”，第一是老子，第二是孔子，第三是六祖慧能，恰好代表了中国的道、儒、释三家：以老子为代表的道家，以孔子为代表的儒家，以六祖慧能为代表的中国佛家。提到慧能就不得不提一首诗偈：

菩提本无树，明镜亦非台。

本来无一物，何处惹尘埃。

将禅宗的空无观演绎到极致的是一个不识一字的农夫。这个农夫出人意料地得到五祖弘忍的衣钵，成了六祖慧能。而这首诗偈流传至今，已经家喻户晓，它代表的不仅仅是一位禅宗祖师的出现，更代表一种智慧的传承，简言之，就是了悟的法门。

古人曾作诗云："百年三万六千日，不在愁中即病中。"意思是说这个世界上的人，每天都忙忙碌碌，每天都在不安和烦恼中度过，一个烦恼过去，下一个烦恼又来了，愁工作、愁财富、愁子女，甚至有时候顾影自怜……总之，各种各样的烦恼层出不穷，永不停息。

人们每天都在烦恼些什么呢？所有人都在"无故寻愁觅恨"，这是红楼梦中的一句话，描写一个人的心情。其实每个人都是如此！"无故"，没有原因的，"寻愁觅恨"，心里讲不出来，烦得很。"有时似傻如狂"，这本来是描写贾宝玉的昏头昏脑境界，饭吃饱了，看看花，郊游一番，坐在那里，没有事啊！烦，为什么烦呢？没有理由的。

世间的人大多如此，每天都被各种各样莫名其妙的烦恼所包围，心灵永远没有平静的时候，甚至睡觉的时候，都在做各种各样奇怪的梦。

《西厢记》也有对人的情绪进行描写的词句："花落水流红，闲愁万种，无语怨东风。"没什么可怨的了，把东风都要怨一下。嗳！东风很讨厌，把花都吹下来了，你这风太可恨了。然后写一篇文章骂风，自己不知道自己在发疯。这就是人的境界，花落水流红，闲愁万种是什么愁呢？闲来无事在愁。闲愁究竟有多少？有一万种，讲不出来的闲愁有万种。结果呢？一天到晚怨天尤人，没得可怨的时候，无语怨东风，连东风都要怨，人情世故的描写妙到极点。

其实，何止是常人会在那无故寻愁觅恨，一些没有成就佛法的高僧往往也会如此。

白云守端禅师在方会禅师门下参禅，几年内都无法开悟，方会禅师怜念他迟迟找不到入手处。一天，方会禅师借着机会，在禅寺前的广场上和白云守端禅师闲谈。

方会禅师问:“你还记得你的师父是怎么开悟的吗？”

白云守端回答:“我的师父是因为有一天跌了一跤才开悟的。悟道以后，他说了一首偈语:‘我有明珠一颗，久被尘劳封锁。而今尘尽光生，照破山河万朵。’”

方会禅师听完以后，故意发出嘲弄的笑声，径直而去，留下白云守端愣在当场，心想:“难道我说错了吗？为什么老师嘲笑我呢？”

白云守端始终放不下方会禅师的笑声，几日来，饭也无心吃，睡梦中也经常会无端惊醒。他实在忍受不了，就前往请求老师明示。

方会禅师听他诉说了几日来的苦恼，意味深长地说:“你看过庙前那些表演猴把戏的小丑吗？小丑使出浑身解数，只是为了博取观众一笑。我那天对你一笑，你不但不喜欢，反而不思茶饭，梦寐难安。像你对外境这么认真的人，连一个表演猴把戏的小丑都不如，如何参透无心无相的禅呢？”

方会禅师可谓一针见血地找到了白云守端的病根，连一笑都不能从心中放下，更何况整个世界呢？

正如故事中所说的那样，世间的人为什么不能求得心安呢？就在于他们总是有种种思量和千般妄想。如果没有了那些无故寻来的烦恼，那么每个人都可以宁静愉悦了。

## 忙碌，就没有时间流泪了

这个世界上有没有对抗忧虑的特效药？英国诗人威廉·布莱克说:“辛勤的蜜蜂永没远有时间悲哀。”英国诗人拜伦也曾说过:“忙碌，就没有时间流泪了。”可见，对抗忧虑的最好方法，是让自己忙碌起来。

“没有时间去忧虑。”这正是丘吉尔在战事紧张到每天要工作18个小时的时候所说的。当别人问他是不是为那么重的责任而忧虑时，他说：“我太忙了，我没有时间去忧虑。”

查尔斯·柯特林在发明汽车的自动点火器的时候，也碰到这样的情形。柯特林一直是通用公司的副总裁，可是，当年他却穷得要用谷仓里堆稻草的地方做实验室。家里的开销，都得靠他太太教钢琴所赚来的钱维持。后来，他又不得不用自己的人寿保险作抵押。有人问过他太太，在那段时期她是不是很忧虑。“是的，”她回答说，“我担心得睡不着，可是柯特林先生一点也不担心。他整天埋头在工作里，没有时间去忧虑。”

伟大的科学家巴斯特曾经谈到“在图书馆和实验室所找到的平静”。平静为什么会在那儿找到呢？因为在图书馆和实验室的人，通常都埋头在他们的工作里，不会为他们自己担忧。做研究工作的人很少有精神崩溃的现象，因为他们没有时间来享受这种“奢侈”。

为什么“让自己忙着”这么一件简单的事情，就能够把忧虑赶出去呢？因为有这么一个定理——这是心理学上所发现的最基本的一条定理，这条定理就是：无论这个人多么聪明，人类的思想，都不可能在同一时间想一件以上的事情。让我们来做一个实验，假定你现在靠坐在椅子上，闭上两眼，试着在同一个时间去想：自由女神；你明天早上打算做什么事情。

你会发现你只能轮流地想其中的一件事，而不能同时想两件事，对不对？从你的情感上来说，也是这样。我们不可能既激动、热诚地想去做一些很令人兴奋的事情，又同时因为忧虑而拖累下来。在同一时间里，一种感觉会把另一种感觉赶出去，也就是这么简单的发现，使得军方的心理治疗专家们，能够在战时创造这一类的奇迹。

詹姆斯·墨塞尔是哥伦比亚师范学院的教育学教授。他对此说得很清楚：

忧虑最能伤害到你的时候，不是在你有所行动的时候，而是在你没有什么事可做的时候。那时候，你的想象力混乱，使你想起各种荒诞的事情，把每一个小错误都加以夸大。在这种时候，你的思想就像一部没有载货的汽车，乱冲乱撞，撞毁一切，甚至自已也会变成碎片。消除忧虑的最好办法，就是要让你自已忙着，去做一些有用的事情。

不一定非得是一个大学教授才能懂得这个道理，才能付诸实行。一个住在芝加哥的家庭主妇就发现，消除忧虑的好办法就是让自己忙着，去做一些有用的事情。

这对夫妇的儿子在珍珠港事件爆发的第二天加入了陆军。那个女人当时为她的独子十分担忧，并且几乎使她的健康受损。她总是要为儿子担心：他在什么地方？他是不是很安全？他是不是正在打仗？他会不会受伤？阵亡？

那么后来她是怎么克服忧虑的。她说：

“我让自已忙着。我把女佣辞退了，希望能靠自已做家务来让自已忙着，可是这没有多少用处。问题是，我做起家务来几乎是机械化的，完全不要用思想；所以当我铺床和洗碟子的时候，还是一直担忧着。我发现，我需要一些新的工作才能使我在一天的每一个小时里身心两方面都能感到忙碌，于是我到一家大百货公司里去当售货员。

“这下好了，我马上发现自已好像掉进了一个行动大旋涡：顾客挤在我的四周，问我关于价钱、尺码、颜色等问题。没有一秒钟能让我想到除了手边工作以外的其他问题。到了晚上，我也只能想，怎样才可以让我那双痛脚休息一下。等我吃完晚饭之后，我倒在床上，马上就睡着了，既没有时间也没有体力再去忧虑。”

要是我们为什么事情而担心的话，记住，我们可以把工作当作是很好的古老治疗法。哈佛大学医学院理查德·凯波特博士在他那本《人类以此生存》的书里也说过："身为一个医生，我很高兴看到工作可以治愈很多病人。他们所感染的，是由于过分疑惧、迟疑、踌躇和恐惧等所带来的病症。工作所带给我们的勇气，就像爱默生永垂不朽的自信一样。"

当有些人因为在战场上受到打击而退下来的时候，他们都被称为"心理上的精神衰弱症"。军方的医生都以"让他们忙着"为治疗的方法。

除了睡觉的时间之外，每一分钟都让这些在精神上受到打击的人做各种活动，比如钓鱼、打猎、打球、打高尔夫球、拍照、种花，以及跳舞，等等，根本不让他们有时间去回想自己那些可怕的经历。

"职业性的治疗"是近代心理医生所用的名词，也就是拿工作当治病的处方。这并不是新的办法，在耶稣诞生 500 年前，古希腊的医生就已经使用了。

在富兰克林时代，费城教友会教徒也用这种办法。1774 年有一个人去参观教友会的疗养院，看见那些精神病人正忙着纺纱织布，使他大为震惊。他认为那些可怜而不幸的人们，在被压榨劳力——后来教友会的人向他解释说，他们发现那些病人唯有在工作的时候病情才能真正有所好转，因为工作能安定神经。

不管是哪个心理治疗医生，他都能告诉你：工作——让你忙着——是精神病最好的治疗剂。

思想家萧伯纳说得很对，他把这些总结起来说："让人愁苦的秘诀就是，有空闲时间来想想自己到底快不快乐。"

所以不必去想它，在手掌心里吐口唾沫，让自己忙起来，你的血液就会开始循环，你的思想就会开始变得敏锐——让自己一直忙着，这是世界上最便宜的一种药，也是最好的一种。